AF809512

Andreas Schlüter

Management- und Consulting-Verträge

RiWV 4

Recht des internationalen Wirtschaftsverkehrs

herausgegeben von

Norbert Horn, Bielefeld

in Verbindung mit

Ulrich Drobnig, Hamburg

Rolf Herber, Hamburg

Rolf A. Schütze, Stuttgart

und der Forschungsstelle für Vertragsrecht der internationalen Wirtschaft an der Universität Bielefeld

Band 4

Walter de Gruyter · Berlin · New York

Management- und Consulting-Verträge

Die Vertragstechnik des internationalen Transfers von Betriebsführungs- und Beratungsleistungen

von

Andreas Schlüter

1987

Walter de Gruyter · Berlin · New York

CIP-Kurztitelaufnahme der Deutschen Bibliothek

Schlüter, Andreas:
Management- und Consulting-Verträge / von Andreas Schlüter. – Berlin ; New York : de Gruyter, 1987.
(Recht des internationalen Wirtschaftsverkehrs ; Bd. 4)
ISBN 3-11-011193-4

NE: GT

© Copyright 1987 by Walter de Gruyter & Co., 1000 Berlin 30.
Alle Rechte, insbesondere das Recht der Vervielfältigung und Verbreitung sowie der Übersetzung, vorbehalten. Kein Teil des Werkes darf in irgendeiner Form (durch Fotokopie, Mikrofilm oder ein anderes Verfahren) ohne schriftliche Genehmigung des Verlages reproduziert oder unter Verwendung elektronischer Systeme verarbeitet, vervielfältigt oder verbreitet werden.

Printed in Germany.
Satz und Druck: Arthur Collignon GmbH, Berlin 30
Buchbindearbeiten: Lüderitz & Bauer, Berlin 61

Vorwort

Betriebsführungs- und Beratungsleistungen haben heute einen bedeutenden und insbesondere entwicklungspolitisch wichtigen Anteil am internationalen Wirtschaftsverkehr. Die darüber abgeschlossenen Consulting- und Management-Verträge sind ein wichtiges Kapitel des „Besonderen Schuldrechts" des internationalen Wirtschaftsverkehrs. Das vorliegende Buch unternimmt eine zusammenfassende Beschreibung beider Vertragstypen, die in ihrer rechtlichen Gestaltung eine Reihe von Ähnlichkeiten und Vergleichspunkten aufweisen.

Die der Untersuchung zugrundeliegenden Materialien, insbesondere die Vertragstexte, stammen aus dem In- und Ausland. Zu Dank verpflichtet bin ich an dieser Stelle der Kreditanstalt für Wiederaufbau, Frankfurt, und der FIDIC (Fédèration Internationale des Ingénieurs-Conseils), die sich mit einer Veröffentlichung der im Anhang abgedruckten Verträge einverstanden erklärt haben. Zu danken habe ich auch der UNIDO (United Nations Industrial Development Organization) sowie dem VUBI (Verband unabhängig beratender Ingenieurfirmen), die mich bei der Materialsammlung unterstützt haben.

Mein ganz besonderer Dank gilt Herrn Prof. Dr. Norbert Horn, der diese Arbeit angeregt und betreut hat.

Die Veröffentlichung ist aus einem Forschungsvorhaben entstanden, das von der Fritz-Thyssen-Stiftung gefördert wurde. Die Arbeit beruht im wesentlichen auf meiner Dissertation über das gleiche Thema.

Bielefeld, im August 1986 — Andreas Schlüter

Inhaltsverzeichnis

Abkürzungsverzeichnis

aA	anderer Ansicht
AAA	American Arbitration Association
aaO	am angegebenen Ort
abgedr.	abgedruckt
A. C.	Law Reports Appeal Cases
Abs.	Absatz
ACME	Association of Consulting Management Engineers
AcP	Archiv für die civilistische Praxis
AG	Aktiengesellschaft
AGB	Allgemeine Geschäftsbedingungen
AktG	Aktiengesetz
All ER	All England Law Reports
Am. J. Int. L.	American Journal of International Law
Anm.	Anmerkung
AP	Amtliche Praxis
App.	Appendix
Art.	Artikel
ASEAN	Association of South East Asian Nations
Aufl.	Auflage
AWD	Außenwirtschaftsdienst des Betriebs-Beraters
BAG	Bundesarbeitsgericht
BB	Betriebs-Berater
BBL	Bundesblatt (Schweiz)
Bd	Band
Beil.	Beilage
Ber Ges VR	Berichte der deutschen Gesellschaft für Völkerrecht
BFH	Bundesfinanzhof
BFV	Betriebsführungsvertrag
BG	Bundesgericht (Schweiz)
BGB	Bürgerliches Gesetzbuch
BGBL	Bundesgesetzblatt
BGE	Entscheidungen des schweizerischen Bundesgerichts
BGH	Bundesgerichtshof
BVerfG	Bundesverfassungsgericht
C. A.	Court of Appeals
cass. civ.	Cour de cassation, chambre civil
CC	Code Civile

Ch.	Chancery
Chapt.	Chapter
Col. L. R.	Columbia Law Review
DB	Der Betrieb
ders.	derselbe
D. H.	Dalloz, Recueil, Hebdomadaire des Juriprudence
Diss.	Dissertation
DPCI	Droit et Practique du Commerce Internationale
EG	Europäische Gemeinschaft
EGBGB	Einführungsgesetz zum bürgerlichen Gesetzbuch
f, ff	folgend, folgende
FIDIC	Federation Internationale des Ingenieurs-Conséil
Fn.	Fußnote
FS	Festschrift
GmbH	Gesellschaft mit beschränkter Haftung
GTZ	Gesellschaft für technische Zusammenarbeit
Harv. Int LJ	Harvard International Law Journal
h. M.	herrschende Meinung
HRR	Höchstrichterliche Rechtsprechung
Hrsg.	Herausgeber
IBRD	International Bank for Reconstruction and Development (Weltbank)
ICC	International Chamber of Commerce
ICLF Rev	International Contract — Law and Finance Review
I. Comp. L. Q.	International and Comparative Law Quarterly
ICSID	International Center for Settlement of Investment Disputes
Int. Fin. L. R.	International Financial Law Review
IPR	Internationales Privatrecht
IPrax	Praxis des internationalen Privat- und Verfahrensrechts
Jb	Jahrbuch
JBL	Journal of Business Law
JFG	Jahrbuch für Entscheidungen in Angelegenheiten der freiwilligen Gerichtsbarkeit
JW	Juristische Wochenschrift
JWTL	Journal of World Trade Law
JZ	Juristenzeitung

Kap.	Kapitel
K. B.	Kings Bench
KfW	Kreditanstalt für Wiederaufbau
KG	Kommanditgesellschaft
LG	Landgericht
mwN	mit weiteren Nachweisen
NJW	Neue juristische Wochenschrift
OECD	Organization for Economic Cooperation and Development
OLG	Oberlandesgericht
R	Rex (Regina)
RabelsZ	Zeitschrift für ausländisches und internationales Privatrecht, begründet von Rabel
RdA	Recht der Arbeit
Rdn.	Randnummer
RG	Reichsgericht
Rec. des Cours	Recueil des Cours de L'Academie de droit international
Rev. Arb.	Revue des L'arbitrage
RIW	Recht der internationalen Wirtschaft
Rspr.	Rechtsprechung
s.	siehe
S.	Seite
SchwJZ	Schweizerische Juristenzeitung
u. a.	unter anderem
UCC	Uniform Commercial Code
UN	United Nations
UNCTAD	United Nations Conference on Trade and Development
UNCITRAL	United Nations Commission on International Trade Law
UNIDO	United Nations Industrial Development Organisation
UNITAR	United Nations Institute for Training and Research
Urt.	Urteil
v.	versus
VUBI	Verband unabhängig beratender Ingenieurfirmen
VersR	Versicherungsrecht
vgl.	vergleiche
VOB	Verdingungsordnung für Bauleistungen
Vol.	Volume

VRÜ	Verfassung in Recht und Übersee
W. L. R.	Weekly Law Reports
WM	Wertpapiermitteilungen
WuW	Wirtschaft und Wettbewerb
YUN	Yearbook of United Nations
z. B.	zum Beispiel
ZfA	Zeitschrift für Arbeitsrecht
ZfbF	Schmalenbachs Zeitschrift für betriebswirtschaftliche Forschung
ZFSchwR	Zeitschrift für schweizerisches Recht
ZGR	Zeitschrift für Unternehmens- und Gesellschaftsrecht
Ziff.	Ziffer

Literaturverzeichnis

Association of Consulting Engineers, London Model Form of Agreement and Scale of Fees, Stand Dezember, 1970 abgedruckt in: UNIDO, Manual on the Use of Consultants in Developing Countries, S. 130 ff

ACME, Association of Consulting Management Engineers Inc., Standards of Professional Conduct and Practice of ACME, New York 1972

Anson, William Reynell, Anson's Law of Contract, 23. Aufl., London 1982

Arnold, Hans, Europäisches Übereinkommen über die Staatenimmunität in Sicht, RIW/AWD 1969, 356–359

ders., Die Schiedsgerichtsordnung der Wirtschaftskommission für Europa der Vereinten Nationen, AWD 1967, S. 179–182

Ausschuß für die Honorarordnung der Ingenieure (Hrsg.), Leistungs- und Honorarordnung der Ingenieure (LHO), Düsseldorf 1969

Bache, Wolfgang, Der internationale Unternehmensvertrag nach deutschem Kollissionsrecht, Bad Homburg v. d. H./Berlin/Zürich 1969

Baker, Ralph I./Cary, William L., Cases and Materials on Corporations, 3. Aufl. Brooklyn 1959

Ballantine, Henry W., On Corporations, 2. Aufl., Chicago 1946

Barnes, F., The Economic of Public Utility Regulation, 1947

Barz, Carl Hans, Know how als Einbringungsgegenstand, in: FS Walter Schmidt 1959 S. 394–434

Baumann, Joachim, Das Recht der Handelsgesellschaften, Berlin 1961

Baumbach, Adolf/Hueck, Götz, Aktiengesetz, 13. Aufl., München 1968

Baumbach/Duden/Hopt, Handelsgesetzbuch, 26. Aufl., München 1985

Becker, Ursula, Verträge der Exportwirtschaft, Frankfurt a. M. 1971

Behrens, Peter, Kontrolle ausländischer Direktinvestitionen, RabelsZ 40 (1976) S. 233–271

Beitzke, Günther, Anm. zu BGH JZ, 1955, 584, JZ 1955, 585 f

BGB-RGRK, Das Bürgerliche Gesetzbuch, Band II, 4. Teil Berlin/New York 1978

Bilda, Klaus, Anpassungsklauseln in Verträgen, 2. Aufl., Berlin 1973

Birk, Rolf, Die arbeitsrechtliche Leitungsmacht, Köln/Berlin/Bonn/München 1973

Böckstiegel, Karl-Heinz, Besondere Probleme der Schiedsgerichtsbarkeit zwischen Privatunternehmen und ausländischen Staaten oder Staatsunternehmen, NJW 1975, 1577–1582

ders., Die Bestimmung des anwendbaren Rechts in der Praxis internationaler Schiedsgerichtsverfahren, FS Beitzke, S. 443–458, Berlin/New York 1979

ders., Schiedsgerichte und staatliche Gerichte, RIW 1979, S. 161–166

DERS., Die neue Schiedsordnung der internationalen Handelskammer, NJW 1977, S. 463–469

DERS., Besondere Aspekte der Wirtschaftsschiedsgerichtsbarkeit mit Parteien aus Entwicklungsländern, NJW 1981, S. 1862–1867

BOGUSLAVSKIJ, MARK M., Staatliche Immunität, Berlin 1965

BÖHME, WERNER, Die Besteuerung des Know how, München/Berlin 1967

BROX, HANS, Allgemeiner Teil des Bürgerlichen Gesetzbuchs, 8. Aufl. Köln/Berlin/Bonn/München 1984

BUCHER, EUGEN, Allgemeine Einführung in die Schiedsgerichtsbarkeit der Schweiz, in: Böckstiegel (Hrsg.), Die internationale Schiedsgerichtsbarkeit in der Schweiz, S. 1–32, Köln 1979

Bundesstelle für Außenhandelsinformationen, Rechtsinformation Nr. 100, Schiedsregeln der UNCITRAL, Köln 1977

Business International Corporations, Management Contracts Abroad, Management Monograph No 12, New York 1963, S. 3 ff

CAEMMERER, ERNST V., Die Vollmacht für schuldrechtliche Geschäfte im deutschen internationalen Privatrecht, RabelsZ 1959, 201–221

CHESHIRE, G. C./FIFOOT, C. H. S., Law of Contract, 10. Aufl. London 1981

CHITTY, JOSEPH, Chitty on contracts, 25. Aufl., London 1982

CHORLEY, LORD/HOLDEN, J. MILNES, Law of Banking, 5. Aufl., London 1967

COHN, ERNEST J./DOMKE, MARTIN/EISEMANN, FREDÉRIC, Handbook of Institutional Arbitration in international Trade, Amsterdam/New York/Oxford 1977

COHN, ERNEST J., The Rules of Arbitration of the United Nations Economic Commission for Europe, Int. Comp. L. Q. 16 (1967), S. 946 ff

COING, HELMUT, Die Treuhand kraft privaten Rechtsgeschäfts, München 1973

CONROD, STEPHAN, The United Nation Code of Conduct for Transnational Corporations, Harv. Int. L. J. 1977, S. 273–307

CORREA, CARLOS M., Transfer of Technology in Latein America: A Decade of Control, JWTL 1981, S. 388–409

DAMM, REINHARD, Die aktienrechtliche Zulässigkeit von Betriebsführungsverträgen, BB 1976, S. 294–297

DÄUBLER, WOLFGANG, Anspruch auf Lizenzgebühr und Herausgabe des Verletzungsgewinns – atypische Formen des Schadensersatzes, JUS 1969, S. 49–54

DAHL, E., Die Unternehmensberatung. Eine Untersuchung ausgewählter Aspekte beratender Tätigkeiten in der BRD, Meisenheim am Glan 1967

DELAUME, GEORGES RENÉ, Transnational Contracts, Bd. I, New York 1980

DERS., Transnational Contracts – Applicable Law and Settlement of Disputes, Bd. IV, New York 1979

DEMIN, P., Le Contract de Know-how, Brüssel 1968

DICEY, ALBERT VENN/MORRIS, JOHN HUMPHREY CARLILE, Conflicts of Laws, Vol. II, 10. Aufl., London 1980

DROBNIG, ULRICH, Der Vertrag im Zivilrecht und im Völkerrecht – ein vergleichender Streifzug, in: FS Riesenfeld, S. 31–52, Heidelberg 1983

DERS., American-German Private International Law, 2. Aufl., New York 1972
DÜLFER, EBERHARD, Auslandsmanagement in Schwellenländern, in: Festschrift Eugen Hermann Sieber, Berlin 1981, S. 437–458
DÜNNWEBER, INGE, Vertrag zur Erstellung einer schlüsselfertigen Industrieanlage im internationalen Wirtschaftsverkehr, RIWV Schriftenreihe Bd. 1, Berlin/New York 1984 (zit. Schlüsselfertige Industrieanlage)
DÜRKES, WERNER, Wertsicherungsklauseln, 9. Aufl., Heidelberg 1982

Economic Commission for Europe, Guide for Use in Drawning Up Contracts Relating to the International Transfer of Know How in the Engineering Industry, New York 1970
EHRENHAFT, PETER D., Effective International Commercial Arbitration, L. a. Pol. I. Bus 1977, S. 1191–1226
ELLISON, RICHARD, Management Contracts, Earning Profits from Fee Income in Place of Earnings on Equity, Multinational Business 1976, S. 19–28
EMMERICH, VOLKER/SONNENSCHEIN, JÜRGEN, Konzernrecht, 2. Aufl., München 1977
ENGHUSEN, GUNNAR, Rechtliche Probleme der Franchiseverträge in den Vereinigten Staaten von Amerika und in Europa, Berlin 1977
ERMAN, WALTER, Handkommentar zum Bürgerlichen Gesetzbuch, 6. Aufl., Münster 1975

FABRICIUS, FRITZ, Internationales Handelsrecht und Weltfrieden, FS Schmitthoff, S. 101–144, Frankfurt 1973
Federation Internationale des Ingenieurs-Conséils (FIDIC), Guide of the Use of Independant Consultants for Engineering Services, 3. Aufl., Den Haag 1980 (zit. Guide to the Use of Consultants)
FERID, MURAT, Das französische Zivilrecht, Bd. I, Frankfurt/Berlin 1971
DERS., Internationales Privatrecht – Ein Leitfaden für Studium und Praxis, Berlin 1975
FFORDE, J. S., An international Trade in Managerial Skills, Oxford 1957
FIRSCHING, KARL, Einführung in das internationale Privatrecht, 2. Aufl., München 1981
FISCHER, PETER, Die schiedsgerichtliche Beilegung von privaten Investitionsstreitigkeiten im Lichte der Weltbank – Konvention vom 18. März 1965, VRÜ 1968, S. 262–302
FITTING/WLOTZKE/WISSMANN, Mitbestimmungsgesetz, 2. Aufl., München 1978
FONTAINE, MARCEL, Les clauses de force majeure dans les contracts internationaux, 5 Droit et Practique international, 469 ff (1979)
FRIEDMANN, WOLFGANG G., Joint International Business Ventures, New York/London 1961
FROMM, FRIEDRICH KARL/NORDEMANN, WILHELM, Urheberrecht, 3. Aufl., Stuttgart/Berlin/Köln/Mainz 1973
FUHRMANN, GÜNTHER, Der vertragliche Haftungsausschluß in Frankreich, AWD 1970, S. 397–399

GABLER (Hrsg.), Dr. Gablers Wirtschaftslexikon, Zweiter Band, 8. Aufl., Wiesbaden 1971

GABRIEL, PETER P., Adaption: The Name of the MNC's Game, Columbia Journal of World Business Nov./Dec. 1979, S. 7–14

DERS., From Capital Mobilizer to Management Seller, Columbia Journal of World Business March/April 1967, S. 7–16

DERS., The International Transfer of Corporate Skills, Management Contracts in Less Developed Countries, Boston 1967 (zit. Management Contracts)

GAMILLSCHEG, FRANZ, Rechtswahl, Schwerpunkt und mutmaßlicher Parteiwille im internationalen Vertragsrecht, ACP 157 (1958/59), S. 303–341

DERS., Bspr. v. Kegel, Das internationale Privatrecht im EGBGB, in Soergel-Siebert, Kom. z. BGB, 9. Aufl., Bd. V (1961), RabelsZ 1962/63, S. 585–595

GEIGER, THEODORE, „TWA's Service to Ethiopia" Case Study No. 8, Series on U. S. Business Abroad, National Planning Association, Washington 1959

Gemeinschaftskommentar zum MitbestG, hrsg. v. Fabricius, Darmstadt 1976

GENTINETTA, JOERG, Die lex fori internationaler Handelsschiedsgerichte, Freiburg 1973

GESSLER, ERNST, Der Betriebsführungsvertrag im Licht der aktienrechtlichen Zuständigkeitsordnung, FS Hefermehl 1976, S. 263 ff

DERS., Probleme des neuen Konzernrechts, DB 1965, S. 1691–1696

GESSLER/HEFERMEHL/ECKHARDT/KROPFF, Aktiengesetz, Kommentar, München 1976

GLOSSNER, OTTOARNDT, Das Schiedsgericht in der Praxis, 2. Aufl., Heidelberg 1978

DERS., Die Vergleichs- und Schiedsordnung der internationalen Handelskammer vom 1. Juni 1975, in FS M. Luther 1976, S. 85–98

DERS., Die UNCITRAL-Schiedsordnung in der Praxis RIW 1978, S. 141–143

GLUCH, ERICH, Die Auslandstätigkeit Deutscher Consultingfirmen in den letzten zehn Jahren – Studie zur Entwicklung 1974 bis 1983

GOEDEL, JOACHIM E., Die FIDIC-Bauvertragsbedingungen im internationalen Baurecht, RIW 1982, S. 81–88

GOLDBECK, KLAUS-JÜRGEN, Handbuch Wirtschaftsberatung, Stand 1983, München 1980

GOLDSCHMIDT, LEVIN, Vermischte Schriften, Bd. I, Berlin 1901

GOLDSTAJN, ALEKSANDAR, The New Law Merchant Reconsidered, FS Schmitthoff, S. 171–185, Frankfurt 1973

GOLTZ, HEINRICH-WERNER, Englische Schiedsgerichtsbarkeit, RIW 1983, S. 257–262

GRAVESON, R. H., The Conflict of Laws, 6. Aufl., London 1969

GROSS, HERBERT/SKAUPY, WALTHER, Das Franchise-System, 2. Aufl., Düsseldorf/Wien 1968

GUTTMANN, PETER H., The international Consultant, New York 1976

HABSCHEID, WALTHER J., Die Immunität ausländischer Staaten nach dem deutschen Zivilprozeßrecht, in: Ber Ges VR, 1968, S. 159–283, Karlsruhe 1968

HABERKORN, KURT, Arbeitsrecht, 3. Aufl., Stuttgart 1983

HALSBURY, HARDING STANLEY GIFFARD EARL OF, Laws of England, 3. Aufl., London 1952–1976

Handbuch der Deutschen Aktiengesellschaften 1970/71, Bd. I, Darmstadt 1979

Handwörterbuch der Betriebswirtschaft, 4. Aufl., Stuttgart 1976

Handwörterbuch des Arbeitsrechts, Hrsg.: Oehmann, Bürger, Matthes, 5. Aufl./10. Erg.-Lief., Stuttgart/Wiesbaden 1982

HASEGAWA, JOSHIRO, International Transfer of Marketing/Management skills systems and technology, European Research, September 1976, S. 193–200

HAVER, FRIEDRICH/MAILÄNDER, K. PETER, Lizenzvergabe durch deutsche Unternehmen in das Ausland, Heidelberg 1967

HELFERT, ERICH A., The Relevance of International Management Consulting to International Management, FS Eugen Herrmann Sieber, Berlin 1981, S. 303–309

HALLAWELL, R./WALLACE, D., Negotiating Foreign Investment, Vol. II, Washington 1982

HELLWIG, HANS-JÜRGEN, Nationale und internationale Schiedsgerichtsbarkeit, RIW 1984, S. 421–429

HELM, JOHANN-GEORG/WAGNER, HORST, Fremdgeschäftsführung und -vertretung bei Personenhandelsgesellschaften, BB 1979, S. 225–233

HENN, GÜNTHER, Problematik und Systematik des internationalen Patentlizenzvertrages, München/Berlin 1967

HENN, HARRY G./ALEXANDER, JOHN R., Law of Corporation, 3. Aufl., Ithaca 1983

HINSCH, L. CHRISTIAN/HORN, NORBERT, Das Vertragsrecht der internationalen Konsortialkredite und Projektfinanzierungen, RIWV Bd. 2, Berlin/New York 1985

HIRZEL, HEINRICH E., Management-Consulting im schweizerischen Recht: Der Unternehmensberatungsvertrag, Diss. Zürich 1984

HOLLAI, S. G., Betriebswirtschaftliche Probleme der Unternehmensberatung, Winterthur 1961

HOLTZMANN, HOWARD, M., Länderbericht United States, in Yearbook Commercial Arbitration II (1977), S. 116–140, IX (1984) S. 60–63, Deventer 1977 u. 1984

HOMMELHOFF, PETER, Die Konzernleitungspflicht, Köln/Berlin/Bonn/München 1982

HORN, NORBERT, Adaptation and Renegotitation of Contracts in International Trade and Finance, Deventer 1984 (zit. Adaption)

DERS., Die Anpassung langfristiger Verträge – Vertragsklauseln und Schiedspraxis, hrsg. v. Kötz/Frhr. Marschall v. Bieberstein, Frankfurt a. M. 1984 (zit. Vertragsanpassung)

DERS., Bürgschaften und Garantien, RWS-Script 94, 2. Aufl., Köln 1985

DERS., Bürgschaften und Garantien zur Zahlung auf erstes Anfordern, NJW 1980, 2153–2159

DERS., Legal Problems of Codes of Conduct for Multinational Enterprises, Deventer 1980 (zit. Codes of Conduct)

DERS., Monetäre Probleme im internationalen Handel und Kapitalverkehr, Baden-Baden 1976 (zit. Monetäre Probleme)

DERS., Die neuere Rechtsprechung zum Mißbrauch von Bankgarantien im Außenhandel, IPrax 1981, 149 ff

DERS., Neuverhandlungspflicht, AcP 181 (1981), S. 255–288

DERS., Normative Grundprobleme einer „Neuen Weltwirtschaftsordnung", FS Coing, Bd. 2, S. 149–166

DERS., Das Recht der internationalen Anleihen, Frankfurt a. M. 1972 (zit. Internationale Anleihen)

DERS./SCHMITTHOFF, CLIVE M., The Transnational Law of International Commercial Transactions, Deventer 1982 (zit. Transnational Law)

DERS., Vertragsbindung unter veränderten Umständen, Zur Wirksamkeit von Anpassungsregeln in langfristigen Verträgen, NJW 1985, S. 1118–1125

DERS., Vertragsdauer, in: Gutachten und Vorschläge zur Überarbeitung des Schuldrechts, hrsg. v. Bundesminister der Justiz, Köln 1981

DERS./HINSCH, L. CHRISTIAN, Das Vertragsrecht der internationalen Konsortialkredite und Projektfinanzierungen, RIWV Bd. 2, Berlin/New York 1985

HUBER, BERTRAM/WALD, ARNOLD, Fünfzehn Jahre Anpassung von Geldschulden im brasilianischen Recht, RabelsZ (45) 1981, S. 761–777

HUECK, GÖTZ, Gesellschaftsrecht, 18. Aufl., München 1975

ICC (International Chamber of Commerce), Leitfaden für die Schiedsgerichtsbarkeit der Internationalen Handelskammer, Köln 1972

ICSID (International Center for Settlement of Investment Disputes) Investment Laws of the World, Bd. I–X, New York 1981/82

IBRD (International Bank for Reconstruction and Development), Guidelines for the Use of Consultants by World Bank Borrowers and the World Bank as Executing Agency, Washington 1982 (zit. Guidelines for the Use of Consultants)

IMMENGA, ULRICH/MESTMÄCKER, ERNST-JOACHIM, GWB, Kommentar zum Kartellgesetz, München 1981

International Labour Office Geneva, Management Consulting, A Guide to the profession, 2. Aufl., Genf 1977 (zit. Management Consulting)

INZITARI, BRUNO, Geldschulden im Inflationszeitalter, zu einigen Auswirkungen der Geldentwertung im Schuldrecht, RabelsZ (45) 1981, S. 705–735

JAYME, ERIK/HAUSMANN, RAINER, Internationales Privat- und Verfahrensrecht, 2. Aufl., München 1983

JOLOWICZ, HANS, Auslandsinvestitionen in Brasilien, Rechtsgrundlagen und Erfahrungen, Institut für Iberoamerikakunde, Hamburg 1974

JOST, ALEXANDER, Das Recht der ausländischen privaten Investitionen in Kenia, Zürich 1976

JUHL, PAULGEORG, Die Bedeutung von Investitionsschutzabkommen für Direktinvestition und Technology-Transfer in Entwicklungsländer, ZfbF 1981, S. 77–92

KARTTE, WOLFGANG, Zur Auslegung des § 1 GWB – Kartelle – Zusammenschlüsse – Gemeinschaftsunternehmen, WUW 1963 S. 565–578

KAYSER, GUNTER, Deutsche Auslandsinvestitionen in Entwicklungsländern, Forschungsberichte des Bundesministeriums für wirtschaftliche Zusammenarbeit, München/Köln/London 1981

KEGEL, GERHARD, Die Bankgeschäfte im deutschen internationalen Privatrecht, Gedächtnisschrift für Rudolf Schmidt, Berlin 1966, S. 215–242

DERS., Internationales Privatrecht, 4. Aufl., München 1977

KIRCHNER, ROLF, Rechtliche Probleme bei Ingenieurverträgen, BB 1971, S. 67–70

KLUNZINGER, EUGEN, Grundzüge des Gesellschaftsrechts, München 1979

KNIGGE, JÜRGEN, Franchise Systeme im Dienstleistungssektor, Berlin 1973

Kölner Kommentar zum Aktiengesetz, Köln/Berlin/Bonn/München 1970–72

KRAFT, ALFONS/KREUTZ, PETER, Gesellschaftsrecht, 4. Aufl., Frankfurt a. M. 1984

KREUZER, KARL, Know-How-Verträge im deutschen internationalen Privatrecht, in: FS v. Caemmerer 1978, S. 705–735

KÜHNEL, WOLFGANG, Ausbildungsleistungen in Exportverträgen des deutschen Großanlagenbaus, RIW 1981, S. 533–535

LAMBERT, JEREMIAH D./WHITE, LAWRENCE, The Legal Profile of the Construction Manager, in: „Handbook of Modern Construction Law“ 1982, S. 193–197, abgedruckt bei Steadman/Glenn, „International Constructing and Procurement for Developing Projects“ 2.1C 1 ff

LANDFERMANN, HANS-GEORG, AGB-Gesetz und Auslandsgeschäfte, RIW 1977, S. 447–453

LANGEN/NIEDERLEITHINGER/SCHMIDT, Kommentar zum Kartellgesetz, 6. Aufl., Neuwied u. Darmstadt 1982

LANGEN, EUGEN, Internationale Lizenzverträge, Weinheim 1954

DERS., Transnational Commercial Law, Leiden 1973

LANGER, GERD, Das Weltbankabkommen zur Beilegung von Investitionsstreitigkeiten, AWD 1972, S. 321–327

LARENZ, KARL, Methodenlehre der Rechtswissenschaft, 4. Aufl., Berlin/Heidelberg/New York 1979

LATTIN, NORMAN D./JENNINGS, RICHARD W./BUXBAUM, R. M., Corporations, Cases and Materials, 4. Aufl., Mundelein 1970

LEWENTON, MICHAEL/SCHNITZER, BERND, Verträge im Ingenieurbüro, Vorschläge für die Gestaltung von Ingenieur- und Teamverträgen, Düsseldorf 1974

LIEB, MANFRED, Arbeitsrecht, 2. Aufl., Heidelberg 1972

LOCHER, HORST, Das private Baurecht, 3. Aufl., München 1983

LOOS, GEROLD, Betriebsführungsverträge und damit verbundene Generalvollmacht, BB 1963, S. 615–620

LORENZ, WERNER, Vertragsabschluß und Parteiwille im internationalen Obligationsrecht Englands, Heidelberg 1957

DERS., Rechtsvergleichendes zur Mängelhaftung des Werkunternehmers, FS v. Caemmerer 1978, S. 907–932

LUCHTERHANDT, HANS-FRIEDRICH, Deutsches Konzernrecht bei grenzüberschreitenden Konzernverbindungen, Stuttgart 1971
LÜTHGE, JÜRGEN, Die Kollisionsrechtliche Funktion der Schiedsvereinbarung, Bonn 1975

MAKAROW, ALEXANDER N., Quellen des IPR, 2. Aufl., Band I, Gesetzestexte (Loseblattsammlung), Tübingen 1953
Management Enzyklopädie, Bd. 2, 2. Aufl., München 1982
MANN, FREDERIC A., Das neue englische Schiedsgesetz und die internationale Schiedsgerichtsbarkeit, NJW 1979, S. 1745–1747
MARSH, STANLEY BRIAN/SOULSBY, J., Outlines of English Law, 3. Aufl., Maidenhead/Berkshire 1985
MASER, HARALD, Betriebspacht- und Betriebsüberlassungsverträge in Konzernen, Köln 1985
MECHLER, HEINRICH, Der Unternehmensberater, Partner auf Zeit, München 1974
MEDICUS, DIETER, Bürgerliches Recht, eine nach Anspruchsgrundlagen geordnete Darst. zur Examensvorbereitung, 11. Aufl., Köln/Berlin/Bonn/München 1983
DERS., Unmittelbarer und mittelbarer Schaden, Heidelberg 1977
MENGEL, HANS-JOACHIM, Erhöhter völkerrechtlicher Schutz durch Stabilisierungsklauseln in Investitionsverträgen zwischen Drittstaaten und privaten Investoren, RIW 1983, S. 739–745
MESTMÄCKER, ERNST-JOACHIM, Verwaltung, Konzerngewalt und Rechte der Aktionäre, Karlsruhe 1958
MEZGER, E., Schiedsvereinbarungen in internationalen Verträgen, insbesondere in Konzessionsverträgen, AWD 1964, S. 201–206
MINER, JOHN B., Management Theory, New York/Toronto 1971
MÜLLER, PETER, Die Vollmacht im Auslandsgeschäft – ein kalkulierbares Risiko?, RIW 1979, S. 377–384
MÜLLER-FREIENFELS, WOLFRAM, Stellvertretungsregelungen in Einheit und Vielfalt, Frankfurt 1982
Münchener Vertragshandbuch, Bd. 1, Gesellschaftsrecht, M. Heidenhain/B. W. Meister, München 1982

NEERSÖ, PETER, Selected Aspects of Tanzania's Policies on Foreign Investment, World Development Vol 2, No 2, Febr. 1974, S. 139–144
NEVITT, PETER K., Project Financing, 4. Aufl., London 1983
NICKLISCH, FRITZ, Instrumente der internationalen Handelsschiedsgerichtsbarkeit zur Konfliktregelung in Langzeitverträgen, RIW 1976, S. 633–642
NORTHEY, J. F. /LEIGH, L. H./GOLDBERG, D., Introduction to Company Law, London 1971

OMAN, CHARLES, New Forum of International Investment in Developing Countries, OECD Development Centre Studies, Paris 1984
VAN OMMESLAGHE, Les clauses de force majeure et d'imprévision (hardship) dans les contracts internationaux, 57 dr. int. et dr. comp 7–59 (1980)

OPPETIT, BRUNO, L'arbitrage et les contracts commerciaux a long terme, Rev. Arb. 1976, S. 92–104
ORR, WILLIAM P., Getting up projects an running in the Middle East, Chemtech Jan. 1977, S. 28 f

PFAFF, DIETER, International Licensing Contracts, Transfer of Technology and Transnational Law, in: Horn/Schmitthoff, Transnational Law, S. 199–209
PIRRUNG, JÖRG, Die Schiedsverfahrensordnung der UNCITRAL, RIW 1977, S. 513–519
PLEYER, KLEMENS, Die Bankgarantie im zwischenstaatlichen Handel, WM Beilage Nr. 2/1973

RABEL, ERNST, The Conflict of Laws, A Comparative Study, Bd. II, Michigan 1960
RAISER, THOMAS, Recht der Kapitalgesellschaften, Aktiengesellschaft, Gesellschaft mit beschränkter Haftung, Kapitalgesellschaft u. Co., München 1983
RAMM, THILO, Die Aufspaltung der Arbeitgeberfunktion, ZfA 1973, S. 263–295
RASCH, HAROLD, Deutsches Konzernrecht, 5. Aufl., Rosenheim 1974
RAUH, KARLHEINZ, Die Schieds- und Schlichtungsordnungen der UNCITRAL, Köln 1983
REDLICH, F., Entrepreneurship in the Initial Stages of Industrialisation, Weltwirtschaftliches Archiv 1955, Bd. 75, S. 80 ff
REINICKE, DIETRICH/TIEDTKE, KLAUS, Kaufrecht einschließlich Abzahlungsgeschäfte, AGB-Gesetz, Eigentumsvorbehalt, Factoring, finanzierter Kaufvertrag, Leasing, Pool-Vereinbarungen und Produzentenhaftung, Neuwied/Darmstadt 1982
REITHMANN, CHRISTOPH, Internationales Vertragsrecht, 3. Aufl., Köln 1980
REYVEN, JUAN ROSÉ, Zur Aufwertung von Geld- und Wertschulden im argentinischen Recht, RabelsZ (45) 1981, S. 756–760
RIEZLER, ERWIN, Der Werkvertrag in rechtsvergleichender Darstellung, RabelsZ (17) 1952, S. 522–577
ROBERT, JEAN, Arbitage Civil et Commercial, 4. Aufl., Paris 1967
ROGERS, P. N., Private Investment in Developing Areas, in OECD, Methods of Industrial Development, Paris 1962, S. 291 ff
ROSENBERGER, LEO/SCHWAB, KARL-HEINZ, Zivilprozeßrecht, 13. Aufl., München 1981
RÜEGSEGGER, HANS ULRICH, Die Abtretung im internationalen Privatrecht auf rechtsvergleichender Grundlage (Züricher Beiträge zur Rechtswissenschaft N. F. 407), Zürich 1973
RÜTHERS, BERND, Mitbestimmungsprobleme in Betriebsführungsaktiengesellschaften, BB 1977, S. 605–612

SANDROCK, OTTO, Handbuch der internationalen Vertragsgestaltung, Bd. 1, Heidelberg 1980

DERS., Zu den Divergenzen von Handels- und Steuerbilanz bei der Bilanzierung und Bewertung von Wirtschaftsgütern, AG 1978, S. 341–348

SÖLLNER, ALFRED, Grundriß des Arbeitsrechts, 8. Aufl., München 1984

SÖLTER, ARNO/ZIMMERER, CARL, Handbuch der Unternehmenszusammenschlüsse, München 1972

SOERGEL-SIEBERT, Bürgerliches Gesetzbuch, 11. Aufl., Stuttgart/Berlin/Köln/Mainz 1980–84

SONNENBERGER, Hans-Jürgen, Französisches Handels- und Wirtschaftsrecht, Heidelberg 1975

SRINIVASAN, RAGHAVAN/SASSOON, DAVID M., International Contracting and Procurement for Development Projects, Volume I, Washington 1982

SCHAUB, GÜNTHER, Arbeitsrecht Handbuch, 4. Aufl., München 1980

SCHAUMANN, WILFRIED, Die Immunität ausländischer Staaten nach Völkerrecht, Ber Ges VR 1968, Bd. 18, S. 1–158, Karlsruhe 1968

SCHLEGELBERGER, Handelsgesetzbuch Bd. IV, §§ 343–372 5. Aufl., München 1976

SCHLOSSER, PETER, Das Recht der internationalen Schiedsgerichtsbarkeit, Bd. I u. II, Tübingen 1975

SCHMALZL, MAX, Die Haftung des Architekten und Bauunternehmers, 4. Aufl., München 1980

SCHMIDT, KARSTEN, Handelsrecht, 2. Aufl., Köln/Berlin/Bonn/München 1982

SCHMITTHOFF, CLIVE M., The Export Trade, 7. Aufl., London 1980

DERS., The Sources of the Law of Internationale Trade, London 1964 (zit. Sources of Law)

DERS., Commercial Law in a Changing Economic Climate, 2. Aufl., London 1981 (zit. Changing Economic Climate)

SCHNEIDER, UWE H., Konzernbildung, Konzernleitung und Verlustausgleich im Konzernrecht der Personengesellschaften, ZGR 1980, S. 511–547

SCHNITZER, A. F., Les contracts Internationaux en Droit International Privé Suisse, Rec. des Cours (Den Haag) 1968 I S. 571 ff

SCHRÖDER, JOCHEN, Internationales Vertragsrecht, Köln 1984

SCHÜTZE, ROLF A./TSCHERNING, DIETER/WAIS, WALTER, Handbuch des Schiedsverfahrens, Berlin/New York 1985

SCHWAB, KARL-HEINZ, Schiedsgerichtsbarkeit, 3. Aufl., München 1979

STAMMBERGER, WOLFGANG, Rechtliche Fragen der Ingenieurberatung, Heft 8/68 der Schriftenreihe des Vereins beratender Ingenieure, S. 12 ff, Essen 1968

STAUDINGER, Kommentar zum BGB, Einl. zu Art. 7 ff, Art. 7–11 EGBGB, 12. Aufl., Berlin 1984

STAUFFER, WILHELM, Internationales Vertragsrecht und Rechtsberufung im Prozeß, Schw JZ 1974, S. 181–185

STEADMANN, JOHN MONTAGNE/GLENN, ROBIN DAY, International Contracting and Procurement for Developing Projects, Vol II, Washington 1982

STEVENS, ROBERT S./HENN, HARRY G., Statutes, Cases and Materials on the Law of Corporations, St. Paul 1965

Stockholm Chamber of Commerce, Arbitration in Sweden, Stockholm 1977

STOLJAR, S. J., The Law of Agency, London 1961

STOLL, JUTTA, Vereinbarungen zwischen Staat und ausländischem Investor, Berlin 1982

STUMPF, HERBERT, Der Know-How-Vertrag, 3. Aufl., Frankfurt a. M. 1977

DERS., Einheitliche Richtlinien für Vertragsgarantien, RIW 25 (1979), S. 1–4

TIETZ, BRUNO, Franchising, WiSt 1973, S. 519 ff

DERS./MATHIEU, GÜNTER, Das Franchising als Kooperationsmodell für den mittelständischen Groß- und Einzelhandel, FIW-Schriftenreihe Heft 85, Köln/Berlin/Bonn/München 1979

TIPKE, KLAUS, Steuerrecht, 8. Aufl., Köln 1981

TREIBEL, VOLKER, Englisches Handels- und Wirtschaftsrecht, Heidelberg 1978

TREITEL, G. G., The Law of Contract, London 1983

TREUMANN, WALTER/PELTZER, MARTIN, US-amerikanisches Wirtschaftsrecht, Köln 1978

United Nations – Centre on Transnational Corporations, Management Contracts in Developing Countries, An Analysis of their Substantive Provisions, New York 1983 (zit. Management Contracts)

United Nations, Economic Commission for Europe, Guide for Use in Drawing Up Contracts Relating to the International Transfer of Know How in the Engineering Industry, New York 1970

UNIDO, Guidelines for Contracting for Industrial Projects in Developing Countries, New York 1975 (zit. Guidelines for Contracting)

UNIDO, Manual on the Establishment of Industrial Joint Venture Agreements in Developing Countries, New York 1971

UNIDO, Manual on the Use of Consultants in Developing Countries, New York 1972 (zit. Use of Consultants)

VEELKEN, WINFRIED, Der Betriebsführungsvertrag im deutschen und amerikanischen Aktien- und Konzernrecht, Baden-Baden 1975 (zit. Betriebsführungsvertrag)

Verband unabhängig beratender Ingenieurfirmen e. V., Bonn, Jahresberichte 1983 u. 1984

VERDROSS, ALFRED/SIMMA, BRUNO, Universelles Völkerrecht, Berlin 1976

ST. VILLE, MARY E., Management Contracts in Developing Countries, in: R. Hellawell/D. Wallace Jr., Negotiating Foreign Investment, Washington 1982 (zit. Management Contracts)

VISCHER, FRANK, Internationales Vertragsrecht, Bern 1962

WÄLDE, THOMAS W., Der UN-Verhaltenskodex für transnationale Unternehmen, RIW 1978, S. 285–290

DERS., Contract Stability, in: Legal and Institutional Arrangement in Mineral Development, Hrsg.: Mining Journal Books (UN DTCD), S. 163–175

WALLACE, DON JR. (Hrsg.), International Control of Investment, The Düsseldorf Conference on Multinational Corporations, New York/Washington/London 1974

WALLACE, I. N. DUNCAN, The International Civil Engineering Contract, London 1974

WALTON, ANTHONY, Russel on the Law of Arbitration, 19. Aufl., London 1979 (zit. Russel-Walton)

WEBER, HELMUT KURT, Betriebswirtschaftliches Rechnungswesen, München 1974

WEICK, GÜNTER, Vereinbarte Standardbedingungen im deutschen und englischen Bauvertragsrecht, München 1977

DERS., Vorbeugung und Beilegung von Konflikten in internationalen Verträgen, FS H. Coing, Bd. II, S. 543–564

WESTERMANN, HARM-PETER, Vertragsfreiheit und Typengesetzlichkeit im Recht der Personengesellschaften, Berlin 1970

v. WESTPHALEN, FRIEDRICH GRAF, Die Bankgarantie im internationalen Handelsverkehr, Heidelberg 1982

WESTRING, GÖSTA H., Aspects of international Management Contracts, The international Contract — Law and Finance Review, Sept. 1980, S. 399–406

DERS., Aspects of international Management Contracts, in: Negotiating Foreign Investments, A Manual for the Third World, Vol II, Hrsg.: R. Hellawell, D. Wallace Jr., Washington 1982

DERS., Construction and Management Contracts, in: Horn/Schnitthoff, Transnational Law, S. 175–190

DERS., International Procurement, A Training Manual, UNITAR 1977

WIDMANN, ALBERT J., Handbuch des Investitionsgüter- und Industrieanlagen-Exports, München 1977

WITHAUER, KLAUS F., Betriebswirtschaftslehre der Consulting Unternehmen, Grafenau/Döffingen 1973

WOOD, PHILIP, Law and Practice of International Finance, London 1980

WÖHE, GÜNTER, Einführung in die allgemeine Betriebswirtschaftslehre, 11. Aufl., München 1973

DERS., Handelsbilanz und Steuerbilanz, Steuerkongreß-Report 1973, S. 291 ff

WÜRDINGER, HANS, Unternehmenskonzentration und Marktbeherrschung, WUW 1961, S. 747–755

DERS., Verbundene Unternehmen und GWB, WuW 1967, S. 83–90

ZEHETNER, FRANZ, Geldwertklauseln im grenzüberschreitenden Wirtschaftsverkehr, Tübingen 1975

ZEIGER, SONJA, Der Management Vertrag als internationales Kooperationsinstrument, Konstanz 1984 (zit. Management-Vertrag)

ZÖLLNER, WOLFGANG, Arbeitsrecht, 2. Aufl., München 1979

ZWEIGERT, KONRAD, Das Statut der Vertragsübernahme, RabelsZ (23) 1958, S. 643–658

Vertragsmaterialien

Es werden hier nur die Vertragsmaterialien aufgeführt, die in der Arbeit ausführlich behandelt werden und allgemein zugänglich sind.

FIDIC, International Model Form of Agreement between Client and Consulting Engineer and International General Rules of Agreement between Client and Consulting Engineer for Pre-Investment Studies, IGRA 1979 P. I., 3. Aufl., Den Haag 1979

FIDIC, International Model Form of Agreement between Client and Consulting Engineer and International General Rules of Agreement between Client and Consulting Engineer for Design and Supervision of Construction of Works, IGRA 1979 D + S, 3. Aufl., Den Haag 1979

FIDIC, International Model Form of Agreement between Client and Consulting Engineer and International General Rules of Agreement between Client and Consulting Engineer for Project Management, IGRA 1980 PM, Lausanne 1980

FIDIC, Conditions of Contract for Works of Civil Engineering Construction with forms of tender and agreement, 3. Aufl., London, März 1977, abgedruckt bei Horn/Schmitthoff, Transnational Law, S. 421ff

Gesellschaft für technische Zusammenarbeit (GTZ), Allgemeine Vertragsbedingungen (AVB) für Consulting Aufträge der Deutschen Gesellschaft für technische Zusammenarbeit (GTZ), Eschborn Januar 1983

Hellawell, R./Wallace, D., An Acutal Management Contract, in: Negotiating Foreign Investment, Vol II, Washington 1972, 7.2.5C 1 ff

International Bank for Reconstruction and Development (IBRD), Contract for Consultant Services, (K-A-1) CC Standard, New York 1980

Kreditanstalt für Wiederaufbau, Consulting Agreement, 1982

Einleitung: Internationaler Know-how-Transfer

§ 1: Internationaler Bedarf an Betriebsführungs- und Beratungsleistungen und das Internationale Vertragsrecht

I. Know-how-Bedarf

Gegenstand dieser Untersuchung sind die im internationalen Wirtschaftsverkehr verwendeten Verträge über Betriebsführungs- und Beratungsleistungen. Die große Bedeutung der Verträge erklärt sich daraus, daß bei neugegründeten, aber auch bei bestehenden Unternehmen oft die notwendigen Kenntnisse und Fähigkeiten fehlen, um die kaufmännischen, organisatorischen und technischen Probleme der Betriebsführung oder Projektdurchführung mit eigenen, bereits zur Verfügung stehenden (angestellten) Fachkräften zu bewältigen. Auch bestehende Unternehmen sind einem ständigen Entwicklungs- und Anpassungsdruck ausgesetzt. Das komplexe, ständigen Wandlungen unterworfene Wirtschaftsgeschehen und das ständige wirtschaftliche Wachstum in Ländern aller Entwicklungsstufen fordern von den am Wirtschaftsgeschehen beteiligten Unternehmen, wie auch staatlichen Stellen, die notwendigen Fähigkeiten zu fundierten Planungen, zukunftsorientierten Entscheidungen, fortschrittlichen Führungssystemen und leistungsfähigen Arbeitstechniken. Das notwendige Fachwissen für die zweckmäßigste und bestmögliche Gestaltung der Unternehmenstätigkeit unter den jeweils gegebenen wirtschaftlichen, politischen und sozialen Rahmenbedingungen steht aufgrund des rapiden Wachstums und der Begrenztheit eigener Möglichkeiten der am Entscheidungsprozeß Beteiligten nicht immer in ausreichendem Maße an allen Stellen gleichermaßen zur Verfügung. Insbesondere in Entwicklungsländern fehlt das notwendige qualifizierte Personal, das in der Lage ist, sich neuen gestiegenen Anforderungen zu stellen.

Allein der Import von Anlagegütern reicht zur Verbesserung der Landeswirtschaft nicht aus, wenn nicht gleichzeitig eine Vermittlung des für den Umgang mit neuen Technologien notwendigen Fachwissens hinzutritt. Neben den Anlagenimport tritt daher der gleichzeitige Transfer unternehmerischen Know Hows[1]. Das auszugleichende Know-How-Defizit besteht nicht nur im technischen Bereich, d. h. im Bereich der physikalisch-mechanischen Planung, Gestaltung und Durchführung einzelner Betriebsabläufe (= technisches Know How)[2], sondern auch im kaufmännischen Bereich fehlen die – zumeist betriebswirtschaftlichen – Kenntnisse und Fähigkeiten, die zur Leitung eines Unternehmens notwendig sind (= unternehmerisches Know How)[3]. Ein reiner Transfer von „hard technology" (= product designs and production techniques) ist nicht ausreichend; hinzukommen muß eine Unterstützung im Bereich der „soft technology" (= management systems and technology)[4]. Als Mittel des Know-how-Transfers in diesem Bereich haben sich im internationalen Wirtschaftsverkehr der Management- und Consulting-Vertrag herausgebildet. Diese Verträge sind Gegenstand der folgenden Untersuchung.

Der zwischen beiden Vertragstypen bestehende Unterschied ist folgender: Ist das auszugleichende Leistungsdefizit derart umfangreich, daß der Aufbau eines Projektes oder die Führung eines Unternehmens[5] nicht durch eigenes Personal bewältigt werden kann, muß die gesamte Unternehmensleitung auf einen außenstehenden Dritten übertragen werden (Betriebsführung). Betrifft das Know-how-Defizit nur Teilbereiche der unternehmerischen Tätigkeit und reicht die Hinzuziehung eines Beraters ohne Übertragung von Leitungsaufgaben für die Problemlösung aus so handelt es sich um eine Form der Unternehmensberatung.

---

[1] Zur Definition des Know-how, Becker, Verträge der Exportwirtschaft, S. 200 f; Kreuzer, FS v. Caemmerer, S. 705 (707); Böhme, Besteuerung des Know-how, S. 12 ff; aus der internationalen Literatur vgl. UN Economic Commission for Europe, Guide for Use in Drawing up Contracts, S. 2.

[2] Zum technischen Know-how s. Stumpf, Der Know-how-Vertrag, S. 40.

[3] Zum Kaufmännischen Know-how, Stumpf, aaO, S. 40.

[4] Dies ist eine in der internationalen Literatur gebräuchliche Bezeichnung für die Unterscheidung zwischen technischem und unternehmerischem Know-how, vgl. Hasegawa, European Research, Sept. 1976, S. 193 (198).

[5] Die hier verwandten Begriffe „Betrieb" und „Unternehmen" sind in einem weiteren Sinne zu verstehen, da sich die „Betriebs"-Führung nicht nur auf die Leitung von Wirtschaftsunternehmen, sondern auch auf andere, nicht wirtschaftlich tätige Einrichtungen beziehen kann (etwa Krankenhäuser, Bildungseinrichtungen etc.).

II. Gegenstand und Methode der Untersuchung

Die Untersuchung basiert auf einer Auswertung von Vertragsmustern[6], Einzelverträgen und einer Reihe internationaler Veröffentlichungen und Untersuchungen über diese Verträge.

Beim Management-Vertrag ist die rechtstheoretische Aufarbeitung dieser Vertragsform nicht sehr weit fortgeschritten. Insbesondere existieren keine im internationalen Verkehr verbreiteten Musterverträge. Die Arbeit stützt sich insoweit auf die Auswertung privater, nicht veröffentlichter Einzelverträge. Wertvolle Hilfe leistete dabei die Untersuchung der UNIDO „Management Contracts in Developing Countries: An Analysis of their Substantive Provisions". Sie enthält eine Analyse und inhaltliche Auswertung von insgesamt 35 Management-Verträgen aus den Bereichen Industrie, Bergbau und Tourismus[7].

In der Literatur wurde die Vertragsform ebenfalls noch nicht vollständig untersucht. Es existieren nur zwei größere Abhandlungen. Eine ältere Veröffentlichung von Gabriel[8] stellt im wesentlichen auf die betriebswirtschaftlichen Aspekte und den Management-Vertrag als Möglichkeit des Know-How-Transfers ab. In einer Untersuchung von Zeiger[9] bleiben eine Reihe von Fragen zur rechtlichen Ausgestaltung der Verträge unbeantwortet.

Anders ist die Situation beim Consulting-Vertrag. Es gibt eine Reihe internationaler Organisationen, die sich um die Erarbeitung einheitlicher Vertragsmuster bemühen[10]. Zusätzlich existieren eine Vielzahl von – zumeist betriebswirtschaftlichen – Untersuchungen über diese Vertragsform[11].

Versucht wird in dieser Arbeit eine deskriptive, analytisch-praxisorientierte Untersuchung der Verträge. Sie sind abzugrenzen zu anderen Formen des Know-how-Transfers; vor allem reinen Know-how-, bzw. Lizenzverträgen, aber auch anderen Vertragstypen, mit denen sie partielle Überschneidungen aufweisen können, wie Turnkey- oder Franchise-Vereinbarungen[12].

---

[6] S. hierzu das Verzeichnis der Vertragsmaterialien sowie die im Anhang abgedruckten Verträge.

[7] UN-Centre on Transnational Corporations, Management-Contracts, Preface.

[8] Gabriel, The International Transfer of Corporate Skills, Boston 1967.

[9] Zeiger, Management-Vertrag, 1984.

[10] Dazu unten § 16, I.

[11] Vgl. dazu die Nachw. in § 10.

[12] Dazu unten § 2, III–V.

Der Schwerpunkt der Darstellung liegt neben einer Beschreibung der historischen und wirtschaftlichen Bedeutung dieser Vertragstypen auf zentralen Fragen des Zustandekommens und der inhaltlichen Ausgestaltung. Analysiert werden die Verträge im Sinne eines kautelarjuristischen Untersuchungsprogramms. Es wird dargestellt, bei welchen Punkten eine Regelung notwendig ist, welche Regelungsalternativen für Teilfragen bestehen, welche Vor- und Nachteile sich daraus ergeben und welche Risiken einzelne Regelungen für die Parteien bergen.

Sowohl Management- als auch Consulting-Verträge erreichen in der praktischen Ausgestaltung einen hohen Grad von Regelungsdichte, d. h. nahezu alle Fragen, die in der Vertragsdurchführung Bedeutung erlangen können, werden zum Gegenstand einer vertraglichen Regelung gemacht. Selbst Punkte, die bei Beginn der Zusammenarbeit nicht festgelegt werden können, weil der Inhalt der sich als notwendig erweisenden Regelung nicht absehbar ist oder Punkte, deren Regelungsbedürftigkeit den Parteien bei Vertragsschluß nicht bewußt ist, werden nicht offengelassen und dem jeweils maßgeblichen nationalen Recht unterstellt, sondern zum Gegenstand einer Anpassungs- oder Neuverhandlungsklausel gemacht[13].

Der Rückgriff auf nationale Rechte ist daher nur selten notwendig. Unumgänglich ist er indes in zwei Bereichen. Zum einen haben die Parteien bei der Gestaltung der Verträge die sich aus dem nationalen Recht ergebenden (zwingenden) Schranken der Privatautonomie zu beachten. Dies gilt etwa für die Zulässigkeit von Haftungsbeschränkungen, den Ausschluß der Gewährleistung oder die Zulässigkeit von Vertragsstrafversprechen. Hier sind die Parteien an das maßgebliche nationale Recht gebunden.

Rücksicht zu nehmen haben die Vertragspartner schließlich auf die jeweils geltenden rechtlichen Rahmenbedingungen, d. h. auf das nationale öffentliche Wirtschaftsrecht. Diese Regelungen haben auf die Vertragsdurchführung erheblichen Einfluß und sind schon bei der Vertragsgestaltung zu berücksichtigen. So sind für die Vergütungsregelung die devisenrechtlichen und steuerlichen Bedingungen des jeweiligen Landes zu beachten, bei Vereinbarungen über den Personaleinsatz ist Rücksicht zu nehmen auf geltende fremdenrechtliche Regelungen und bei der Übertragung von Geschäftsführungsbefugnissen — besonders von Bedeutung beim Management-Vertrag — ergeben sich wesentliche Schranken aus dem jeweiligen Gesellschaftsrecht.

---

[13] Dazu unten § 20, II u. III.

Soweit das nationale Recht in dieser Weise Schranken setzt, oder nationale Bestimmungen auf die Vertragsgestaltung Einfluß haben, wird dies in exemplarischer Weise dargestellt. Im übrigen ist die Frage der Behandlung des Management- oder Consulting-Vertrages in einzelnen nationalen Rechten nicht Gegenstand der Untersuchung.

III. Transnationale Regelungen

Bevor für die Beantwortung einer einzelnen Frage auf das nationale Recht zurückgegriffen werden kann, stellt sich eine weitergehende Frage. Es ist zu ermitteln, ob für die Verträge des internationalen Wirtschaftsverkehrs nicht bereits ein internationales (= transnationales) Wirtschaftsrecht Lösungen bereit hält, das vor dem nationalen Recht Vorrang hat und einen Rückgriff auf das nationale Recht nicht nur überflüssig macht, sondern sogar verschließt.

Eine in der Literatur zum internationalen Wirtschaftsrecht zunehmend vordringende Theorie vertritt die Auffassung, daß sich durch Tendenzen zur Ausbildung international einheitlicher Regelungen unabhängig vom nationalen Recht neben den klassischen Regeln des Völkerrechts ein eigenständiges materielles internationales Handels- und Wirtschaftsrecht bildet[14] – verwandt mit dem historischen Vorbild des „law merchant“[15]. Quelle dieses transnationalen Handels- und Wirtschaftsrecht ist neben zwischenstaatlichen Vereinbarungen und Konventionen in erster Linie neues internationales Handelsgewohnheitsrecht[16].

Bilaterale und multilaterale Verträge im Sinne eines Wirtschaftsvölkerrechts haben auf die hier untersuchten Vertragstypen keinen Einfluß. Kodifizierte Regelungen für den Management- und Consulting-Vertrag existieren nicht.

Zu berücksichtigen ist allenfalls transnationales Gewohnheitsrecht. Von der Entstehung und der Natur nach internationales Gewohnheitsrecht wird zwar nahezu einheitlich als Quelle des transnationalen Wirt-

---

[14] SCHMITTHOFF, Changing Economic Climate, S. 19 ff; DERS., Sources of Law, S. 3 ff, 15 ff; FABRICIUS, FS Schmitthoff, S. 101 (140); CREMADES in: Horn (Hrsg.), Codes of Conduct, S. 83 (85); HORN, Internationale Anleihen, S. 517 ff; DERS., Codes of Conduct, S. 45 (59 ff); GOLDSTAJN, FS Schmitthoff, S. 171 ff.

[15] LANGE, Commercial Law, S. 8 ff.

[16] FABRICIUS, FS Schmitthoff, S. 141; GOLDSTAJN, FS Schmitthoff, S. 176; HORN, Internationale Anleihen, S. 519; SCHMITTHOFF, Changing Economic Climate, S. 22 f; DERS., Sources of Law, S. 3 (16 ff).

schaftsrechts anerkannt[17]; problematisch ist allerdings die Präzisierung einzelner Rechtssätze dieses Gewohnheitsrechts. Wenn auch Übereinstimmung im grundsätzlichen besteht, wonach Gewohnheitsrecht alle die Regeln sind, die innerhalb einer bestehenden Gemeinschaft längere Zeit hindurch im Bewußtsein der Rechtsgeltung beobachtet werden[18], ist die Begründung und der Nachweis im einzelnen schwierig.

Dies ist für die hier untersuchten Management- und Consulting-Verträge zu ermitteln. Problematisch für die Feststellung allgemein anerkannter und praktizierter Regeln im Bereich der Management- und Consulting-Verträge ist bereits die Festlegung der beteiligten Gemeinschaft, auf deren Bewußtsein es für die Annahme der Rechtsgeltung eines als gewohnheitsrechtlich zu qualifizierenden Rechtssatzes ankommt. Die für die Entstehung maßgebliche rechtsbildende Gemeinschaft kann aus den am Handelsverkehr Beteiligten bestehen; für spezielles Handelsgewohnheitsrecht kommt auch die engere Gruppe der am Markt oder Geschäftszweig Beteiligten in Betracht[19]. Anders als bei einigen räumlich und sachlich abgrenzbaren Märkten (wie etwa dem Eurokonsortialmarkt[20] oder einzelnen Rohstoffmärkten) ist beim Management- und Consulting-Geschäft ein eindeutig bestimmbarer Markt oder Geschäftszweig nicht feststellbar. Sowohl auf Nachfrager- wie auf Anbieterseite tauchen die unterschiedlichsten Gruppen auf. Sie gehören unterschiedlichen Rechtskreisen an; westlichen oder sozialistischen, Common Law oder Civil-Law-Rechtssystemen oder auch denen aus Entwicklungsländern. Inhaltlich bezieht sich das Angebot an Betriebsführungs- und Beratungsleistungen auf die verschiedensten Branchen (von der Errichtung von Infrastruktureinrichtungen über die Hotelbranche bis zur Schwerindustrie). Eine Austauschbarkeit der einzelnen angebotenen Management- und Consulting-Dienstleistungen ist nicht einmal annäherungsweise möglich. Von einem feststehenden Markt oder Geschäftszweig für Management- und Consulting-Leistungen kann daher nicht gesprochen werden. Eine nach objektiven Kriterien ermittelbare Rechtsgemeinschaft, auf deren Rechtsbewußtsein es für die Geltung von gewohnheitsrechtlichen Rechtssätzen ankommt, existiert hier nicht. Schon

---

17 Schmitthoff, Sources of Law, S. 15 ff; Horn, Internationale Anleihen, S. 517.

18 BGH NJW 1958, S. 709; Larenz, Methodenlehre, S. 345 f; Horn, Internationale Anleihen, S. 518.

19 Horn, Internationale Anleihen, S. 522.

20 Hier sind bereits Vorstufen zur Entwicklung eines internationalen Rechts der Eurokonsortialkredite vorhanden, vgl. Hinsch/Horn, Konsortialkredite und Projektfinanzierungen, S. 198.

aus diesem Grunde ist für die Ausprägung von transnationalem Wirtschaftsrecht (Gewohnheitsrecht des internationalen Wirtschaftsverkehrs) im Bereich der Management- und Consulting-Verträge wenig Raum.

Hinzu kommen weitere Schwierigkeiten. Bei beiden Vertragstypen handelt es sich um Vertragsformen, die sich erst in neuerer Zeit in größerem Umfang verbreitet haben. Die internationale Standardisierung hat hier noch nicht den gleichen Umfang erreicht wie bei Verträgen im Bereich des Warenaustausches[21]. Für die Bildung von Gewohnheitsrecht ist indes eine langandauernde Übung erforderlich. Hiervon kann noch nicht gesprochen werden. Dies gilt auch, wenn man relativ geringe Anforderungen an die notwendige Zeitdauer stellt[22]; zumindest ist erforderlich, daß eine bestehende Praxis so regelmäßig befolgt wird „to justify an expectation that it will be observed with respect to the transaction in question“[23]. Von einer derartigen Erwartungshaltung im Hinblick auf die Einhaltung einzelner Regeln kann beim Management- und Consulting-Geschäft nicht gesprochen werden.

Auch einheitliche Musterverträge, die durch ständig wiederholte Anwendung zur Bildung von Gewohnheitsrecht beitragen können[24], sind nicht in ausreichendem Maß und mit der erforderlichen Akzeptanz vorhanden. Im Bereich des Management-Geschäftes existieren keine im internationalen Wirtschaftsverkehr einheitlich verwendeten Vertragsmuster. Die von einer Reihe von internationalen Anwaltsbüros erarbeiteten und wiederholt verwendeten Verträge reichen für die Bildung von Gewohnheitsrecht nicht aus. Im Bereich des Consulting-Geschäftes existieren zwar einige Musterverträge, insbesondere die Verträge der FIDIC für „Design and Supervision“, „Pre-Investment-Studies“ und „Project Management“[25]; diese stammen aber aus dem Jahre 1979 bzw. 1980 und

---

21 Westring in: Horn/Schmitthoff, Transnational Law, S. 175 (189).

22 So die deutsche Rechtsprechung, BGH NJW 1958, S.709; Schlegelberger/Hefermehl, § 346, Rdn. 2; weitere Nachw. für das englische und französische Recht bei Horn, Internationale Anleihen, S. 526.

23 So der Standpunkt des wenig strengen amerikanischen Uniform Commercial Code, der bei der Bestimmung eines Handelsbrauchs bewußt auf das Erfordernis der längeren und universellen Übung verzichtet, UCC Sect. 1-205 (3); vgl. Horn, Internationale Anleihen, S. 526.

24 Schmitthoff, Sources of Law, S. 18, 20; ders., Changing Economic Climate, S. 23; Horn, Internationale Anleihen, S. 534 f; Fabricius, FS Schmitthoff, S. 101 (141).

25 FIDIC, IGRA 1979 Design and Supervision; FIDIC, IGRA 1979 Pre-Investment-Studies; FIDIC, IGRA 1980 Project Management.

können zur Bildung eines Handelsgewohnheitsrechts (bislang) nichts beitragen.

Ein transnationales Wirtschaftsrecht (Gewohnheitsrecht des internationalen Wirtschaftsverkehrs), aus dem sich Ergebnisse für Einzelfragen des Management- und Consulting-Vertrages ableiten lassen, ist daher (noch) nicht vorhanden. Soweit der einzelne Vertrag keine eigene Regelung enthält, ist damit allein das jeweils anwendbare nationale Recht maßgeblich.

IV. Internationale Vereinheitlichung

Wenn auch für die hier untersuchten Vertragstypen noch kein einheitliches transnationales (Gewohnheits-)Recht feststellbar ist, weisen doch die einzelnen Verträge in ihrer praktischen Ausgestaltung im Hinblick auf einzelne Klauseln ein hohes Maß an Uniformität auf. Dies hat vor allem zwei Gründe. Zum einen stoßen die an den Vertragsverhandlungen Beteiligten ständig auf wiederkehrende Probleme. Für Management- und Consulting-Verträge sind dies etwa Regeln über den Geheimnisschutz, die Übertragung von Geschäftsführungsbefugnissen, die Berechnung der Vergütung oder Vereinbarungen über Haftungsvoraussetzungen und Haftungsfolgen. Zum anderen legen die mit der Vertragsgestaltung Beschäftigten nicht sämtliche Einzelheiten des Vertrages in jedem Einzelfall erneut fest (tailor made contract)[26], sondern greifen, insbesondere für allgemeine Probleme (Force-majeure-Klauseln, Anpassungs- und Schiedsvereinbarungen etc.), auf bereits in anderen Verträgen oder Vertragsmustern verwandte und erprobte Klauseln zurück. Dies führt zu einem erheblichen Maß an Standardisierung in der internationalen Vertragspraxis[27].

Eine derartige faktische Einheitlichkeit hat zwar noch nicht die Ausbildung einheitlicher Rechtsregeln (lex mercatoria) zur Folge; sie ist allenfalls eine Vorstufe hierzu. Die faktische Vereinheitlichung hat aber eine andere Konsequenz. Sie führt zu einer Vereinheitlichung in der Anwendung dieser Regeln. Auslegung und Verständnis von Inhalt und Gegenstand wiederholt verwendeter Standardklauseln lösen sich vom einzelnen

---

[26] HORN, Transnational Law, S. 7.
[27] HORN, Transnational Law, S. 8.

Vertrag und gewinnen allgemeine Bedeutung für den sich so herausbildenden Vertragstyp insgesamt. Gefördert wird diese Vereinheitlichung in der Auslegung und Anwendung einzelner Regeln durch Veröffentlichungen öffentlicher oder halböffentlicher internationaler Stellen (UNIDO, FIDIC, ICC etc.)[28], die um eine Erarbeitung und Verbreitung einheitlicher Regeln und Vertragsklauseln bemüht sind. Sie spiegeln einen wachsenden Konsens der internationalen Wirtschaftskreise wider, und zeigen, daß ein großer Bedarf an Harmonisierung der Vertragspraxis besteht[29]. Unterstützt wird dies Bemühen nach einheitlicher Anwendung einzelner Regeln durch die rechtswissenschaftliche Diskussion, die sich mit ständig wiederkehrenden Vertragsklauseln befaßt.

Im Bereich des Management/Consulting-Geschäftes hat diese Vereinheitlichung der Vertragspraxis weite Verbreitung gefunden. Dies gilt nicht nur für jede Vertragsform (Management- oder Consulting-Vertrag) gesondert, sondern für beide Vertragsformen insgesamt. Der zugrunde liegende wirtschaftliche Zweck ist der gleiche; unterschiedlich ist nur der Umfang der Beratungs- und Unterstützungsleistungen. Die Übergänge im einzelnen sind fließend[30]. Die hier existierende einheitliche Auslegung und Auffassung von der Bedeutung einzelner Klauseln läßt sich insbesondere an den von der FIDIC zum Consulting-Geschäft erarbeiteten Vertragsmustern verdeutlichen. Diese einzelnen Verträge wurden zwar für Consulting-Leistungen entwickelt, im Bereich des Project Management können und werden diese Verträge oder einzelne Klauseln davon auch Management-Verträgen zugrunde gelegt[31]. Über die Auslegung einzelner Klauseln dieser Verträge sind Tendenzen zur Ausbildung einheitliche Auffassungen feststellbar[32]. Die enge Verwandtschaft beider Vertragstypen (Management- und Consulting-Verträge) und die für beide Vertragsformen in gleicher Weise auftauchenden Fragen rechtfertigen es, die Darstellung beider Verträge zu verbinden und dabei (in Teil 3) ihre gemeinsamen Probleme einheitlich darzustellen.

---

[28] Vgl. u.a. UNIDO, Manual on the Use of Consultants; UN-Centre of Transnational Corporations, Management Contracts in Developing Countries, 1983; FIDIC Guide to the Use of Consultants, 1980.

[29] Horn, Transnational Law, S. 18.

[30] Dazu unten § 2, II.

[31] Dazu Westring in: Horn/Schmitthoff, Transnational Law, S. 175, 189 f und unten § 9, I.

[32] Vgl. etwa die Erläuterungen zu den FIDIC-Verträgen bei Westring, International Procurement, A.5.9. und FIDIC, Guide to the Use of Consultants, 1980.

§ 2: Vertragstypen des Internationalen Know-how-Transfers

I. Know-how-Transfer im Wege der Direktinvestition

Für ein besseres Verständnis der hier untersuchten Vertragstypen ist es sinnvoll, einen kurzen Blick auf die wirtschaftlichen, politischen und sozialen Rahmenbedingungen zu werfen, in denen diese Vertragstypen verwandt werden.

Wichtigste Schiene des Know-how-Transfers, insbesondere im Wirtschaftsverkehr mit Ländern der Dritten Welt und Schwellenländern, war und ist auch heute noch – nach einer Periode heftiger Kritik – die private Direktinvestition. In der Einstellung der Gastländer hat sich jedoch eine Trendwende vollzogen. Während noch in den 50er und 60er Jahren eine Reihe von Entwicklungsländern versuchten, durch steuerliche Erleichterungen und sonstige Anreize ein günstiges Klima für ausländische private Investitionen zu schaffen, ist heute eine eher gegenläufige Entwicklung zu beobachten. Diese Abkehr von typischen Formen der Direktinvestition hat mehrere Gründe.

Aus Sicht der Länder, die früher Direktinvestitionen forderten und förderten, ist es eine – zwar abklingende, aber immer noch bestehende – Angst vor Überfremdung der eigenen Volkswirtschaft. Ausdruck findet diese Forderung nach wirtschaftlicher Souveränität neben vielen einzelstaatlichen Investitionsgesetzen[1] unter anderem in einer Reihe von Resolutionen der Vereinten Nationen[2] und nicht zuletzt in den §§ 6–8 des Entwurfes eines UN Code of Conduct on Transnational Corporations[3] sowie der Forderung nach einer Neuen Weltwirtschaftsordnung (New International Economic Order, NIEO)[4].

---

1 Vgl. etwa die Sammlung von ICSID, Investment Laws of the World Bd. I–X, die eine nach Ländern geordnete Zusammenstellung einzelner Investitionsgesetze enthält. Zu den Möglichkeiten der Reglementierung einer ausländischen Direktinvestition vgl. Behrens, RabelsZ 40 (1976), S. 233 ff.

2 Resolution A/1803 (XVII) v. 14. 12. 62, Permanent Sovereignty Over Natural Ressources, abgedr. in YUN 16 (1962) 503 f; Resolution A/2158 (XXI) v. 25. 11. 66 YUN 20 (1966) 329 ff; Resolution A/2692 (XXV) v. 11. 12. 70 YUN 24 (1970) 457 f.

3 Vgl. den Entwurf UN-Eco Soc, Draft United Nations Codes of Conduct on Transnational Corporations, dazu auch Coonrod, Harv. Int. L. J. 1977, 273 ff; Wälde, RIW 1978, 275 ff; allg. Horn (Hrsg.), Codes of Conduct.

4 United Nations, Declaration on the Establishment of a New International Economic Order, Resolution 3201 (S-VI), International Legal Material 1974, 715 ff; dazu statt vieler Horn, FS Coing, Bd. 2, S. 149 ff mwN.

Aus Sicht der potentiellen Investoren sind es zwei Gruppen von Gründen, die, wenn auch nicht zu einer völligen Abkehr, so doch zu einer größeren Skepsis gegenüber dem Instrument der Direktinvestition geführt haben. Diese Faktoren lassen sich in grundlegende und administrative Hindernisse einteilen. Zu den grundlegenden Faktoren gehören:

- Fehlen einer ausreichenden Infrastruktur (Transportmöglichkeiten, Arbeitskräfte etc.) und geeigneten Marktsituationen
- politische Instabilität (verbunden mit Enteignungsrisiken)[5]
- Währungsrisiko (inflationsbedingte Risiken)
- erfolgsversprechendere Investitionschancen in stabileren Ländern.

Diese Faktoren resultieren aus den wirtschaftlichen und sozialen Rahmenbedingungen in den betreffenden Ländern und sind vom Investor und der jeweiligen Regierung nur schwer beeinflußbar. Sie stehen vor allem einem Engagement im Wege der Direktinvestition im Wege, nicht so sehr einer Projektentwicklung durch Consulting- und/oder Management-Verträge. Die letzteren Verträge sind nicht mit einem Transfer von Eigenkapital verbunden; das Risiko, Kapital zu verlieren oder mit nicht ausreichender Rentabilität einzusetzen, besteht hier nicht.

Administrative Faktoren, die einer Investition im Wege stehen, sind konkretes Ergebnis der jeweiligen Wirtschaftspolitik. Hierzu gehören:

- Beschränkung von Aufenthaltserlaubnissen für ausländisches Personal
- Verbot der ausländischen Investition in bestimmten Bereichen (Schwerindustrie, Energieversorgung etc.)[6]
- zwingendes Erfordernis einer nationalen Beteiligung an neuen Projekten[7]

---

5 Beispiele hierfür sind etwa der Iran oder Chile; im allgemeinen kommt der Frage der politischen Stabilität eines Landes für die Investitionsentscheidung erste Priorität zu.

6 Dies gilt beispielsweise in Indonesien für Hafenanlagen, Elektrizität, Telecommunication, Trinkwasserversorgung, Eisenbahnen, Atomenergie, Massenmedien, vgl. Section 1:2 A-2.4., Law concerning Investment of Foreign Capital, in ICSID, Bd. IV, „Indonesia“; in Kenia gilt dies im Bereich von Radio und Fernsehen, gewissen Verkehrs-, Kommunikations- und Energieversorgungsaufgaben, vgl. Jost, Das Recht der ausländischen privaten Investitionen in Kenia, S. 305 f.

7 So sieht etwa Mexiko im Regelfall eine nationale 50%ige oder eine Mehrheitsbeteiligung vor, § 8 Law to promote Mexican Investment and to regulate Foreign Investments, vgl. KAYSER, Deutsche Auslandsinvestitionen in Ent-

- Prohibitive Besteuerung ausländischer Investitionen,
- Verstaatlichung einzelner Industriezweige (ggf. ohne ausreichende Entschädigung),
- Devisenkontrollmaßnahmen[8].

Anstelle der privaten Direktinvestition als Schiene des Know-how-Transfers sind zunehmend andere Formen der internationalen Kooperation getreten, die den Zweck verfolgen, den unterschiedlichen Know-how-Standard zumindest partiell auszugleichen. Hierzu gehören neben reinen *Lizenz- und Know-how-Verträgen* zunächst *Consulting-Vereinbarungen*, d.h. eine Inanspruchnahme der Beratung durch außenstehende unabhängige Dritte zur Lösung einzelner unternehmerischer Fragestellungen[9]. Die nächste Stufe ist der *Turnkey-Vertrag*. Hier wird ein ausländischer Auftragnehmer beauftragt, eine Anlage zu entwerfen, zu errichten und schließlich in Betrieb zu setzen. Die weitestgehende Einflußnahme in einem konkreten Projekt durch außenstehende Dritte als Vorstufe zur Eigeninvestition stellt der *Management-Vertrag* dar. Die vollständige Kontrolle und Verantwortlichkeit über ein Unternehmen wird hier auf einen unabhängigen Vertragspartner übertragen.

Diese letzte Form des Know-how-Transfers hat in jüngster Zeit ständig zunehmende Bedeutung erlangt. Das wirtschaftliche Wachstum auf diesen Gebieten verdeutlicht die nachfolgende Tabelle. Sie zeigt die Einnahmen aus sechs OECD-Ländern im Wirtschaftsverkehr mit Entwicklungsländern in den Jahren 1970–1980. Die Einnahmen resultieren aus folgenden Arten von Dienstleistungen:

I. Lizenz- und Know-how-Vereinbarungen über die entgeltliche Überlassung von Schutzrechten (einschließlich Betriebsgeheimnissen),
II. Langzeit-Management- und technical assistance-Vereinbarungen,
III. Ingenieur- und Beratungsleistungen im Hinblick auf die Planung, Errichtung und Inbetriebnahme eines Projektes oder Industriekomplexes.

---

wicklungsländern, S. 277 ff; das gleiche gilt für Tanzania, vgl. Bundesstelle für Außenhandelsinformationen, Berichte zum ausländischen Wirtschafts- und Steuerrecht, Nr. 4, 1971, S. 13 ff; Neersö, World Development, No. 2, Vol. 2, Febr. 74, S. 139.

[8] Zu den Devisenkontrollmaßnahmen in Kenia vgl. Jost, S. 317 ff; zu vergleichbaren Regelungen in Tanzania s. Neersö, World Development Vol. 2, No. 2, S. 139, 143 f.

[9] Zur Definition des Consulting s. unten § 10,I,1.

Values of Receipts for Industrial Property Rights, Technical and Related Services from Developing Countries[10]

(million $)

		1970	1971	1972	1973	1974	1975	1976	1977	1978	1979	1980
France	(A)	21.6	21.6	48.3	68.1	74.2	128.1	124.6	158.9	146.1	160.1	251.1
	(B)	42.5	40.0	77.3	89.3	94.4	128.1	126.4	152.2	117.3	110.0	153.4
Germany	(A)	26.6	34.9	41.5	40.9	59.4	65.3	38.5	44.5	64.4	74.0	69.2
	(B)	54.2	63.1	65.0	50.7	66.7	65.3	38.1	39.2	47.3	47.8	42,3
Italy	(A)			9.1	6.2	14.5	15.6	18.3	43.5	25.0	38.9	49.0
	(B)			12.6	7.7	17.0	156	19.8	41.8	20.3	26.8	28.9
Japan	(A)			59.2	84.8	93.3	114.1	145.2	173.9	300.4	315.1	411.5
	(B)			87.7	101.9	98.8	114.1	134.4	133.7	173.4	202.3	242.3
U.K.	(A)	31.8	30.3	30.6	38.7	51.0	51.6	95.8	103.7	118.1	100.4	128.7
	(B)	54.5	46.6	42.5	51.2	61.5	51.6	102.7	100.9	94.3	63.0	61.9
U.S.	(A)	445	475	483	552	674	781	761	754	983	1 144	1 410
	(B)	611	622	607	656	737	781	723	677	826	882	999

(A) current $
(B) constant 1975 $

II. Management- und Consulting-Vereinbarungen

Wichtigste Form dieses Know-how-Transfers in Entwicklungsländer sind heute Management- und Consulting-Verträge. Consulting bedeutet die Inanspruchnahme einer Beratungsleistung durch außenstehende Dritte[11]. Das Arbeitsfeld erstreckt sich auf einen weiten Bereich unternehmerischer Aktivitäten. Der Consulting-Vertrag kann Detailfragen betreffen, sich aber auch zu einer dauernden und umfassenden Zusammenarbeit ausweiten. Kennzeichen der Consulting-Tätigkeit ist, daß derjenige, der die Beratungsleistung in Anspruch nimmt, die Kontrolle über ein Projekt nicht aus der Hand gibt. Die Entscheidungskompetenz verbleibt beim zuständigen Geschäftsführungsorgan; zur Unterstützung in Einzelfragen werden externe Berater herangezogen. Eine derartige Zusammenarbeit kommt immer dort in Betracht, wo ein Unternehmen oder staatlicher Betrieb zwar grundsätzlich die Kenntnisse und Fähigkeiten (Know-how) zur Leitung eines Projektes besitzt, diese aber in Teilbereichen ergänzen muß, insbesondere wo es sich um eine Steigerung der unternehmerischen Effizienz oder einer Anpassung an neue Entwicklungen handelt.

---

10 Quelle: OMAN, New Forms of International Investment, S. 121.

11 Zum Consulting-Vertrag allgemein vgl. UNIDO, Manual on the Use of Consultants; International Labour Office, Management Consulting; GUTTMANN, The international Consultant.

Die Zusammenarbeit im Rahmen eines Management-Vertrages[12] ist dagegen allumfassend. Sie bedeutet eine langfristig angelegte Aufgabenübertragung – verbunden mit einer weitreichenden Delegation von Entscheidungsbefugnissen und Einflußmöglichkeiten auf das geführte Unternehmen. Beim Management-Vertrag handelt es sich nicht um eine bloße Beratungsleistung, sondern um eine Übertragung von eigenen Verantwortlichkeiten auf den Manager. Der Klient begibt sich weitgehend der Kontrollmöglichkeit über ein Projekt bzw. Unternehmen. Die Verantwortlichkeit für das Tagesgeschäft und wichtige Entscheidungen der Unternehmenspolitik liegt in den Händen des Managers.

Dieser grundsätzliche Unterschied zwischen Management- und Consulting-Verträgen ist fließend. Nicht jeder Consulting-Vertrag bezieht sich auf eine reine Beratungstätigkeit; umgekehrt sieht nicht jede Management-Vereinbarung eine allumfassende Kompetenzübertragung auf den Manager vor. Die Consulting-Tätigkeit kann sich in Einzelfällen über längere Zeiträume erstrecken und mit einer Übertragung von Kompetenzen (Bevollmächtigung) verbunden sein (bei der Einschaltung eines Consultants im Vertragsvergabeverfahren, in der Bauphase oder bei der Inbetriebnahme eines Projektes). Dagegen kann die Zusammenarbeit zwischen Manager und Klient beim Management-Vertrag relativ kurz bemessen sein und sich auf einzelne Betriebsteile (Fertigungsanlagen o. ä.) oder unternehmerische Teilfunktionen (etwa Mitwirkung im Bereich des Marketings, bei Produktentwicklungen und im Vertrieb) beschränken. In diesen Grenzfällen ist eine exakte Unterscheidung zwischen Management- und Consulting-Vertrag nicht möglich. Der Unterschied liegt nur in der Beziehung des Vertrages. Gemeinsam ist beiden Vertragstypen der Zweck, ein partielles Defizit an unternehmerischen Fähigkeiten auf seiten des Nachfragers auszugleichen.

III. Know-how- und Lizenzverträge

Abzugrenzen sind die hier untersuchten Vertragstypen von den im internationalen Verkehr verbreiteten Know-how-[13] und Lizenz-[14]Verträ-

[12] Zum Management-Vertrag vgl. UN Centre on Transnational Corporations, Management Contracts; GABRIEL, The International Transfer of Corporate Skills, Management Contracts in Less Developed Countries; ZEIGER, Management-Vertrag.

[13] Zum Know-how-Vertrag s. STUMPF, Know-how-Vertrag, 1977.

[14] Zum internationalen Lizenzvertrag: HENN, Internationaler Patent-Lizenzvertrag, 1967; LANGEN, Internationale Lizenzverträge, 1954; DERS., Commercial Law, S. 34 ff; BECKER, S. 171 ff.

gen. In Unterscheidung zum Management- und Consulting-Vertrag lassen sich diese Vertragstypen als Know-how-Verträge im engeren Sinne bezeichnen. Die Übereinstimmung mit den hier untersuchten Verträgen erscheint auf den ersten Blick sehr groß, da beide Vertragstypen den Zweck haben, dem Vertragspartner ein bestimmtes Spezialwissen nutzbar zu machen. Es besteht jedoch ein wesentlicher Unterschied.

Gegenstand eines Lizenz-Vertrages ist die Gestattung der gewerbsmäßigen Benutzung eines Immaterialgutes, eines Patentes oder sonstigen gewerblichen Schutzrechtes. Scheitert die Patentierbarkeit eines bestimmten Wissens bleibt der Know-how-Vertrag, d.h. die Überlassung eines geheimhaltungsbedürftigen Wissens, das durch gewerbliche Schutzrechte nicht geschützt ist[15]. Der Know-how-Vertrag ist demnach eine Vereinbarung, durch die sich eine Partei (Know-how-Geber) verpflichtet, der anderen Partei (Know-how-Nehmer) ein bestimmtes Know-how zu offenbaren und gegen die Verwendung keine Einreden zu erheben[16]. Durch den Lizenz-Vertrag wird dem Lizenz-Nehmer die wirtschaftliche Auswertung eines gewerblichen Schutzrechtes gestattet.

Hierin liegt ein wesentlicher Unterschied zum Management/Consulting-Vertrag. Gegenstand des Know-how- und Lizenz-Vertrages ist die Bekanntgabe und Überlassung des Know-how, bzw. Schutzrechtes an den Vertragspartner. Es wird die Benutzung eines „Immaterialgutes" ermöglicht. Der Vertragspartner wird befähigt, offenbartes Spezialwissen anzuwenden. Demgegenüber vermittelt der Consultant-Manager nicht sein Erfahrungswissen, sondern wendet es selbst an. Ihm obliegt die Aufgabe, Probleme der Unternehmensführung, -planung und -organisation zu erkennen und zu lösen[17]. Im Vordergrund steht nicht die Überlassung eines Immaterialgutes, d.h. eines Geheimwissens, sondern die eigene qualifizierte geistig-kreative Arbeitsleistung des Managers/Consultants.

IV. Franchise-Verträge

Partielle Überschneidungen haben die hier untersuchten Vertragstypen auch mit dem sog. Franchise-Vertrag.

---

15 Stumpf, S. 27; Becker, S. 200f.

16 Zur Definition des Know-how i.S.e. Know-how-Vertrages s. etwa Stumpf, S. 27; Becker, S. 200f; UN Economic Commission for Europe, Guide for Use in Drawing up Contracts, S. 2.

17 So differenziert auch der BFH, BB 1971, 383f zwischen Unternehmensberatungsvertrag (Consulting) und Know-how-Vertrag. Know-how ist danach die Vermittlung von Kenntnissen und Erfahrungen zu eigener Nutzanwendung; dies liegt nicht vor, wo das Wissen vom Vermittler selbst angewandt wird.

Das Franchising stellt eine besondere Form des direkten Absatzes dar, das seit einigen Jahren eine wachsende Bedeutung erlangt hat[18]. Durch den Franchise-Vertrag erhält der Franchise-Nehmer die Genehmigung, unter festgelegten Bedingungen über Rechte des Franchise-Gebers zu verfügen. Die Rechte, die Gegenstand des Vertrages sind, umfassen u. a. die Benutzung einer Marke oder des Firmennamens und/oder den Vertrieb einer Ware, bzw. Warengruppe, die Anwendung eines Produktverfahrens oder einer Rezeptur, die Nutzung eines bestimmten Absatzprogramms. Der Franchise-Geber unterstützt den Franchise-Nehmer beim Aufbau und der Einrichtung sowie der laufenden Führung des Betriebes, in dem die im Vertrag festgelegten Rechte ausgewertet werden[19]. Das System manifestiert sich im Einzelhandel, im Großhandel und entwickelt sich am stärksten auf dem Gebiet der Dienstleistungen (Hotels, Restaurants)[20].

Im wesentlichen sind es zwei Tatsachen, die zum Abschluß eines Franchise-Vertrages führen. Dies ist auf seiten des Franchise-Gebers zunächst ein Mangel an Kapital und dem notwendigen Personal, das für den Aufbau eines eigenen Filialnetzes notwendig ist. Zum anderen ist es das potentielle Angebot möglicher Partner, die Selbständigkeit und unternehmerische Flexibilität suchen[21]. Das Franchise-System ermöglicht dem Franchise-Geber den Aufbau und die Finanzierung von Filialen im Vertriebs- oder Service-Netz und bietet dem Franchise-Nehmer unternehmerische Selbständigkeit in einer im Markt akzeptierten Kette.

Damit wird gleichzeitig der Unterschied zum Management-, bzw. Consulting-Vertrag deutlich. Der Transfer eines auf Produkte oder Dienstleistungen bezogenen Know-hows ist zwar auch mit dem Franchise-Vertrag verbunden, aber nicht dessen Hauptzweck, sondern nur begleitende Folge. Der Hauptzweck liegt in dem kapitalmäßigen und personellen Aufbau einer Filialkette unter Kapital- und Risiko-Beteiligung des einzelnen Filial-Leiters (Franchise-Nehmer). Demgegenüber ist beim Management- und Consulting-Vertrag der Ausgleich fehlenden Fachwissens (know-how-Transfer) der eigentliche Vertragszweck. Finanzierung und Aufbau einer Filialkette haben hier nur untergeordnete Bedeutung.

---

[18] Wöhe, Allgemeine Betriebswirtschaftslehre, S. 655; Gross-Skaupy, Das Franchise-System, S. 11.

[19] Tietz, WiSt 1973, S. 519.

[20] Wöhe, S. 656; Groß-Skaupy, S. 12.

[21] Gross-Skaupy, S. 15.

1. Teil:
Management-Verträge

Gegenstand des ersten Teils der Untersuchung ist der Management-Vertrag. Vom Begriff her ist dieser Vertragstyp im deutschen Recht weitgehend unbekannt[1] und findet im deutschen Rechtskreis nur wenig Anwendung. Bekannter und in der vertraglichen Praxis gebräuchlicher ist hier der dem Management-Vertrag verwandte Betriebsführungsvertrag[2] (unten III). Entwickelt wurde der Management-Vertrag in erster Linie im internationalen Rechtsverkehr sowie einigen Einzelrechten, insbesondere dem amerikanischen und englischen Recht[3].

§ 3: Allgemeine Charakterisierung des Management-Vertrages

I. Konzept der Zusammenarbeit

Der Management-Vertrag läßt sich im Sinne einer zunächst noch vorläufigen Definition beschreiben als eine Vereinbarung, durch die ein Unternehmen (i. F. als „Manager" bezeichnet) gegen Entgelt für Rechnung und im Namen seines Vertragspartners (i. F. als „Management-Nehmer" bezeichnet) die Führung und Verwaltung eines dem Vertragspartner gehörenden Unternehmens oder Betriebes übernimmt[4]. Mit Hilfe eines

---

[1] In der deutschsprachigen Literatur wurde dieser Vertragstyp bisher nur behandelt von ZEIGER, Der Management-Vertrag als internationales Kooperationsinstrument, 1984; aus der Rspr. vgl. BGH WM 1982, S. 394 ff.

[2] Dazu VEELKEN, Der Betriebsführungsvertrag im deutschen und amerikanischen Aktien- und Konzernrecht; GESSLER, FS Hefermehl, S. 263 ff.

[3] Aus der amerikanischen Literatur vgl. vor allem die Untersuchung von GABRIEL, The international Transfer of Corporate Skills, 1967.

[4] Zur Definition des Management-Vertrages s. unten § 3,III,1 und § 3,IV,1; vgl. auch GABRIEL, S. 20; ST. VILLE in: Hellawell/Wallace, Vol II, 7.2.5 B 3; VEELKEN, Betriebsführungsvertrag, S. 15 ff.

Management-Vertrages sucht ein Unternehmen, das selbst nicht genügend qualifiziertes Personal besitzt, um einen Betrieb zu leiten bzw. Teilaspekte unternehmerischer Leitungsfunktionen wahrzunehmen – Personalführung, Finanzwesen oder im Marketing- oder Absatzbereich – die Unterstützung eines fremden Unternehmens zu gewinnen, das über ausreichende Kenntnisse in der betreffenden Branche oder in den geforderten unternehmerischen Teilaufgaben verfügt. Gleichzeitiges Ziel des Management-Vertrages ist eine Ausbildung des Personals des Management-Nehmers durch den Management-Geber, um den Management-Nehmer langfristig in die Lage zu versetzen, die zunächst dem Manager übertragenen Aufgaben und Funktionen an sich zurückzuziehen und durch eigenes – mittlerweile ausgebildetes – Personal wahrzunehmen.

II. Geschichtliche Entwicklung

Als eine Möglichkeit zur Übertragung unternehmerischen Know-hows in der internationalen Zusammenarbeit ohne gleichzeitigen Einsatz von Risikokapital – in Form von Unternehmensneugründungen oder Unternehmensbeteiligungen – ist der Management-Vertrag bereits bekannt seit Beginn des Industriezeitalters gegen Ende des 18. Jahrhunderts[5]. In einer Untersuchung über die internationale Übertragung unternehmerischer Fähigkeiten in Europa im 17. und 18. Jahrhundert beschreibt Redlich[6] Verträge über die Überlassung von Arbeitnehmern mit dem Zweck der Übertragung spezieller Fähigkeiten auf die Angestellten des Vertragspartners durch Übernahme von Verwaltungs- und Leitungsaufgaben im geführten Unternehmen. Diese Verträge über die Überlassung einzelner Arbeitnehmer mit dem Ziel, die Fähigkeiten dieser Arbeitnehmer dem entleihenden Unternehmen nutzbar zu machen und gleichzeitig auf Arbeitnehmer dieses Unternehmens zu übertragen, besitzen die gleiche Struktur und praktische Ausgestaltung wie heutige Management-Verträge. Sie können als deren Vorläufer angesehen werden.

1. „Managing Agency“ in Großbritannien

Ein interessantes Beispiel für die Entwicklung dieses Konzepts zur Übertragung unternehmerischer Fähigkeiten als Vorläufer des Management-Vertrages ist das in Großbritannien gegen Ende des vorigen Jahr-

---

[5] Gabriel, S. 38.
[6] Redlich, Weltwirtschaftliches Archiv, Bd. 75, 1955, S. 63 ff.

hunderts entstandene System der sog. „Managing Agencies“[7]. Haupttätigkeitsgebiete dieser „Managing Agencies“ waren die Bereiche des britischen Empire, insbesondere die Länder Süd-Ost-Asiens. Die „Managing Agencies“ hatten es sich zur Aufgabe gemacht, Gründung und Führung von Handels- und Industrieunternehmen in unterentwickelten Ländern zu übernehmen, in denen zwar die potentielle Möglichkeit zur Errichtung einer größeren Industrie und zur Aufnahme eines umfangreicheren Handelsverkehrs bestand, in denen aber sowohl die finanziellen Voraussetzungen hierfür, als auch das zur Führung einzelner Unternehmen notwendige ausgebildete und erfahrene Personal fehlten. Unter den verschiedenen Wegen, die „Managing Agencies“ zur Errichtung und Leitung auswärtiger Unternehmen entwickelten, bildete sich eine Form der Zusammenarbeit heraus, die dem Konzept des heutigen Management-Vertrages sehr nahe kam. Der Schwerpunkt der Tätigkeit[8] lag nicht in der kapitalmäßigen Beteiligung an einem neugegründeten Unternehmen, sondern weit mehr in der Ausstattung des neuen Unternehmens mit unternehmerischem Führungspersonal und der Übernahme von Leitungs- und Verwaltungsaufgaben ohne direkte finanzielle Beteiligung. Die Finanzierung der neuen Unternehmen erfolgte aus nationalen Quellen und dem internationalen Kapitalmarkt. Die Übernahme der Unternehmensführung des neuen Betriebes durch die britische „Managing Agency“, die bei ausländischen Investoren über weitaus größere Reputation verfügte als das für die Leitungsaufgaben in Frage kommende einheimische Personal, war für die internationalen Kreditgeber eine Art Sicherheitsgarantie, die die mit einer Auslandsinvestition, insbesondere in Entwicklungsländern, verbundenen Risiken kalkulierbarer machte. Schließlich verfügten die „Agencies“ aufgrund ihrer Verbindungen und ihrer Verbreitung in Europa und der übrigen Welt über weitaus größere Möglichkeiten, für ein bestimmtes Projekt geeignetes Personal auszuwählen und einzustellen als einzelne Unternehmen in den jeweiligen Entwicklungsländern[9]. Die planmäßige Übernahme der Unternehmensleitung durch fremdes (meist ausländisches) Personal ohne gleichzeitige kapitalmäßige Beteiligung am geführten Unternehmen entspricht dem Grundkonzept des heutigen Management-Vertrages.

[7] Dazu Fforde, An International Trade in Managerial Skills, S. 115 ff; Gabriel, S. 39 f.

[8] Zu den Aufgaben und Tätigkeitsfeldern dieser Managing Agencies vgl. Fforde, S. 115 ff.

[9] Gabriel, S. 39 f.

2. *Amerikanische Energiewirtschaft*

Weite Verbreitung in Amerika fanden Management-Verträge zu Beginn dieses Jahrhunderts vor allem im Bereich der Energiewirtschaft. In der Anfangsphase der Entwicklung dieses Wirtschaftszweiges wurden nur kleine, regional tätige Energieversorgungsgesellschaften gegründet. Sie waren auf die Hilfe von unabhängig tätigen „engineering management companies“ angewiesen, denen sie wesentliche Führungsaufgaben übertragen konnten. In der Folgezeit wurde der zunächst nur als Instrument des Know-how-Transfers konzipierte Management-Vertrag im Zuge der immer stärker werdenden Verflechtung und Konzernbildung innerhalb der amerikanischen Energieindustrie zu einem Instrument der Konzernleitung. Durch den Management-Vertrag überwachte die Konzern-Obergesellschaft die konzernangehörigen Betriebsgesellschaften. Mit der Entflechtung der Industriekonzerne aufgrund des Public Utility Holding Company Act 1935 ging die Bedeutung des Management-Vertrages in der amerikanischen Energie-Industrie immer mehr zurück. Heute spielt er in diesem Industriezweig kaum noch eine Rolle[10].

3. *Deutsche Eisenbahngesellschaften im 19. Jahrhundert*

In Deutschland tauchte eine dem Management-Vertrag verwandte Vertragsform zum erstenmal in der zweiten Hälfte des vorigen Jahrhunderts auf. Zu den ersten Formen dieses Vertragstypus – in Deutschland als Betriebsführungsvertrag bezeichnet – gehörten die Abkommen zwischen den Privateisenbahngesellschaften und dem preußischen Staat in der Zeit von 1850–1880. Die von privater Hand, meist in der Rechtsform einer Aktiengesellschaft gegründeten Eisenbahngesellschaften wurden bis zur Bismarck'schen Verstaatlichung vom Staat verwaltet und geleitet. Als Vertragspartner der einzelnen Gesellschaften übernahm der Staat die Leitung der Eisenbahngesellschaften durch die seiner Organisationsgewalt unterstellten Behörden (Königliche Eisenbahndirektionen und nachgeordnet die Königlichen Eisenbahnkommissionen unter der Oberleitung des Ministers für Handel, Gewerbe und öffentliche Arbei-

[10] Zum vorstehenden vgl. MESTMÄCKER, Verwaltung, Konzerngewalt und Rechte der Aktionäre, S. 107 f; VEELKEN, Betriebsführungsvertrag, S. 27 f; BARNES, The Economic of Public Utility Regulation, S. 71.

ten). Die Königliche Direktion wurde in den Verträgen und Satzungen ausdrücklich zum Vorstand der jeweiligen Aktiengesellschaft bestimmt[11].

Heutzutage ist der Betriebsführungsvertrag im Eisenbahnbereich noch bei den nicht bundeseigenen Eisenbahnen anzutreffen. Da die z. T. sehr kleinen Eisenbahngesellschaften nicht in der Lage sind, in erforderlichem Umfang eigenes kaufmännisches und technisches Personal zu beschäftigen, übertragen sie die Verwaltung ihres Unternehmens der Deutschen Bundesbahn,[12] ohne gleichzeitig die Bundesbahn an diesen Gesellschaften zu beteiligen.

III. Der Management-Vertrag im deutschen Recht (Betriebsführungsvertrag)

Der in Deutschland im letzten Jahrhundert entstandene Typ des Betriebsführungsvertrages hat sich zu einem Konzept der Konzernleitung durch Einflußnahme der Konzernobergesellschaft auf die einzelnen Konzerngesellschaften weiterentwickelt und weitgehende praktische Bedeutung erlangt. Eine Kodifikation existiert zwar nicht; der Vertragstyp hat jedoch in der Literatur — insbesondere der konzernrechtlichen — größere Beachtung gefunden[13].

Weniger verbreitet ist dagegen die im internationalen Wirtschaftsverkehr verwandte Form des Management-Vertrages, bei dem nicht die Übernahme der Leitungsbefugnisse als selbständiger Zweck, sondern die Übertragung von unternehmerischen Fähigkeiten zur eigenen Betriebsführung durch den Vertragspartner im Vordergrund steht. Im Unterschied zum Management-Vertrag dient der Betriebsführungsvertrag nicht dem Know-how-Transfer mit dem langfristigen Ziel der Rückübertragung von Verwaltungs- und Entscheidungsbefugnissen, sondern ist Mittel der Konzernleitung[14].

---

[11] Vgl. dazu GOLDSCHMIDT, Vermischte Schriften, Band 1, S. 350 f; zur Übertragung von Verwaltungsbefugnissen durch einen Betriebsführungsvertrag auf den Staat und zur aktienrechtlichen Zulässigkeit dieses Vertrages vgl. den „Rumänischen Eisenbahnfall" in RGZ 3, S. 123 ff.

[12] VEELKEN, Betriebsführungsvertrag, S. 30.

[13] Vgl. VEELKEN, Betriebsführungsvertrag, insbesondere 1. Teil, 1. u. 2. Abschnitt mit umfangreichen w. Nachw.; GESSLER, FS Hefermehl, S. 263 ff; EMMERICH/SONNENSCHEIN, Konzernrecht, S. 144 ff; MESTMÄCKER, S. 106 ff; RASCH, Deutsches Konzernrecht, S. 94 f; LOOS, BB 1963, S. 615 ff.

[14] Zu den Unterschieden zwischen Management- und Betriebsführungsvertrag vgl. unten § 3,IV,1.

1. Definition des Betriebsführungsvertrages

Unter einem Betriebsführungsvertrag versteht man allgemein eine Vereinbarung zwischen einem Unternehmen (oder einem Betrieb der öffentlichen Hand) mit einem anderen, dem „Betriebsführer", durch den dieser mit der Führung des übertragenen Unternehmens für Rechnung des Auftraggebers beauftragt wird[15]. Die Betriebsführung durch den Dritten kann sowohl im Namen des geführten Unternehmens als auch im eigenen Namen geschehen[16]. Kennzeichnend für den Betriebsführungsvertrag ist die Übernahme aller wesentlichen unternehmerischen Aufgaben und Entscheidungsbefugnisse. Ausgenommen von der umfassenden Funktionsübertragung sind lediglich die das Unternehmen betreffenden Grundlagenentscheidungen, wie etwa die Einstellung des gesamten Geschäftsbetriebes, die Ausweitung der unternehmerischen Tätigkeit auf Gebiete, die in der Satzung der Gesellschaft nicht vorgesehen sind, oder sonstige grundlegende Änderungen der unternehmerischen Zielsetzung. Solche Entscheidungsbefugnisse, die beispielsweise in einer Gesellschaft mit beschränkter Haftung oder einer Aktiengesellschaft nicht auf das jeweilige Geschäftsführungsorgan (Vorstand, Geschäftsführer) übertragen werden können[17], verbleiben auch nach Abschluß des Betriebsführungsvertrages im Zuständigkeitsbereich des jeweiligen Unternehmensträgers und den für ihn handelnden Organen (Hauptversammlung, Gesellschafterversammlung). Im übrigen beschränkt sich die Tätigkeit des Inhabers des geführten Unternehmens während der Dauer des Betriebsführungsvertrages auf die Kontrolle der Betriebsführung sowie die letzte Entscheidung in allen wirtschaftlich bedeutsamen Fragen der Produktions-, Investitions- und Finanzplanung[18]. Als Mittel zur Übertragung der gesamten Unternehmensleitung von einem Unternehmensträger[19]

---

[15] Veelken, Betriebsführungsvertrag, S. 15, 17f; Bache, Der internationale Unternehmensvertrag; DB 1965, S. 1691 (1693).

[16] Emmerich-Sonnenschein, Konzernrecht, S. 144ff; Geßler, FS Hefermehl 1976, S. 263ff; Mestmäcker, Verwaltung, Konzerngewalt und Rechte der Aktionäre, S. 106ff; Hommelhoff, Die Konzernleitungspflicht § 13 B III.

[17] Zur Aufgabenverteilung zwischen Hauptversammlung und Vorstand vgl. u. a. Raiser, Recht der Kapitalgesellschaften, S. 98ff; Hueck, Gesellschaftsrecht, S. 168f; für die GmbH vgl. u. a. Raiser, aaO, S. 238ff; Klunzinger, Grundzüge des Gesellschaftsrechts, S. 200ff.

[18] Gessler, FS Hefermehl, S. 265.

[19] Zur Unterscheidung zwischen dem Unternehmen und dem jeweiligen Unternehmensträger vgl. grundlegend Schmidt, Handelsrecht, §§ 4 u. 5.

auf einen Dritten, eignet sich dieser Vertrag besonders in den Fällen, in denen sich der Dritte einen maßgeblichen Einfluß und umfangreiche Kontrollmöglichkeiten auf das geführte Unternehmen sichern will[20].

2. *Rechtliche Einordnung des Betriebsführungsvertrages*

Hauptpflicht aus dem Betriebsführungsvertrag ist die Leitung eines bestehenden Unternehmens für einen anderen in dessen Auftrag und für dessen Rechnung[21]. Hierbei handelt es sich um eine Dienstleistung im Sinne des § 611 BGB. Da dieser Dienstvertrag sich auf die Führung von Geschäften für einen anderen bezieht und die Übernahme der Geschäftsführung gegen Entgelt erfolgt, ist der Betriebsführungsvertrag ein entgeltlicher Geschäftsbesorgungsvertrag im Sinne des § 675 BGB[22]. Dies entspricht herrschender Meinung in Schrifttum[23] und Rechtsprechung[24].

Die Aufgaben des Betriebsführers erschöpfen sich jedoch nicht in der bloßen Übernahme der Geschäftsführungsbefugnisse in der geführten Gesellschaft. Neben die Pflicht zur Geschäftsführung tritt im Einzelfall die Pflicht, die Gesellschaft mit Unterlagen und Informationen über technisches oder kaufmännisches Know-how zu versorgen — etwa Informationen über Werbung und Absatzmöglichkeiten oder Unterlagen über EDV-Programme. Zusätzlich kann den Betriebsführer die Pflicht treffen, Personal der geführten Gesellschaft auszubilden. Der Betriebsführungsvertrag wird damit hinsichtlich der Ausbildungsaufgaben über den Geschäftsbesorgungsvertrag (§ 675 BGB) hinaus zu einem allgemeinen Dienstvertrag. Bei der Verpflichtung zur Überlassung von Informations- und Schulungsmaterial treten kaufrechtliche oder bei der Pflicht zur Erstellung eines EDV-Programms werkvertragliche Inhalte hinzu[25]. Da aber die Hauptpflicht aus dem Betriebsführungsvertrag in der Über-

---

20 Gessler in: Geßler/Hefermehl/Eckardt/Kropff, AktG, § 292, Rdn. 85.

21 Hoffmann-Becking, Münchner Vertragshandbuch, Bd. 1, S. 886.

22 Zu den wesentlichen Merkmalen eines entgeltlichen Geschäftsbesorgungsvertrags vgl. Müko-Seiler, § 675, Rdn. 3 ff; Erman-Hauss, § 675, Rdn. 1 ff; Soergel-Mühl, § 675, Rdn. 1 ff.

23 Damm, BB 1976, S. 295; Mestmäcker, S. 320; Emmerich/Sonnenschein, S. 146; Bache, S. 545; Biedenkopf/Koppensteiner in: Kölner Kommentar, § 292 AktG, Rdn. 24; Maser, Betriebspachtverträge, S. 43 f.

24 BGH WM 1982, S. 394 (398).

25 Zeiger, Management-Vertrag, S. 29.

nahme von Geschäftsführungsaufgaben besteht, bleibt es in diesen Fällen bei der grundsätzlichen Anwendung der §§ 675, 611 BGB. Der Betriebsführungsvertrag wird dadurch nicht zu einem Vertrag „sui generis“[26].

3. Anwendungsgebiete des Betriebsführungsvertrages im deutschen Recht

In der Bundesrepublik tritt der Betriebsführungsvertrag im wesentlichen in drei Konstellationen auf[27]. Der wichtigste Anwendungsfall ist die Verwendung des Betriebsführungsvertrages als Mittel der Konzernleitung. Der zweite Fall ist die Vereinbarung eines Betriebsführungsvertrages als Kooperationsform selbständiger Unternehmen. Als dritter Typ läßt sich der Betriebsführungsvertrag außerhalb von Abhängigkeitsverhältnissen und Kooperationsbeziehungen beschreiben[28].

a) Konzernrecht

Der Betriebsführungsvertrag ermöglicht zunächst die Eingliederung eines bestehenden Unternehmens in einen Konzern[29]. Der Vertrag wird zum Instrument der Leitung des Konzerns durch die Muttergesellschaft. Der verfolgte Zweck kann unterschiedlicher Natur sein. Er kann darin liegen, die bei einer Neuorganisation des Konzerns durch Umstellung auf das divisionale Prinzip entstandenen Sparten der einzelnen Konzerngesellschaften unter einer einheitlichen Betriebsführung zusammenzufassen. Hierbei werden zunächst mehrere Einzelgesellschaften gegründet und ihnen einzelne Produktlinien zugewiesen; die Betriebsführung wird

---

[26] Eine andere Beurteilung kann sich möglicherweise beim Management-Vertrag ergeben, wenn neben die nur auf Zeit angelegte Pflicht zur Übernahme der Geschäftsführung als weitere Hauptpflicht aus dem Vertrag die Pflicht hinzutritt, das Personal des Management-Nehmers auszubilden; für eine Einordnung des Management-Vertrages im deutschen Recht als Vertrag „sui generis“ ZEIGER, Management-Vertrag, S. 29.

[27] Muster für einen Betriebsführungsvertrag sind abgedruckt bei HOFFMANN-BECKING, Münchener Vertragshandbuch, Band 1, Gesellschaftsrecht, S. 885 f; SÖLTER/ZIMMERER, Handbuch der Unternehmenszusammenschlüsse, S. 1365 f.

[28] Zur Typisierung des BFV vgl. VEELKEN, Betriebsführungsvertrag, S. 31 ff.

[29] Beispiele hierfür sind etwa: Der BFV der Steinkohlenbergwerke Heinrich Robert AG mit der Steinkohlenbergwerk Friedrich Heinrich AG, siehe Handbuch der deutschen Aktiengesellschaften unter dem Stichwort dieser Unternehmen, abgedruckt bei MASER, Betriebspacht- und Betriebsüberlassungsverträge, S. 268 ff; der BFV zwischen der Rheinstahl Hüttenwerke AG mit der Muttergesellschaft Rheinstahl AG, s. Bilanzanalysen, 15. Jhrg. Nr. 13/14.

aber sogleich auf die gemeinsame Konzernmutter übertragen. Der Betriebsführungsvertrag kann daneben den Zweck haben, die Leitungsgemeinkosten zu senken und/oder mit dem Betriebsführungsentgelt der Mutter ein dividendenunabhängiges Einkommen aus der Tochtergesellschaft zu sichern[30].

b) Kooperationsmodell

Als Kooperationsinstrument selbständiger Unternehmen dient der Betriebsführungsvertrag zur Regelung der Marktbeziehungen der beteiligten Partner. Nach Art der Marktbeziehungen ist zwischen der horizontalen und der vertikalen Kooperation zu unterscheiden. Die Ausgestaltung der Kooperation kann in der Weise geschehen, daß die beteiligten, untereinander im Wettbewerb stehenden Gesellschaften eine gemeinsame Gesellschaft bilden, in die sie einige ihrer bisher im Wettbewerb stehenden Betriebsteile einbringen. Die Führung der neuen Gesellschaft wird nicht durch eigene Organe wahrgenommen, sondern einer besonderen Betriebsführungsgesellschaft oder einer der beteiligten Gründergesellschaften übertragen. Praktische Beispiele für diese Art der horizontalen Kooperation bieten etwa die Betriebsführungsverträge im Rahmen der von Siemens und Bosch vereinbarten Zusammenarbeit im Bereich der Hausgeräte[31] oder die „Verwaltungsgemeinschaft" der UFA Theater AG mit der Berliner Filmtheater Max Knapp & Co.[32]. Besondere Probleme tauchen bei dieser Form des Betriebsführungsvertrages vor allem hinsichtlich seiner kartellrechtlichen Einordnung und Zulässigkeit auf[33]. Diese Form der Zusammenarbeit kann einen Vertrag zur Regelung der Marktbeziehungen und damit ein Kartell i. S. des § 1 GWB darstellen; zum andern kann in der Gründung einer neuen gemeinsamen Tochtergesellschaft eine Teilfusion der beteiligten Muttergesellschaften liegen (§§ 23 ff GWB).

c) Der Betriebsführungsvertrag außerhalb von Konzern und Kooperation

Beim Grundtyp des Betriebsführungsvertrages bestehen zwischen dem geführten Unternehmen und dem Betriebsführer außer dem Betriebsfüh-

---

[30] VEELKEN, Betriebsführungsvertrag, S. 36.

[31] Mitteilung des BKartA, WuW 1968, S. 358.

[32] Vgl. VEELKEN, Betriebsführungsvertrag, S. 41, Fn. 108; weitere ausf. Beispiele bei MASER, S. 256 ff.

[33] S. dazu § 3,III,4 und die Nachw. in Fn. 46, 47.

rungsvertrag keine weiteren Beziehungen. Die beteiligten Partner stehen weder im Konzernverhältnis noch in gegenseitigem Wettbewerb zueinander. Der vom geführten Unternehmen verfolgte Zweck liegt allein darin, die Betriebsführung einem besonders qualifizierten Unternehmen zu übertragen[34]. Die Gründe hierfür können vielfältiger Natur sein. Sie können darin liegen, daß das geführte Unternehmen zu klein ist, um das notwendige qualifizierte Fachpersonal zu beschäftigen. Die Vereinbarung eines Betriebsführungsvertrages kann auch Sanierungszwecke verfolgen; etwa wenn ein in Schwierigkeiten geratenes Unternehmen kurzfristig die Unternehmensleitung einem qualifizierten Betriebsführer überträgt.

In dieser Ausgestaltung entspricht der Betriebsführungsvertrag am ehesten dem im internationalen Verkehr verbreiteten Management-Vertrag. Im Vordergrund steht die Übertragung von unternehmerischem Know-how und die Erbringung von Dienstleistungen. Dies zeigt sich in der Ausgestaltung der vertraglichen Vereinbarungen. Im Gegensatz zum Betriebsführungsvertrag als Kooperationsinstrument oder Mittel der Konzernleitung ist die Vertragsdauer zeitlich begrenzt und in der Regel kurz bemessen. Die gegenseitige Unabhängigkeit findet Ausdruck in umfangreichen Informationsrechten und -pflichten auf beiden Seiten sowie einer klaren Abgrenzung der gegenseitigen Zuständigkeitsbereiche, die in der Regel in einer umfassenden Aufzählung für bestimmte Geschäfte Zustimmungsvorbehalte zugunsten der geführten Gesellschaften vorsieht[35].

4. *Besondere Probleme des Betriebsführungsvertrages im deutschen Recht*

Im nationalen Recht liegt die besondere Problematik der Betriebsführungsverträge vor allem auf dem Gebiet des Konzernrechts, des Arbeitsrechts sowie des Wettbewerbsrechts. Die im deutschen Recht auftauchenden Fragen nach der Zulässigkeit dieses Vertragstypus und den zu beachtenden Beschränkungen haben zwar auf den Management-Vertrag als Instrument internationaler Kooperation keine unmittelbaren Auswirkungen; sie sind aber in zweierlei Hinsicht auch für internationale

---

[34] Beispiele für den Betriebsführungsvertrag in dieser Form sind etwa die oben beschriebenen Verträge bei den nichtbundeseigenen Eisenbahnen; Betriebsführungsverträge bei den Gas- und Elektrizitätswerken; der Betriebsführungsvertrag des Hamburger Kongreßzentrums mit der Kempinski AG, FAZ v. 20. 6. 73, S. 18; teilweise bei den „Regieverträgen" in der Kinobranche, FAZ v. 27. 4. 72, S. 14; weitere Beispiele bei Veelken, Betriebsführungsvertrag, 32 f.

[35] Zum Vorstehenden vgl. Veelken, Betriebsführungsvertrag, S. 33 ff.

Verträge von Bedeutung. Zum einen sind die besonderen Zulässigkeitsgrenzen und Auswirkungen, die speziell im deutschen Recht bestehen, immer dann zu beachten, wenn in Fällen der Auslandsberührung der Betriebsführungsvertrag (zumindest teilweise) dem deutschen Recht untersteht[36]. Zum anderen können sich dem deutschen Recht verwandte Fragen nach der konzernrechtlichen Einordnung[37], den arbeitsrechtlichen Auswirkungen und der wettbewerbsrechtlichen Zulässigkeit dieser Verträge auch in anderen Rechtssystemen in vergleichbarer Weise stellen. Die speziellen Fragen der Zulässigkeit des Betriebsführungsvertrages nach deutschem Recht werden daher an dieser Stelle exemplarisch behandelt. Die auftretenden Fragen werden aber nur kurz dargestellt und nicht vertieft erörtert.

a) Gesellschaftsrecht

Die geführten Unternehmen, auf die sich der Betriebsführungsvertrag bezieht, werden überwiegend in der Rechtsform einer Aktiengesellschaft betrieben. Hier stellt sich die Frage nach der aktienrechtlichen Zulässigkeit dieser Vertragsform. Es taucht insbesondere das Problem auf, inwieweit durch den Betriebsführungsvertrag, der einen außenstehenden Dritten zur Leitung des Unternehmens ermächtigt, in unzulässiger Weise in das Recht des Vorstandes zur eigenverantwortlichen, aktiven Leitung der Gesellschaft (§ 76 AktG) eingegriffen wird und inwieweit durch diesen Vertragstyp in einer vom Aktiengesetz nicht gedeckten Weise die Stellung des Aufsichtsrates und der Hauptversammlung sowie deren Befugnisse ausgehöhlt werden[38]. Das Aktiengesetz stellt hier eine organisationsrechtliche Schranke des Betriebsführungsvertrages auf[39].

b) Arbeitsrecht

Im Arbeitsrecht ergibt sich die besondere Problematik des Betriebsführungsvertrages aus der damit verbundenen Aufspaltung der Arbeitgeber-

---

[36] Zur international-privatrechtlichen Anknüpfung bei Management-Verträgen vgl. Zeiger, Management-Vertrag, § 5 (S. 76–99) und unten § 21 IV.

[37] Vgl. zur Zulässigkeit des Management-Vertrages nach amerikanischem Corporation-Recht: Veelken, Betriebsführungsvertrag, S. 58 ff mwN.

[38] Zur Kollision des Betriebsführungsvertrages mit der Verfassung der Aktiengesellschaft vgl. grundlegend: Veelken, aaO, S. 117 ff; zustimmend dazu Damm, BB 1976, S. 294 ff; vgl. auch Gessler, FS Hefermehl, S. 263 ff.

[39] Veelken, Betriebsführungsvertrag, S. 229, dazu ausführlich unten § 4, II, 5, a.

funktion[40]. Partner des einzelnen Arbeitsvertrages mit den Arbeitnehmern des von einem Dritten geleiteten Unternehmens ist die Eigentümergesellschaft. Dieser „formelle" Arbeitgeber übt seine Arbeitgeberfunktion nicht persönlich aus, sondern überträgt sie der Betriebsführungsgesellschaft. Es stellt sich die Frage, ob durch eine solche Übertragung von Funktionen auf die Betriebsführungsgesellschaft diese neben dem Träger des geführten Unternehmens zum Arbeitgeber wird[41].

Arbeitgeber ist nicht nur der jeweilige Vertragspartner des Arbeitnehmers, sondern auch derjenige, der ohne formell Vertragspartei zu sein, Arbeitgeberfunktionen ausübt (sogenannter funktioneller Arbeitgeberbegriff)[42]. Dies bedeutet für die Betriebsführungsgesellschaft, daß sie zumindest insoweit als Arbeitgeber anzusehen ist, als sie das arbeitsrechtliche Weisungs- (Direktions-) Recht und die Entscheidung über Einstellungen und Entlassungen ausübt. Zu weitgehend wäre es aber, der Betriebsführungsgesellschaft die Arbeitnehmer des geführten Unternehmens wie eigene Arbeitnehmer zuzurechnen; mit der Folge, daß die Arbeitnehmer des geführten Unternehmens nach Maßgabe der jeweiligen Mitbestimmungsgesetze (Betriebsverfassungsgesetz 1952, Mitbestimmungsgesetz 1976, Montanmitbestimmungsgesetz) Vertreter in den Aufsichtsrat der Betriebsführungsgesellschaft entsenden können. Die Arbeitnehmer des geführten Unternehmens sind nur in der jeweiligen Eigentümergesellschaft vertreten[43]. Eine Zurechnung zum Betriebsführer ist nur dort möglich, wo durch den Betriebsführungsvertrag gleichzeitig ein Konzernverhältnis im Sinne des § 5 Abs. 1 Mitbestimmungsgesetz 1976 begründet wird. Der bloße Betriebsführungsvertrag führt nicht zur Einbeziehung der Arbeitnehmer der geführten Gesellschaft in die Betriebsführungsgesellschaft.

Das Gleiche gilt für die Frage, ob der Betriebsführungsvertrag einen Betriebsübergang im Sinne des § 613 a BGB darstellt. Die Eigentümergesellschaft behält trotz der Übertragung von Funktionen auf den Betriebsführer die oberste Organisationsgewalt im Unternehmen. Eine Betriebs-

---

40 Zur Aufspaltung der Arbeitgeberfunktion vgl. Ramm, ZfA 1973, S. 263 ff.

41 Rüthers, BB 1977, 605 ff (609); Ramm, ZfA 1973, S. 263 ff; Handwörterbuch des Arbeitsrechts, Stichwort „Arbeitgeber", S. 2 f.

42 Birk, Die arbeitsrechtliche Leitungsmacht, S. 139 f.

43 Gegen die Möglichkeit, Arbeitnehmer in den Aufsichtsrat der Betriebsführungsgesellschaft zu entsenden, auch Rüthers, BB 1977, S. 605; Hoffmann-Becking, Münchener Vertragshandbuch, Bd. II, S. 887; zur Frage, welcher Gesellschaft die Arbeitnehmer im Konzern zuzurechnen sind, vgl. Fitting/Wlotzke/Wissmann, § 5 MitbestG, Rdn. 44 ff.

überlassung i. S. d. § 613a BGB liegt nicht vor[44]. Die Voraussetzungen für einen Übergang der Arbeitsverhältnisse auf die Betriebsführungsgesellschaft sind damit nicht gegeben[45].

c) Kartellrecht

Fragen nach der Zulässigkeit des Betriebsführungsvertrages stellen sich auch im Wettbewerbsrecht. Soweit zwei Unternehmen den Betriebsführungsvertrag schließen, um die Marktverhältnisse durch Beschränkung des Wettbewerbs zu beeinflussen, kann der Vertrag ein nach § 1 GWB unzulässiges Kartell darstellen[46]. Dies ist regelmäßig der Fall, wenn der Betriebsführungsvertrag neben anderen Zielen dazu dient, die gegenseitigen Interessen der Vertragspartner am Markt zu koordinieren. Liegt der Zweck des Betriebsführungsvertrages in der Eingliederung eines Unternehmens in einen Konzern, richtet sich seine wettbewerbsrechtliche Zulässigkeit nach den Regeln über die Fusionskontrolle (§§ 23 ff GWB)[47]. Dem deutschen Kartellrecht entsprechende Fragen stellen sich auch für die Bestimmungen der Artikel 85, 86 EWG-Vertrag hinsichtlich des EWG-Kartellrechts.

IV. Der Management-Vertrag im internationalen Verkehr

Nach dieser kurzen Beschreibung des Betriebsführungsvertrages im deutschen Recht, wird im folgenden ausschließlich der Management-Vertrag als internationales Kooperationsinstrument dargestellt. Das Schwergewicht liegt auf einer Beschreibung der Vertragsinhalte, den Regelungsalternativen und den sich aus den unterschiedlichen Regelungen für die Parteien ergebenden Risiken.

1. Definition des Management-Vertrages

Eine einheitliche Definition des Management-Vertrages hat sich in der internationalen Literatur nicht herausgebildet. Dies liegt im wesentlichen

---

44 Gemeinschaftskommentar – SCHNEIDER, § 5 MitbestG, Rdn. 79.

45 So mit Recht RÜTHERS, BB 1977, S. 605 (608).

46 VEELKEN, Betriebsführungsvertrag, S. 41; KARTTE, WuW 1963, S. 566; WÜRDINGER, WuW 1961, S. 747; DERS., WuW 1967, S. 83.

47 So KARTTE, WuW 1963, S. 566; WÜRDINGER, WuW 1961, S. 747; 1967, S. 83; dazu auch IMMENGA/MESTMÄCKER, GWB, § 23, Rdn. 206; LANGEN/NIEDERLEITHINGER/SCHMIDT, Kartellgesetz, § 32, Rdn. 38.

an der Schwierigkeit, in Anbetracht der unterschiedlichen Anwendungsmöglichkeiten dieses Vertragstypes und der im Einzelfall stark variierenden Ausgestaltung der Pflichtenbeziehungen zu einer abstrakten, allgemein gültigen Definition zu gelangen.

a) Merkmale des Management-Vertrages

In einem rein funktionalen Ansatz beschreibt Ellison den Management-Vertrag:

> „Under a Management contract scheme, the managing (multinational) company undertakes the usual management functions, makes available a range of skills and resources, and trains local personnel“[48].

Gabriel definiert diesen Vertragstyp:

> „as an arrangement under which operational control of an enterprise (or one phase of an enterprise) which would otherwise be exercised by the board of directors or managers elected or appointed by its owners is vested by contract in a separate enterprise which performs the necessary managerial functions in return for a fee“[49].

Wenn auch diese Definitionsansätze nicht völlig übereinstimmen, lassen sich gleichwohl drei konstitutive Merkmale dieser Vertragsform herausbilden. Der Management-Vertrag ist danach ein Vertrag, durch den

- eine Partei (Management-Geber) sich verpflichtet, die Geschäftsführung eines Unternehmens der anderen Partei (Management-Nehmer) zeitlich begrenzt zu übernehmen[50]
- mit dem Ziel, den Vertragspartner (Management-Nehmer) in die Lage zu versetzen, das geführte Unternehmen nach Ablauf der Vertragsdauer selbst zu führen[51]
- gegen Zahlung eines Entgeltes[52].

---

48 Ellison, Multinational Business 1976, S. 21.

49 Gabriel, S. 22.

50 Zur Geschäftsführungsübertragung vgl. Zeiger, Management-Vertrag, S. 37 ff mwN; Westring, ICLF Rev, Sept. 1980, S. 402; ders. in: Hellawell/Wallace, 7.2.5 A 4; unten § 4,II.

51 Zur Ausbildungsfunktion vgl. UN Centre on Transnational Corporations, Management Contracts, S. 44 ff; Gabriel, S. 123 f; Ellison, Multinational Business 1976, S. 26; und unten § 5,IV; s. auch: Neersö, World Development Vol. 2, No 2, Febr. 1974, S. 139 (142).

52 Zur Entgeltlichkeit des Vertrages vgl. UN-Centre on Transnational Corporations, Management Contracts, S. 77 ff; Gabriel, Columbia Journal of World

b) Abgrenzung zum Betriebsführungsvertrag

Charakteristisch für den Management-Vertrag ist die entgeltliche Übernahme von Geschäftsführungs- und Ausbildungsaufgaben. Hinsichtlich der Geschäftsführungsfunktion unterscheidet sich der Management-Vertrag im internationalen Bereich nicht vom Betriebsführungsvertrag nach deutschem Recht. Beide Vertragstypen haben die Übertragung der Geschäftsführungsbefugnisse auf einen außenstehenden Dritten zum Gegenstand. Wesentliche Unterschiede bestehen im Hinblick auf die zeitliche Dauer der vertraglichen Beziehungen. Während der Management-Vertrag nur auf eine zeitlich begrenzte Übertragung der Geschäftsführungsbefugnisse ausgerichtet ist[53], ist der Betriebsführungsvertrag im deutschen Recht in der Regel zeitlich nicht begrenzt. Dies gilt insbesondere dort, wo der Vertrag als Mittel der Konzernleitung eingesetzt wird. Hier dient der Vertrag nicht dazu, kurzfristig die fehlende eigene Möglichkeit eines Vertragspartners in der Leitung eines Unternehmens zu überbrücken, sondern ist als Weg dauernder Einflußnahme vom herrschenden auf das beherrschte Unternehmen angelegt.

Während die Geschäftsführungsfunktion beim Management-Vertrag und Betriebsführungsvertrag im wesentlichen identisch ist, unterscheiden sich beide Vertragsformen grundlegend hinsichtlich der Ausbildungsfunktion[54]. Die Ausbildungsaufgaben bilden beim Management-Vertrag neben der Übertragung der Geschäftsführungsbefugnisse den wesentlichen Bestandteil des Vertrages. Während im deutschen Geschäftsverkehr der Transfer vom unternehmerischen Know-how vom Betriebsführer auf das Personal des geführten Unternehmens für die Motivation zum Abschluß des Vertrages und für die inhaltliche Ausgestaltung fast keine Rolle spielt, ist der Know-how-Transfer im internationalen Bereich in der Regel Hauptmotiv für den Abschluß eines Management-Vertrages. Dem Management-Nehmer liegt nicht allein an der kurzfristigen Vergabe von Geschäftsführungsaufgaben, sondern er ist vielmehr langfristig daran interessiert, selbst die Kenntnisse und Fähigkeiten zu erlangen, die notwendig sind, das betreffende Unternehmen zu leiten.

Business, March/April 1967, S. 7 ff; Westring in: Horn/Schmitthoff, Transnational Law, S. 187 ff und unten § 6,I.

[53] St. Ville in: Hellawell/Wallace, 7.2.5. b 9; Krishnamurti in: Wallace (Hrsg.) International Control of Investment, S. 110 (117); UN-Centre on Transnational Corporations, Management-Contracts, S. 107 ff; Zeiger, Management-Vertrag, S. 58 ff; und unten § 8,II,1.

[54] Dazu unten § 5,IV,3.

Der Management-Vertrag als internationales Kooperationsinstrument kann damit definiert werden als eine Vereinbarung, durch die sich ein Vertragspartner gegen Entgelt verpflichtet, ein Unternehmen des anderen Vertragspartners zeitlich begrenzt zu leiten und während dieser Zeit das Personal des anderen Vertragspartners auszubilden, um es in die Lage zu versetzen, die Führung des Unternehmens selbst zu übernehmen[55].

2. *Motive für den Abschluß von Management-Verträgen*

Ausgehend von diesen zwei Hauptfunktionen des Vertrages erschließen sich die wesentlichen Motive der Vertragsparteien zur Eingehung einer solchen Zusammenarbeit. Der Management-Nehmer ist daran interessiert, eine Gesellschaft zu finden, die in der Lage ist, sein Unternehmen zu führen und sein Personal durch Vermittlung der notwendigen Fachkenntnisse und des notwendigen Spezialwissens so auszubilden, daß er im Anschluß daran die Leitung des Unternehmens durch eigenes Personal übernehmen kann.

Motiv des Managers ist die Erzielung des vereinbarten Entgeltes. Daneben treten im Einzelfall eine Reihe weiterer Motive. Im Anschluß an Ellison[56] lassen sich „offensive" und „defensive" Motive unterscheiden. Zu den „offensiven" Motiven zählen:

- die Absicht, ein laufendes Entgelt zu erzielen
- der Versuch, neue Märkte für eigene Produkte zu erschließen
- die Nutzung eigener, nicht voll ausgelasteter Ressourcen
- ein Testmarkt zur Vorbereitung eigener Investitionen
- eine Diversifikationsstrategie zur Ausdehnung des Geschäftes auf neue Tätigkeitsfelder (etwa der Übergang vom Produktionsbereich auf den Dienstleistungssektor)[57].

Gesellschaften, die diese „positiven" Zielsetzungen verfolgen, beabsichtigen in aller Regel die Kontinuität ihrer Marktposition auf ausländischen Märkten zu sichern. Sie stehen im Wettbewerb mit anderen Unternehmen, die ebenfalls versuchen, ihre unternehmerischen Dienstleistungen im Ausland abzusetzen.

Zu den „defensiven" Motiven zählen dagegen:

---

[55] Zur Definition des Management-Vertrages vgl. auch ZEIGER, Management-Vertrag, S. 28.

[56] ELLISON, Multinational Business 1976, S. 23; vgl. auch ST. VILLE in: Hellawell/Wallace 7.2.5. B 12 f.

[57] ST. VILLE in: Hellawell/Wallace 7.2.5 B 12.

- die Verteidigung bestehender Marktpositionen gegen eine Enteignungs- und Ausbürgerungspolitik der jeweiligen Regierung
- Kontrolle über einen größeren Marktanteil bei bestimmten Produkten
- engere Kontroll- und Einflußmöglichkeiten im Rahmen eines Gemeinschaftsunternehmens
- die Möglichkeit in neue Märkte einzudringen (in investitionsfeindlichen Ländern, insbesondere dem Ostblock)
- die Absicherung eines „know-how"-Vertrages, bei dem die Geheimhaltung der übertragenen Informationen nicht gewährleistet ist
- die Vermeidung von unternehmerischer Verantwortlichkeit oder wettbewerbsrechtlicher Konsequenzen, die sich aus einer Direktinvestition ergeben können[58].

Das wesentliche Motiv ergibt sich aus dem Verhältnis des Management-Vertrages zur Direktinvestition. Multinationale Unternehmen waren in der Vergangenheit nicht daran interessiert, ihre unternehmerischen und technischen Kenntnisse auf ein Unternehmen zu übertragen, an dem sie nicht kapitalmäßig beteiligt waren. Soweit sie die gleichen Zielsetzungen, die traditionellerweise mit einer Direktinvestition verbunden waren, auch im Rahmen eines Austauschvertrages erreichen konnten, wurde der Management-Vertrag in immer stärkerem Umfang zu einer wirtschaftlich attraktiven Alternative zur Direktinvestition[59].

Ein wesentlicher Faktor ergibt sich aus Renditeüberlegungen. Bei einer Direktinvestition ist der zu erzielende Gewinn abhängig vom Erfolg des Unternehmens. Anders als bei der Eigenkapitalinvestition erzielt der Manager im Rahmen eines Management-Vertrages Erträge ganz oder zumindest teilweise[60] ohne Rücksicht auf den Gewinn des geführten Unternehmens, da er in der Regel ein erfolgsunabhängiges Honorar für seine erbrachten Dienstleistungen erhält[61]. Das zu erzielende Einkommen ist damit risikounabhängiger und für die Management-

---

[58] ELLISON, Multinational Business 1976, S. 23; ST. VILLE in: Hellawell/Wallace 7.2.5 B 12 f.

[59] ST. VILLE in: Hellawell/Wallace 7.2.5 B 12 f.

[60] Die Höhe der Erträge hängt davon ab, ob das Entgelt des Managers unabhängig von Erfolg oder bestimmten Erfolgszahlen (Umsatz, Gewinn, Wertschöpfung) ist oder aus einer Kombination von Festentgelt und Erfolgsbeteiligung gebildet wird, dazu unten § 6,I,2; vgl. auch ZEIGER, Management-Vertrag S. 53 ff; GABRIEL, S. 123 ff.

[61] ZEIGER, Management-Vertrag, S. 53; WESTRING, ICLF Rev, Sept. 1980, S. 399 (402); ELLISON, Multinational Business 1976, S. 19 (27).

Gesellschaft der Höhe nach besser planbar. Der Manager erhält zwar beim Management-Vertrag rechtlich nicht die volle Einfluß- und Kontrollmöglichkeit eines Eigentümers. Aufgrund der übertragenen Leitungsbefugnisse ist er aber faktisch in der Lage, die typischerweise mit einer Direktinvestition verbundenen Zielsetzungen zu verfolgen. Der Management-Vertrag wird daher im Verhältnis zur Direktinvestition oft als „second best"-Lösung bezeichnet[62].

3. Parteien

a) Manager

Als Management-Geber treten in der Hauptsache Unternehmen[63] auf, die bereits in der Branche tätig sind, in der sie die Führung des betroffenen Unternehmens übernehmen sollen. Die Management-Tätigkeit ist eine Abrundung der sonst im Produktions- oder Dienstleistungsbereich liegenden Haupttätigkeit des Unternehmens.

Aus dieser zunächst nur als Ergänzung der übrigen Aktivitäten entwikkelten Strategie ist mittlerweile ein eigenständiger Dienstleistungsbereich geworden. Die im Sektor der Management-Verträge tätigen und erfolgreichen Unternehmen haben ihre organisatorische Struktur weitgehend angepaßt, um den wachsenden Forderungen nach einer Übertragung von unternehmerischem Know-how zu begegnen[64]. Einige haben eigenständige Tochterunternehmen gegründet, durch die sie diese speziellen Aufgaben wahrnehmen lassen. Andere haben ihre Aufgabenverteilung innerhalb der Führungsebene geändert und ein produkt- oder regionenabhängiges Spartensystem aufgebaut, um sich diesen neuen Anforderungen zu stellen. Für die Zukunft wird das Entstehen neuer Gesellschaften

---

62 St. Ville in: Hellawell/Wallace 7.2.5 B 12f.

63 Bei den in diesem Bereich tätigen Unternehmen muß es sich nicht notwendigerweise um privatrechtlich organisierte Unternehmen handeln. Auch öffentlichrechtliche Unternehmen können als Anbieter von Management-Dienstleistungen auftreten. So beschreibt Westring ein Angebot von Management-Dienstleistungen im Bereich der Telekommunikation durch die „Swedish Telecommunikation Administration" unter dem Namen „Swedtel", vgl. Westring, ICLF Rev. Sept. 1980 S. 399 (401).

64 St. Ville in: Hellawell/Wallace 7.2.5 B 14; Ellison, Multinational Business 1976, S. 19.

vorausgesagt, deren einzige Aufgabe im Anbieten von Management-Dienstleistungen besteht[65]. Diese speziellen Management-Gesellschaften übernehmen Aufgaben in allen Bereichen unternehmerischer Tätigkeit[66].

b) Management-Nehmer

Als Nachfrager der unternehmerischen Dienstleistungen, die im Rahmen eines Management-Vertrages erbracht werden, treten sowohl private Unternehmen wie auch staatliche Stellen auf.

In Entwicklungsländern sind es vor allem öffentliche Institutionen, die an einer derartigen Zusammenarbeit interessiert sind[67]. Beim Aufbau von Krankenhäusern, Verkehrsnetzen, Hafenanlagen, Energieversorgungssystemen oder sonstigen Infrastruktureinrichtungen fehlt es in diesen Ländern an den notwendigen Erfahrungen und dem ausgebildeten Personal, um derartige Projekte in Betrieb zu nehmen. Die einzige Möglichkeit, dies Defizit auszugleichen, ist neben der Rekrutierung einzelner Arbeitnehmer, die über die entsprechenden Kenntnisse verfügen, nur die Vereinbarung eines Management-Vertrages und die damit verbundene umfassende Übertragung der Leitungsbefugnisse. Staatliche Stellen, Regierungen und Staatsunternehmen sind auch dort Nachfrager nach Management-Dienstleistungen, wo die innerstaatliche Verfassung eine Direktinvestition nicht zuläßt[68].

Im privatrechtlichen Sektor entsteht eine Nachfrage nach Management-Leistungen dort, wo ein Unternehmen ein neues Projekt in Betrieb nehmen will, sich die hierfür notwendigen Kenntnisse aber nicht zutraut. Die Nachfrage nach Management-Leistungen kann ihren Grund zusätzlich darin haben, daß der Management-Nehmer ein vom Manager aufgebautes und verbreitetes Produktimage für den Aufbau eines eigenen gleichartigen Unternehmens für sich gewinnen will, um an den Möglichkeiten, über die der Manager aufgrund seiner internationalen Verbreitung verfügt, zu partizipieren. Dies ist besonders häufig in der Hotelbranche

---

65 Hasegawa, European Research No 5. Sept. 1976, S. 193 (199); Westring, ICLF Rev, Sept. 1980, S. 399 (401); Orr, Chemtech Jan. 1977, S. 28 f.

66 St. Ville in: Hellawell/Wallace 7.2.5 B 15.

67 Über die Zusammenarbeit mit staatlichen Stellen in Enwicklungsländern handelt fast ausschließlich die Studie von Gabriel, The international Transfer of Corporate Skills, Management-Contracts in less Developed Countries, 1967.

68 Dies gilt im gesamten Ostblock, aber auch in sozialistischen Entwicklungsländern wie Kuba, Angola, Mosambik, Vietnam und Äthiopien, vgl. Westring, ICLF, Sept. 1980, S. 399 (400); Zeiger, Management-Vertrag S. 36.

anzutreffen (Hilton International, Intercontinental Hotels, Holiday-Inn)[69]. Die Verbreitung dieser Hotelketten basiert fast ausschließlich auf Management-Verträgen, die die jeweilige Kette mit Eigentümern einzelner Hotels schließt[70].

4. *Anwendungsbeispiele für Management-Verträge*

Eine Beschränkung des Management-Vertrages auf bestimmte Branchen existiert nicht. Nachfrager nach Management-Leistungen finden sich in allen Bereichen der Industrie, des Handels und des Dienstleistungsgewerbes[71].

Ein interessantes Beispiel aus dem Bereich der Luftfahrt ist die Zusammenarbeit von Transworld Airlines (TWA) mit der äthiopischen Luftfahrtgesellschaft[72]. Kurz nach dem 2. Weltkrieg schloß TWA mit Äthiopien einen Vertrag über die Errichtung und den Betrieb eines nationalen Luftfahrtunternehmens. Nach einigen Anfangsschwierigkeiten erwies sich die Zusammenarbeit als für beide Seiten äußerst erfolgreich.

Weitere ausführliche Darstellungen über die Durchführung von Management-Verträgen finden sich bei Hasegawa[73], der u. a. eine Zusammenarbeit der japanischen Firma Dentsu mit einem Unternehmen aus einem Entwicklungsland im Bereich des Marketing beschreibt. Rogers[74] liefert einen ausführlichen Bericht über die Zusammenarbeit der italienischen Firma Olivetti mit der indischen Regierung über die Errichtung und Inbetriebnahme eines Unternehmens zur Herstellung von Fotokopiergeräten. Ausführliche Beispiele über Projekte aus dem Bereich der Stahlindustrie sind abgedruckt bei Gabriel[75]. Für Management-Verträge aus den USA enthält das Werk von Veelken[76] eine umfangreiche Darstellung.

---

[69] Gabriel, aaO S. 53; Friedmann, Joint International Business Ventures, S. 115.

[70] Ein Beispiel für einen Vertrag der Holiday-Inn-Kette ist auszugsweise abgedruckt in BGH WM 1982, S. 394 ff.

[71] Westring in: Horn/Schmitthoff, Transnational Law, S. 184.

[72] Geiger, „TWA's Service to Ethiopia“ Case Study No. 8, Series on U. S. Business Abroad.

[73] Hasegawa, European Research 1976, S. 193 ff.

[74] Rogers, Private Investment in Developing Areas: A Private View and a Private Experience, in OECD, Methods of Industrial Development, S. 291 ff; vgl. auch Gabriel, aaO S. 53 f.

[75] Gabriel, aaO S. 52 f; ders., Columbia Journal of World Business, Nov./Dec. 1972, S. 7 ff.

[76] Veelken, Betriebsführungsvertrag, S. 27 ff mwN.

§ 4: Struktur der Management-Verträge

Bevor eine Darstellung einzelner Pflichten aus dem Vertrag erfolgen kann, ist es notwendig, zunächst die grundsätzliche Struktur der Vertragsbeziehungen zu untersuchen. Hieraus ergeben sich weitreichende Konsequenzen für die Durchführung der Zusammenarbeit und damit auch die Erbringung einzelner Leistungen.

I. Rechtliche Charakterisierung der Beziehung

1. Abgrenzung zum Arbeitsverhältnis

Manager und Management-Nehmer stehen sich als selbständige Vertragspartner gegenüber[1]. Zwischen ihnen bestehen keine Beziehungen wie zwischen Arbeitgeber und Arbeitnehmer. Zwar sind die Aufgaben, die vom Manager wahrgenommen werden, die gleichen, die der Management-Nehmer im Rahmen eines Arbeitsvertrages an einzelne Personen übertragen könnte. Der Management-Nehmer hat die Möglichkeit, eine Reihe von Einzelarbeitsverträgen zu schließen und auf diese Weise die Geschäftsführungsaufgaben im Unternehmen zu delegieren. Dies bedeutet jedoch nicht, daß auch der Management-Vertrag als Arbeitsvertrag angesehen werden kann.

Nach herrschender Lehre ist Arbeitnehmer derjenige, der aufgrund eines privatrechtlichen Vertrages im Dienst eines anderen zur Leistung fremdbestimmter Arbeit verpflichtet ist und zu dem Arbeitgeber in einem persönlichen Abhängigkeitsverhältnis steht[2]. Das Merkmal der persönlichen Abhängigkeit wird teilweise auch als Weisungsabhängigkeit bezeichnet oder als fremdbestimmte unselbständige Arbeit im Gegensatz zur selbständigen Tätigkeit gekennzeichnet[3]. Der Management-Vertrag erfüllt diese Merkmale nicht. Der Manager steht in keinem Abhängigkeitsverhältnis zu seinem Auftraggeber. Er ist wie in anderen Dienstleistungssparten (Consulting, Ingenieur-Beratung) unabhängig und Weisungen seines Auftraggebers nicht unterworfen.

---

1 Westring, ICLF Rev., Sept. 1980, S. 399; ders., in: Horn/Schmitthoff, Transnational Law, S. 175 (183).

2 Statt vieler: Haberkorn, Arbeitsrecht, S. 28.

3 Vgl. etwa Lieb, Arbeitsrecht, S. 1 f; MüKo-Söllner, § 611, Rdn. 131 ff mwN.

2. Merkmale der Treuhand

Das Verhältnis der Partner im Rahmen eines Management-Vertrages läßt sich als eine besondere Form des Treuhandverhältnisses (fiduciary relationship)[4] beschreiben. Der Manager hat die Interessen des Management-Nehmers wahrzunehmen und verwaltet in dessen Auftrag und für dessen Rechnung das Vermögen des Management-Nehmers. Im deutschen Recht ist diese Rechtsbeziehung zwischen Manager und Management-Nehmer als Dienstvertrag (§§ 611 ff BGB) in Form des Geschäftsbesorgungsvertrages (§ 675 BGB) einzuordnen[5]. Die Geschäftsführungsfunktionen und Ausbildungsleistungen, die der Manager übernimmt, sind typische Dienstleistungen i. S. der §§ 611 ff BGB. Der Vertrag erfüllt auch nach deutschem Recht die Merkmale eines Treuhandverhältnisses, da der Manager das ihm anvertraute Treugut (Unternehmen) im Interesse des Auftraggebers zu verwalten hat[6].

Da in der Regel kein Erfolg geschuldet wird, handelt es sich nicht um einen Werkvertrag i. S. der §§ 631 ff BGB. An dieser Einordnung ändert sich auch nichts, wenn im Einzelfall werkvertragliche Elemente (Erstellung bestimmter Programme) oder kaufvertragliche (Lieferung einzelner Güter) hinzutreten. Der Management-Vertrag wird dadurch nicht zu einem Vertrag sui generis[7]. Wesentliche Pflicht des Managers bleibt auch hier die Übernahme von Geschäftsführungsaufgaben und damit die Erbringung von Dienstleistungen. Da diese Dienstleistung eindeutig überwiegt, bestimmt sie den Charakter des Vertrages.

II. Übertragung von Vertretungsmacht und Geschäftsführungsbefugnissen auf den Manager

Hauptpflicht aus dem Management-Vertrag ist die Übernahme von Geschäftsführungsaufgaben in einem Unternehmen oder Betrieb des Vertragspartners. Um den Manager in die Lage zu versetzen, seine Geschäftsführungsaufgaben wahrzunehmen, d. h. in nach außen wirksamer Weise im Namen und für Rechnung seines Auftraggebers tätig zu werden, muß dieser ihm die Rechtsmacht verleihen, für ihn zu handeln. Für die Begründung der hierfür notwendigen Vertretungsbefugnis stehen

---

4 Westring, ICLF Rev, Sept. 1980, S. 399 (403).

5 Dazu oben § 3,III,2; vgl. auch Zeiger, Management-Vertrag, S. 29.

6 Zur Treuhand im deutschen Recht s. Coing, Die Treuhand kraft privaten Rechtsgeschäfts, insb. S. 99 ff.

7 So aber Zeiger, Management-Vertrag, S. 29.

grundsätzlich zwei Wege zur Verfügung. Dies ist einmal die Erteilung einer rechtsgeschäftlichen Vollmacht; zum anderen die Begründung einer organschaftlichen Vertretungsmacht durch Berufung in das jeweilige Vertretungsorgan der geführten Gesellschaft.

1. *Rechtsform des geführten Unternehmens*

Die Frage, welche Form der Vollmachtsbegründung in Betracht kommt (rechtsgeschäftliche Vollmacht oder Begründung einer Organstellung), hängt zunächst davon ab, ob das zu führende Unternehmen oder der Betrieb mit eigener Rechtspersönlichkeit ausgestattet ist, d. h. ob es sich dabei um eine juristische Person mit eigenen Organen handelt, oder ob die Management-Gesellschaft die Führung eines unselbständigen Betriebsteils übernehmen soll. Im letzteren Fall ist nur die Erteilung einer rechtsgeschäftlichen Vollmacht zur Betriebsführung möglich. Eine Bestellung zum Organ scheidet aus, soweit das zu führende Unternehmen oder der Betrieb keine eigene Rechtspersönlichkeit und damit auch keine Organe besitzt, in die die Management-Gesellschaft entsandt werden können.

2. *Bestellung zum rechtsgeschäftlichen Vertreter*

Die erste Möglichkeit einer Bevollmächtigung liegt in der Bestellung des Managers zum rechtsgeschäftlichen Vertreter der Gesellschaft. Vertragspartner des Managers wird die zu führende Gesellschaft, vertreten durch das jeweils zur Vertretung nach außen befugte Organ (Vorstand, Geschäftsführer, Board of Directors). Das Geschäftsführungsorgan schließt im Namen des Unternehmens (Management-Nehmer) mit dem Manager einen Vertrag und stattet ihm gleichzeitig mit den für die Erfüllung der Geschäftsführungsaufgaben notwenigen Vollmachten aus. Dies geschieht regelmäßig durch Erteilung einer Generalvollmacht[8].

Durch die Beauftragung des Managers mit Aufgaben in der Unternehmensführung wird die Stellung des jeweiligen Organs und die sich daraus ergebende organschaftliche Vertretungsmacht nicht berührt. Es kommt in diesen Fällen zu einer Überlagerung der Vertretungsmacht

---

[8] Zum Umfang der Vollmacht im einzelnen s. unten II. 4.

von Manager und Geschäftsführungsorgan der Gesellschaft. Aus dieser Überlagerung können sich erhebliche Probleme ergeben. Hierauf ist im einzelnen einzugehen.

3. Begründung einer Organstellung

Die zweite mögliche Form einer Bevollmächtigung ist die Berufung des Managers zum Organ der geführten Gesellschaft. Begrifflich möglich ist eine derartige Organbestellung nur bei solchen Unternehmen, die rechtlich selbständig sind[9]. Vertragspartner des Management-Vertrages in dieser Form sind die Management-Gesellschaft und die Eigentümer (Aktionäre, Gesellschafter) der jeweiligen Gesellschaft. Im Vertrag wird die Verpflichtung der Eigentümer begründet, die Management-Gesellschaft zum Organ der Gesellschaft zu berufen. Die Management-Gesellschaft verpflichtet sich, die ihr übertragene Organstellung im Rahmen der im Management-Vertrag getroffenen Vereinbarungen auszuüben.

Eine derartige Vollmachtsübertragung ist jedoch nicht immer möglich. In vielen Rechten scheidet eine Bestellung des Managers zum Organ der geführten Gesellschaft schon aus gesellschaftsrechtlichen Gründen aus. Vertragspartner des Management-Vertrages sind nicht einzelne natürliche Personen, die mit Management-Aufgaben betraut werden, sondern selbständige Unternehmen, die als juristische Person organisiert sind. Die Bestellung einer juristischen Person zum Organ einer Gesellschaft ist nicht uneingeschränkt möglich. Für das deutsche Recht ergibt sich eine derartige Beschränkung aus § 76 II AktG für die Aktiengesellschaft, für die GmbH aus § 6 II GmbHG. Danach kann eine juristische Person weder Vorstand einer Aktiengesellschaft noch Geschäftsführer einer GmbH werden. Ähnliches gilt im englischen Recht. Vertretungsorgan einer juristischen Person (Company) ist der „Board of Directors“[10]. Zwar ist es grundsätzlich zulässig, auch eine juristische Person in den „board of directors“ zu berufen[11]; dies gilt jedoch nicht für den managing director[12]; d. h. für den geschäftsführenden Direktor, der für die Abwicklung des Tagesgeschäftes zuständig ist.

---

[9] In der Bundesrepublik sind dies insbesondere die AG und GmbH; im englischen Recht die (a) company limited by share, (b) company limited by guarantee, (c) unlimited company; vgl. Companies Act 1948; s. auch Treibel, Englisches Handels- und Wirtschaftsrecht, S. 120 ff.

[10] Vgl. Sec. 176 Companies Act 1948.

[11] Nothey/Leigh/Goldberg, Introduction to Company Law, S. 101; Re Bulawayo Market v. Office Col, Ltd. (1907) 2 Ch. 458.

[12] Baumann, Das Recht der Handelsgesellschaften, S. 111.

4. *Vertragspraxis*

Die Vertragspraxis des Betriebsführungsvertrages[13] und des Management-Vertrages[14] folgt fast ausschließlich dem Modell der rechtsgeschäftlichen Bevollmächtigung. Hierauf konzentriert sich die folgende Darstellung. Gegenstand der Untersuchung ist der Management-Vertrag in einer Konstellation, in der der Manager vom zuständigen Geschäftsführungsorgan der Gesellschaft mit der Führung des Unternehmens beauftragt wird (rechtsgeschäftliche Vollmacht). Das zuständige Geschäftsführungsorgan (board of directors o. ä.) zieht sich aus dem Tagesgeschäft zurück und überläßt dies dem Manager; seine organschaftliche Stellung bleibt unberührt. Soweit im folgenden von Handlungen des Management-Nehmers die Rede ist, sind dies Handlungen, die von dem für ihn handelnden Geschäftsführungsorgan in organschaftlicher Vertretung vorgenommen werden.

5. *International privatrechtliche Anknüpfung*

Für die Frage, welchem Recht die Vollmachtserteilung und -betätigung unterliegt, ist nach deutscher Rechtsvorstellung zu trennen zwischen Innenverhältnis (Geschäftsbesorgungsverhältnis) zwischen Vollmachtgeber und Bevollmächtigtem und dem Außenverhältnis, d. h. der Vornahme von Rechtsgeschäften durch den Bevollmächtigten mit einem außenstehenden Dritten[15]. Das Innenverhältnis unterliegt der Parteidisposition; es kann von den Parteien frei ausgestaltet werden (durch eigene Regelungen oder durch die Bezugnahme auf ein gewähltes Recht)[16]. Im Verhältnis zum außenstehenden Dritten, demgegenüber der Vertreter das Rechtsgeschäft vornimmt, ist eine gesonderte Anknüpfung erforderlich. Die im Verhältnis zum Dritten geltenden Regelungen unterliegen nicht

---

[13] Vgl. Hoffmann-Becking, Münchner Vertragshandbuch, Bd. 1, S. 887, Anm. 5; Veelken, Betriebsführungsvertrag, S. 15 ff.

[14] Vgl. aus der amerikanischen Rechtsprechung die Fälle Shermann & Ellis v. Indiana Mutual Casualty Co. 41 F. 2d. 588; Kennerson v. Burbank Amusement Co. 260 P 2d. 823; Royal Theatre Co. v. U. S., 66 F Supp. 301; Shaw v. Banker's Nat. Life Ins. Co., 112 N. E. 16; Robinson v. Benbow, 298 F 561; zur abweichenden Konstellation bei Management-Verträgen im Zusammenhang mit joint-venture-Vereinbarungen siehe unten § 8,II,2.

[15] Firsching, Das internationale Privatrecht, S. 231; Vischer, Internationales Vertragsrecht, S. 229 ff.

[16] Schröder, Internationales Vertragsrecht, S. 101.

der Gestaltungsmacht von Vollmachtgeber und Bevollmächtigtem. Es gilt hier ein eigenes Vollmachtstatut[17].

Fragen, die mit der Erteilung und dem Bestand der Vollmacht zusammenhängen, richten sich nach dem Recht des Landes, in dem die Vollmacht ihre Wirkung entfalten soll[18]. Insbesondere gilt für die Bevollmächtigten in der Geschäftsleitung eines Unternehmens, daß sich die Vollmacht nach dem am Sitz des Unternehmens geltenden Recht beurteilt (Wirkungsstatut)[19]. Diese gesondert vorzunehmende international privatrechtliche Anknüpfung nach dem Vollmachtsstatut hat zur Folge, daß die Frage, wieweit der Manager seine Klienten gegenüber Dritten vertreten kann, der Parteidisposition entzogen ist und sich ausschließlich nach dem Recht des Landes richtet, in dem der Manager tätig wird. Dies ist in der Regel das Heimatland des Klienten, da hier das Unternehmen betrieben wird.

Die sich für die Bevollmächtigung des Managers aus dem nationalen Recht ergebenden Schranken werden im folgenden exemplarisch anhand des deutschen und amerikanischen Rechts dargestellt.

a) Deutsches Recht

Im deutschen Recht stehen für die Übertragung von Geschäftsführungsbefugnissen neben der Begründung einer Organbestellung verschiedene Wege zur Verfügung (Erteilung einer Prokura, §§ 48 ff HGB; Bevollmächtigung nach §§ 164 ff BGB). Da der Management-Gesellschaft als juristischer Person keine Prokura erteilt werden kann[20], bleibt für die Bevollmächtigung des Managers nur die Erteilung einer rechtsgeschäftlichen Vollmacht nach den §§ 164 ff BGB[21]. Im Zusammenhang mit der umfassenden Übertragung von Geschäftsführungsbefugnissen, wie sie der Zusammenarbeit im Rahmen eines Management-Vertrages regelmäßig zugrunde liegt, tauchen im deutschen Recht vor allem zwei Probleme auf.

---

[17] BGHZ 43,21 (26); Reithmann, Internationales Privatrecht, S. 585 ff; v. Caemmerer, RabelsZ 24 (1959), S. 203 f; Dicey & Morris, The Conflict of Laws, S. 911 ff; Kegel, Internationales Privatrecht, S. 277.

[18] BGH, IPRspr. 1960/61 Nr. 40; OLG Saarbrücken IPRspr. 1968/69 Nr. 19 a; BGH NJW 1954, 1561; AWD 1975, 425; Firsching, S. 231; Reithmann, S. 594; v. Caemmerer, RabelsZ 1959, 210 f.

[19] LG Frankfurt IPRspr. 1968/69 Nr. 21; Reithmann, S. 5.

[20] Baumbach/Duden/Hopt, § 48 1) B.

[21] Für den Betriebsführungsvertrag: Hoffmann-Becking, Münchner Vertragshandbuch, Bd. 1, S. 887, Anm. 5.

aa) Personenhandelsgesellschaften

Ist der Träger des geführten Unternehmens eine Personenhandelsgesellschaft (OHG, KG), stellt sich die Frage, ob die umfassende Übertragung von Entscheidungsbefugnissen auf den Manager, durch die die vertretungsberechtigten Gesellschafter (§§ 125, 161, 170 HGB) ihre Leitungskompetenz weitgehend aus der Hand geben, einen Verstoß gegen den im Personengesellschaftsrecht geltenden Grundsatz der Selbstorganschaft[22] und damit einen Fall unzulässiger Drittorganschaft darstellt. Der BGH[23] beantwortet die Frage nach der Zulässigkeit einer Übertragung der Geschäftsführungsbefugnisse in einer Personengesellschaft danach, ob sämtliche geschäftsführungsberechtigten Gesellschafter von der Geschäftsführung und Vertretung ausgeschlossen sind und diese ausschließlich einem Dritten übertragen sind.

Eine vollständige Funktionsübertragung ist im Rahmen einer Management-Vereinbarung unzulässig. Zulässig ist es dagegen, einen Dritten in weitem Umfang mit Geschäftsführungsaufgaben zu betrauen und mit einer umfassenden Vollmacht auszustatten[24]. Wann die Grenze zur unzulässigen Drittorganschaft überschritten ist, hängt von der vertraglichen Ausgestaltung der gegenseitigen Rechte und Pflichten im Einzelfall ab. Der BGH hält es nicht für notwendig, daß der Management-Nehmer berechtigt ist, dem Manager bei der Führung des Unternehmens Einzelweisungen zu erteilen; es ist auch nicht erforderlich, daß dem Klienten die Möglichkeit eingeräumt wird, den Manager jederzeit — auch ohne wichtigen Grund — abzuberufen. Es reicht aus, wenn dem Management-Nehmer substantielle Mitwirkungs-, Kontroll- und Einsichtsrechte verbleiben[25] und gleichzeitig die Entscheidungsbefugnis über grundsätzliche Fragen der Geschäftsführung nicht in die Organisation des Managers verlagert wird[26].

Ein dem deutschen Recht unterliegender Management-Vertrag muß demnach so ausgestaltet werden, daß die Stellung der jeweiligen Organe

---

[22] Zu diesem Grundsatz des Personengesellschaftsrechts vgl. BGHZ 41, 367 ff; 36, 292; WM 82, 394 f; H.-P. Westermann, Vertragsfreiheit und Typengesetzlichkeit im Recht der Personengesellschaften, S. 328 ff; Helm/Wagner, BB 1979, 225 ff; Kraft/Kreutz, S. 138 f.

[23] BGH WM 1982, 394, 396 ff.

[24] BGHZ 36, 293.

[25] BGH WM 1982, 394 (397); dazu auch U. Schneider, ZGR 1980, S. 511, 521, 523.

[26] BGH WM 1982, 394 (398).

in der Geschäftsführung des Auftraggebers nicht nur in rechtlicher Hinsicht unangetastet bleibt, sondern auch faktisch noch so zum Tragen kommt, daß sie in ihrem Wesensgehalt nicht beeinträchtigt ist.

Unzulässig sind nur Vereinbarungen, bei denen der Management-Nehmer vollständig von der Geschäftsführung ausgeschlossen wird und er auch keinen Einfluß auf Grundsatzentscheidungen im geführten Unternehmen (Aufgabe oder Änderung des Geschäftsbetriebes) ausüben kann.

bb) Kapitalgesellschaften

Ähnliche Fragen stellen sich, wenn das geführte Unternehmen in der Rechtsform einer GmbH oder AG betrieben wird. Die vollständige Übertragung sämtlicher Geschäftsführungsbefugnisse auf außenstehende Dritte ist ein unzulässiger Eingriff in die für die jeweilige Gesellschaftsform geltende Zuständigkeitsordnung. Es besteht hier eine organisationsrechtliche Schranke des Management-Vertrages. Unter dem Gesichtspunkt der in Gesetz und Satzung niedergelegten Ordnung der Geschäftsführung und Vertretung der Gesellschaft, ist eine Übertragung der gesamten Geschäftsführung auf einen außenstehenden Dritten unzulässig[27]. Die Mitglieder des Geschäftsführungsorgans sind als Vertrauenspersonen von den Gesellschaftern gewählt; die darin liegende Sicherheit können die Geschäftsführer (Vorstand) nicht dadurch durchbrechen, daß sie der Gesellschaft einen anderen Vertreter aufdrängen[28]. Schwierig ist eine exakte Grenzziehung, ob ein Geschäftsführer unter dem Gewande der Generalvollmacht eine andere Person dauernd an seine Stelle setzt[29], oder die Übertragung der Unternehmensleitung in der Weise vorgenommen wird, daß dabei die organschaftliche Zuständigkeit des Vertretungsorgans der geführten Gesellschaft zur Unternehmensleitung unberührt bleibt[30].

Entscheidendes Kriterium hierfür ist, in wessen Händen die aktive Unternehmensleitung liegt. Dem Vorstand (Geschäftsführer) muß die letzte Entscheidung über die Unternehmenspolitik verbleiben. Dieses ist bereits dann der Fall, wenn zugunsten des Vorstandes (Geschäftsführers) in der Produktions-, Investitions-, Absatz- und Finanzierungspolitik

---

27 RGZ 86, 265; RG JW 1912, 32b Nr. 3; KGJ 48 A 130; KG JR 1950, 343; OLG Frankfurt WM 1965, 53.

28 RG JW 1923, 121; RG Recht 1928 Nr. 2276.

29 RG JW 1923, 121; RG Recht 1928 Nr. 2276; KG JFG 3, 272 f.

30 Veelken, Betriebsführungsvertrag, S. 265.

Zustimmungserfordernisse vereinbart werden[31]. Ist dies nicht der Fall, hat der Verstoß gegen die zwingenden aktienrechtlichen oder GmbH-rechtlichen Vorschriften die Nichtigkeit des Vertrages zur Folge[32].

b) Amerikanisches Recht

Mit dem deutschen Recht verwandte Fragen nach der Zulässigkeit einer Delegation von Geschäftsführungsbefugnissen durch das zur Geschäftsführung berufene Organ auf außenstehende Dritte, tauchen auch im amerikanischen Recht auf. Das zentrale Problem in der Rechtsprechung[33] ist hier die Vereinbarkeit des Management-Vertrages mit der Zuständigkeit des board of directors[34]. Regelungsmaterie ist die in fast allen einzelstaatlichen Aktiengesetzen enthaltene, dem deutschen § 76 Aktiengesetz entsprechende Klausel:

„The business of the corporation shall be managed by its board of directors".

Der „board of director" wird als Treuhänder des Gesellschaftsvermögens angesehen[35]. Er kann sich dieser treuhänderischen Bindung nicht begeben und die ihm anvertrauten Befugnisse vollständig delegieren. Management-Verträge sind daher unzulässig, soweit der „board of directors" auf seine Rechte und Pflichten zur Oberleitung der Gesellschaft vollständig verzichtet[36]. Die Delegation von einzelnen Befugnissen ist zwar nicht grundsätzlich ausgeschlossen, die Grenze ist aber in den Fällen überschritten, wo der „board of directors" nicht mehr zur Oberleitung und Kontrolle (supervision and control) der Gesellschaft in der Lage ist. Zu

---

31 Für die Vereinbarkeit des BFV unter diesen Voraussetzungen mit den §§ 76 I, 77 AktG, Gessler, FS Hefermehl, S. 277.

32 Für die Verstöße gegen das AktG Veelken, Betriebsführungsvertrag, S. 229.

33 Vgl. dazu die Fälle: Shermann & Ellis v. Indiana Mutual Casualty Co. 41 F. 2d. 588 (1930); Kennerson v. Burbank Amusement Co. 260 P 2d. 823 (1953); Royal Theatre Co. v. U. S. 66 F Supp. 301 (1946).

34 Veelken, Betriebsführungsvertrag, S. 58.

35 Es handelt sich dabei zwar nicht um eine Form des „trusts" im technischen Sinne; die hierzu entwickelten Grundsätze der „fiduciary relationship" gelten aber sinngemäß auch für das Verhältnis zwischen dem board of directors als „trustee" und den Gesellschaftern als „beneficiaries"; vgl. dazu Mestmäcker, S. 127 f; Veelken, Betriebsführungsvertrag, S. 39.

36 Henn/Alexander, Law of Corporations, S. 573 ff; Ballatine, On Corporations, § 48; Stevens/Henn, Law of Corporations, S. 623 ff; Baker/Cary, Cases and Materials on Corporations, S. 152; Lattin/Jennings/Buxbaum, Corporations, Cases and Materials, S. 306 f.

den unabdingbar der Zuständigkeit des „board of directors" zugewiesenen Befugnissen gehören vor allem die Grundsatzentscheidungen im Unternehmen. Zulässig ist dagegen die Übertragung der gesamten laufenden Geschäftsführung (day to day management). Die Rechtsprechung[37] beurteilt die Frage, wann eine unzulässige Übertragung der Befugnisse vorliegt, anhand dreier Kriterien[38]:

- Art und Umfang der übertragenen Kompetenzen
- Ausmaß der Weisungsbefugnisse und Zustimmungsrechte des „board of directors"
- Vertragsdauer[39].

Soweit der Management-Vertrag amerikanischem Recht insgesamt untersteht, oder sich zumindest die Frage einer Zulässigkeit der Übertragung von Geschäftsführungsbefugnissen nach amerikanischem Recht richtet, weil es sich bei dem geführten Unternehmen um eine amerikanische Gesellschaft handelt, ist auf diese Rechtsprechung Rücksicht zu nehmen. Der Vertrag muß sicherstellen, daß der „board of directors" seine Rechte und Pflichten zur Oberleitung und Kontrolle nicht vollständig aus der Hand gibt. Dies kann geschehen, indem Grundsatzentscheidungen im Unternehmen ausschließlich dem „board" vorbehalten bleiben und für die Geschäftsführung durch den Manager Weisungsbefugnisse vorgesehen werden, zumindest aber umfassende Einsichts-, Informations- und Kontrollrechte zugunsten des „board of directors" begründet werden.

6. Umfang und Schranken der Geschäftsführungsbefugnisse

Für den Umfang der zu erteilenden Vollmacht sind aus den dargestellten Gründen daher zwei Fragen von besonderer Bedeutung.

---

[37] Vgl. die Fälle Marvin v. Solventol Chemical Products, 298 N. W. 782; Shermann & Ellis v. Indiana Mutual Casualty Co. 41 F. 2d. 588; Kennerson v. Burbank Amusement Co. 260 P. 2d. 823; Royal Theatre Co. v. U. S., 66 F. Supp 301 (1946); Shaw v. Banker's Nat. Life Ins. Comp. 112 N. E. 16; Robinson v. Benbow 298 F. 561; State ex rel. National Mutual Ins. Co. v. Conn, 155 N. W. 138.

[38] Veelken, Betriebsführungsvertrag, S. 59 f.

[39] Dies entspricht im wesentlichen dem Kontrollmaßstab der deutschen Rechtsprechung bei Überprüfung des Management-Vertrages im Hinblick auf die bei Personengesellschaften unzulässige Drittorganschaft, vgl. BGH WM 1982 S. 394 ff, wo eine Vertragsdauer von 20 Jahren mit der Möglichkeit des Managers, den Vertrag dreimal um 10 Jahre zu verlängern, als unwirksam angesehen wurde, BGH aaO, S. 399.

Zum einen ist darauf zu achten, daß durch die Übertragung der Befugnisse die Kompetenzen des jeweiligen Geschäftsführungsorgans nicht vollständig ausgehöhlt werden. Eine derartige Regelung ist als Verstoß gegen zwingende gesellschaftliche Bestimmungen unzulässig. Sie führt indes nicht zu einer Unwirksamkeit der im Außenverhältnis geschlossenen Verträge. Diese sind von einer bevollmächtigten Person geschlossen worden und binden die Gesellschaft. Rechtsfolge eines Verstoßes gegen das Prinzip der Selbstorganschaft ist vielmehr ein Wiederaufleben der organschaftlichen Vertretungsmacht des zuständigen Gesellschaftsorgans.[40]

Zum anderen ist bei der Vollmachtserteilung auf die sich ergebende Überlagerung von Kompetenzen zwischen Manager und Organen der geführten Gesellschaft Rücksicht zu nehmen. Die Bevollmächtigung eines außenstehenden Dritten (Manager) berührt nicht die fortbestehende – organschaftliche – Vertretungsmacht des Geschäftsführungsorgans der geführten Gesellschaft. Nach außen wird diese Vertretungsbefugnis durch den Management-Vertrag nicht beschränkt; zwischen Manager und den Organen der geführten Gesellschaft sollte daher zur Kompetenzabgrenzung im Innenverhältnis eine exakte Zuweisung der gegenseitigen Aufgabenbereiche vorgenommen werden.

a) Inhalt der Vollmacht

In der vertraglichen Praxis wird regelmäßig eine Vereinbarung getroffen, nach der der Manager alle Entscheidungen trifft, die zur laufenden Leitung des Unternehmens erforderlich sind. Eine typische Vertragsklausel, in der diese umfassenden Aufgabenzuweisung zum Ausdruck kommt, kann etwa folgenden Wortlaut haben:

> The contractor firm is assigned absolute control and discretion in the management and operation of the project ... subject only to any express limitation which may be contained in (the) Agreement[41].

Ausgenommen von der Entscheidungskompetenz des Managers sind im allgemeinen sämtliche das Unternehmen betreffende Grundlagenentscheidungen, wie die Aufgabe des gesamten Geschäftsbetriebes, der Verkauf des Unternehmens oder von Teilen des Unternehmens, die Ausweitung des Geschäftes auf neue Bereiche, in denen das Unternehmen

[40] Aus der deutschen Rechtsprechung zum Prinzip der Selbstorganschaft bei Personengesellschaften vgl. BGHZ 26, 330, 333; 41, 367, 369; 33, 105, 108.

[41] Gabriel, S. 120.

bisher nicht tätig war, sowie diejenigen Entscheidungen, die in einem Unternehmen nicht von der Unternehmensleitung, sondern von den Inhabern des Unternehmens getroffen werden[42]. Hierzu gehören die Entscheidungen über die Verwendung des Bilanzgewinns, die Dividendenausschüttung oder die Entscheidung über die Besetzung des Geschäftsführungsorgans (Vorstand, Geschäftsführer). Die Trennungslinie zwischen Grundlagenentscheidungen, die beim Management-Nehmer verbleiben, und Entscheidungen, die der laufenden Geschäftsführung zuzuordnen sind und vom Manager wahrgenommen werden, läßt sich abstrakt und in einer verallgemeinerungsfähigen Weise nicht ziehen. Erforderlich ist im Einzelfall eine genaue Definition des jeweiligen Aufgabenbereiches und eine, in Form eines Kataloges, vorgenommene Zuweisung einzelner, besonders wichtiger Entscheidungskompetenzen entweder an dem Management-Nehmer oder den Manager. Es empfiehlt sich dabei in der Weise vorzugehen, daß dem Manager zunächst sämtliche Leitungsbefugnisse im Unternehmen übertragen werden, dann aber sogleich diejenigen Aufgaben aufgezählt werden, die in der Entscheidungskompetenz des Management-Nehmers verbleiben.

Eine derartige Klausel kann etwa folgenden Wortlaut haben:

„5.1.12. *Operating policies.* Subject to the provision that all major policy decisions shall be made by the Board of Directors, Manager (shall) determine all operating policies including appearance and maintenance of airline facilities and aircraft customer services and relations, and all phases of promotion".

5.1.13. Manager shall not do any of the following acts or things unless specifically authorized by resolution of the Board of Directors of Owner:

„(a) Enter into any agreement for the borrowing of money, other than by way of a bank loan or overdraft not exceeding at any one time outstanding $ US 500,000 or its equivalent in (host country currency);

„(b) Make any one investment in excess of $ US 100,000 or its equivalent in (host country currency) in respect of land, buildings, materials, equipment, securities or other property, provided, however, that this restriction shall not be applicable to purchases in the ordinary course of the business of Owner;

„(c) Enter into any agreement for the issue or subscription for shares of Owner;

„(d) Enter into any agreement by which funds of Owner are held in trust, or for the amendment of the Current Accounts Trust Agreement;

„(e) Enter into any agreement to provide Owner with management services or for the amendment of this Agreement;

[42] St. Ville in: Hellawell/Wallace, 7.2.5 B 8; Westring in: Horn/Schmitthoff, Transnational Law, S. 187.

„(f) Modify or conduct negotiations with respect to the modification of the Basic Agreement, the Supplementary Agreement, the World Bank Loan Agreement or the Owner Loan Agreement;
„(g) Enter into any contract for the construction of any of the Project facilities or for the amendment of any such contract;
„(h) Discontinue, pledge, lease, transfer or dispose of any part of the Owner business[43].

Weniger sinnvoll ist dagegen ist eine ennumerative Aufzählung der dem Manager übertragenen Befugnisse. Sie birgt die Gefahr, daß einzelne Punkte bei Vertragsschluß offen gelassen werden, oder sich in der Zukunft Aufgaben ergeben, bei denen der Manager keine Möglichkeit hat, für seinen Auftraggeber tätig zu werden.

b) Widerruf der Vollmacht

Eine im Zusammenhang mit der Überlagerung von Vertretungsbefugnissen von Manager und Geschäftsführungsorgan der geführten Gesellschaft auftauchende Frage ist die, ob und inwieweit dem Manager die zunächst erteilten Vollmachten nachträglich wieder entzogen werden können. Anknüpfungspunkt für die Frage nach der Widerruflichkeit ist das Vollmachtsstatut[44], d. h. die Widerruflichkeit der Vollmacht richtet sich nach dem Recht des Landes, in dem die Vollmacht ihre Wirkung entfalten soll.

Eine zur Bestätigung in Deutschland erteilte Vollmacht ist grundsätzlich widerruflich, sofern nicht die Widerruflichkeit ausdrücklich ausgeschlossen wird (§ 168 S. 2 BGB). Dieser Ausschluß der Widerruflichkeit kann stillschweigend erfolgen und ist insbesondere dann anzunehmen, wenn die Bevollmächtigung im Interesse des Bevollmächtigten erfolgt ist[45]. Das gleiche gilt für das englische Recht. Auch hier ist eine Vollmacht grundsätzlich frei widerruflich. Der Widerruf kann aber nach den zum „Breach of Contract" entwickelten Grundsätzen einen Schadensersatzanspruch auslösen.[46] Die Vollmacht ist nur in den Fällen unwiderruflich, in denen ein eigenes Interesse des Bevollmächtigten am Fortbestand

---

[43] Auszüge aus zwei praktischen Vertragsklauseln; abgedruckt bei: UN-Centre on Transnational Corporations, Management Contracts, S. 14 f.

[44] RGZ 30, 122; LG Berlin I IPRspr. 1932, Nr. 63; KG IPRspr. 1958/59 Nr. 40; Reithmann, Rdn. 705.

[45] BGH WM 1965, 1006; Erman-Westermann, § 168, Rdn. 11.

[46] Treitel, The Law of Contract, S. 563.

der Vollmacht besteht[47]. Hierfür reicht allein das Interesse am Fortbestand der Vollmacht als solcher nicht aus. Es muß sich um ein von der Vollmachtserteilung unabhängiges eigenständiges wirtschaftliches Interesse handeln[48].

Ein derartiges wirtschaftliches Interesse des Managers am Fortbestand der Vollmacht, das sowohl nach englischem wie nach deutschem Recht zur Unwiderruflichkeit der Vollmacht führt, besteht regelmäßig beim Management-Vertrag. Dies gilt insbesondere, wenn der Manager die Zusammenarbeit nicht nur eingegangen ist, um das vereinbarte Entgelt zu erzielen, sondern er mit der Zusammenarbeit weitere Zielsetzungen verfolgt – etwa in der Hotelbranche, wo der Manager durch die Tätigkeit das Netz seiner Kette vergrößern und seine internationale Reputation steigern will. Auch in den Fällen, in denen der Manager über das vereinbarte Entgelt direkt am Unternehmenserfolg beteiligt ist, besteht ein Interesse am Fortbestand der Vollmacht, da hier der Manager durch seine Tätigkeit die Höhe seiner Vergütung beeinflussen kann.

Soweit das jeweilige nationale Recht die Vollmacht generell als widerruflich ansieht oder die Parteien die Vollmacht im Vertrag als widerruflich ausgestaltet haben, kann damit der Management-Nehmer dem Manager die zunächst erteilte Vollmacht nachträglich entziehen. Dies führt dazu, daß der Manager nicht mehr in der Lage ist, seine Geschäftsführungsaufgaben wahrzunehmen. Die Nichterfüllung der Vertragspflichten durch den Manager berührt in diesen Fällen allerdings nicht seinen Vergütungsanspruch. Der Management-Nehmer bleibt trotz Nichtleistung durch den Manager zur Zahlung des vereinbarten Entgeltes verpflichtet (Rechtsgedanke des § 324 BGB).

III. Aufspaltung der Arbeitgeberfunktion

Zwischen Management-Nehmer und Management-Gesellschaft bestehen keine arbeitsrechtlichen Beziehungen[49]. Das gleiche gilt für das Verhältnis vom Management-Nehmer zum Personal des Managers, das zur Aufgabenerfüllung in das Projekt oder Unternehmen entsandt wird. Dieses Personal steht nur zur Management-Gesellschaft in vertraglicher Beziehung. Der Management-Nehmer hat keine Möglichkeit, auf das

---

47 Smart v. Sandars (1848) 5 C. B. 895 (917); Stoljar, Agency, S. 172f; Anson's Law of Contract, S. 635.

48 Treitel, S. 563; Stoljar, S. 172.

49 S. oben I.

Personal des Managers Einfluß zu nehmen. Allein der Manager entscheidet, welches Personal er in ein Projekt entsendet und ob er es gegebenenfalls abberuft; er allein übt das arbeitsrechtliche Weisungsrecht aus.

Ohne ein ausdrücklich vereinbartes Mitspracherecht hat der Management-Nehmer damit keinen Einfluß auf die Erfüllung der Geschäftsführungsaufgaben. Da aber der Projekterfolg im wesentlichen von der Qualifikation des mit der Unternehmensführung beauftragten Personals abhängt, versucht der Management-Nehmer durch die Vertragsgestaltung einen weitgehenden Einfluß in diesem Bereich zu gewinnen. Soweit es um die Entsendung, die Abberufung oder die Ausübung des Weisungsrechtes geht, werden dem Management-Nehmer umfangreiche Mitwirkungsrechte eingeräumt. Arbeitsrechtliche Weisungs- und Direktionsrechte werden gleichzeitig von der Management-Gesellschaft und vom Management-Nehmer (durch das für ihn handelnde Geschäftsführungsorgan, Vorstand, board of directors o. ä.) ausgeübt. Es kommt zu einer Teilung der Arbeitgeberfunktion[50] bei Ausübung des arbeitsrechtlichen Weisungsrechts.

1. Personalauswahl

Eine Mitwirkung kann zunächst bei der Personalauswahl erfolgen, d. h. bei der Entscheidung, welche Personen im Projekt eingesetzt werden. Hierbei sind die Interessen von Manager und Klient nicht notwendigerweise identisch. Dem Management-Nehmer ist an einer Person gelegen, zu der er Vertrauen hat und von der er der Meinung ist, sie sei die geeignetste für das jeweilige Projekt. Er ist an der Entsendung möglichst qualifizierten Personals interessiert.

Für den Manager bedeutet dagegen die Entsendung einzelner Arbeitnehmer im Rahmen eines Management-Vertrages eine langfristige Bindung dieses Personals. Während der Vertragsdauer ist das Personal für andere Aufgaben nicht verwendbar. Häufig ist zweifelhaft, ob auch nach langjähriger Tätigkeit (bis zu 10 Jahren) die entsandten Personen noch im eigenen Unternehmen oder anderen Projekten einsetzbar sind. Besonders bei Verträgen über eine Anlagenlieferung ist der Manager häufig nicht bereit, hochqualifiziertes Personal (key personal), für das im eigenen Unternehmen eine bessere Verwendungsmöglichkeit besteht, in das Projekt zu entsenden. Eine Koordination der beiderseitigen Interessen

---

[50] Zu den im umgekehrten Verhältnis auftauchenden Fragen im deutschen Recht s. oben § 3, III, 4, b.

ist daher notwendig. Es ist vor Beginn der Zusammenarbeit festzulegen, welche Mitspracherechte dem Management-Nehmer bei der Personalauswahl zustehen.

Ausgangspunkt der vertraglichen Vereinbarung hierüber kann eine Festlegung sein, welche Anforderungen hinsichtlich der Ausbildung und Fähigkeiten das Personal des Managers erfüllen muß, damit es für die Besetzung einer bestimmten Position im Projekt in Betracht kommt. Eine solche Vereinbarung gibt dem Management-Nehmer zumindest das Recht, Informationen über das eingesetzte Personal anzufordern und die Personalentscheidung des Managers zum Gegenstand einer vorherigen gegenseitigen Diskussion zu machen.

Eine stärkere Form der Einflußnahme ist die Vereinbarung eines Genehmigungsvorbehaltes zugunsten des Management-Nehmers bei der Personalauswahl. Der Manager hat vor der Besetzung einer bestimmten Position Vorschläge zu machen; eine Besetzung der Stelle kann aber erst erfolgen, wenn sich der Management-Nehmer mit der vorgeschlagenen Person einverstanden erklärt hat. Diese weitreichende Form der Mitwirkung ist in der praktischen Zusammenarbeit nicht unproblematisch. Der Management-Nehmer ist in der Regel nicht so mit dem dem Manager zur Verfügung stehenden Personal vertraut, daß er in der Lage ist, die Personalentscheidung des Managers nachzuvollziehen. Ihm fehlt die Möglichkeit, die Qualifikation einer Person auf die Eignung für eine bestimmte Stelle hin zu überprüfen. Die Einführung eines Genehmigungsvorbehaltes zugunsten des Management-Nehmers birgt zusätzlich die Gefahr einer zeitraubenden und umfassenden Personaldiskussion.

2. *Auswechslung des Management-Personals*

Als ebenso wichtig wie ein Mitspracherecht bei der Personalauswahl kann sich die Frage erweisen, inwieweit der Management-Nehmer auf die Abberufung einzelner im Projekt tätiger Personen Einfluß nehmen kann oder er sogar das Recht hat, eine Abberufung zu erzwingen. In der Regel sind die Mitwirkungsbefugnisse bei der Abberufung einzelner Angestellter des Managers stärker ausgeprägt als bei der Auswahl des Personals[51].

Für die Begründung von Mitspracherechten bei der Personalentlassung bieten sich zwei Gestaltungsmöglichkeiten an. Zum einen kann dem Klienten das Recht eingeräumt werden, mit oder ohne Angaben von

[51] UN Centre on Transnational Corporations, Management Contracts, S. 31.

Gründen die Auswechslung eines bestimmten Angestellten zu verlangen. Dies ist die stärkste Form der Beteiligung; bietet aber dem Klienten nicht unbedingt einen Vorteil, wenn er nicht gleichzeitig über die Neubesetzung der freiwerdenden Stelle entscheiden kann. Eine schwächere Form der Beteiligung ist die Begründung einer Konsultationspflicht des Managers vor Abberufung einzelner Personen. Die Konsultationspflicht kann unterschiedlich stark ausgeprägt werden. Sie kann von einer reinen Informationspflicht, bei der der Manager dem Management-Nehmer nur über die geplante Abberufung in Kenntnis zu setzen hat, bis zu einem Genehmigungsvorbehalt zugunsten des Management-Nehmers reichen. Eine Informationspflicht gibt dem Management-Nehmer zwar nicht die Möglichkeit selbst über die Entlassung zu entscheiden; er wird aber zumindest vor einer Personalentlassung unterrichtet und kann dazu Stellung nehmen.

3. Direktionsrecht

Das vom Manager entsandte Personal wird im Unternehmen des Management-Nehmers tätig. Es ist im Hinblick auf die Art der erbrachten Leistungen und Stellung im Unternehmen vergleichbar mit eigenen Arbeitnehmern des Management-Nehmers. Dies wirft die Frage auf, ob durch diese Eingliederung in den Betrieb Weisungsrechte zugunsten des Management-Nehmers über das entsandte Personal des Managers begründet werden.

Grundlage des arbeitsrechtlichen Direktionsrechts ist der Arbeitsvertrag. Arbeitsrechtliche Beziehungen bestehen nur mit der Management-Gesellschaft, nicht dagegen im Verhältnis zum Management-Nehmer. Damit stehen auch Direktionsrechte allein der Management-Gesellschaft, nicht aber dem Management-Nehmer zu. Da der Management-Vertrag dazu dient, dem Klienten das Fachwissen und die Fähigkeiten des Managers zu vermitteln, wird in der Regel auch kein Bedürfnis des Klienten bestehen, auch dem Personal des Managers Weisungen zu erteilen.

Es ist jedoch möglich — wenn auch in der Praxis nicht üblich —, das dem Manager zustehende Direktionsrecht an den Management-Nehmer zu delegieren. Es läßt sich in den Vertrag eine Vereinbarung aufnehmen, wonach der Management-Nehmer berechtigt ist, dem Personal des Managers Weisungen zu erteilen. Dies bedarf im Einzelfall einer Festlegung von Inhalt und Umfang des Weisungsrechtes.

IV. Vertragliche Kontrolle des Managers durch den Management-Nehmer

Die umfassende Delegation von Entscheidungs- und Vertretungsbefugnissen auf den Manager erfordert aus Sicht des Management-Nehmers ein Instrumentarium zur Kontrolle der Tätigkeit des Managers. Eine umfassende und langfristige Zusammenarbeit – verbunden mit der Übertragung von Geschäftsführungsbefugnissen – läßt sich nicht ausschließlich auf gegenseitigem Vertrauen aufbauen. Es besteht die Gefahr, daß der Manager die ihm übertragenen Kompetenzen nicht nur im Interesse seines Klienten wahrnimmt, sondern zur Verfolgung eigener Zielsetzungen nutzt[52]. Ein Kontrollmechanismus ist hier notwendig.

1. Allgemeines Informationsrecht

Soweit dem Management-Nehmer im Vertrag keine besonderen Mitwirkungs- oder Kontrollrechte auf einzelnen Gebieten zugewiesen worden sind, kann dies nur so interpretiert werden, als habe der Manager in diesem Aufgabenbereich „freie Hand". Wenn nichts anderes vereinbart ist, besteht hier lediglich ein Auskunftsrecht des Management-Nehmers[53]. Eine ausdrückliche Aufnahme eines derartigen Auskunftsrechtes in den Vertrag ist nicht zwingend notwendig. Es ergibt sich bereits aus dem Wesen des Management-Vertrages als Geschäftsbesorgungsvertrag (vgl. § 666 BGB, Rechenschafts- und Auskunftspflicht des Beauftragten). Der Manager ist grundsätzlich verpflichtet, den Management-Nehmer über alle von ihm getroffenen Maßnahmen auf dessen Verlangen in Kenntnis zu setzen. Im übrigen ist er in seinen Entscheidungen nicht gebunden. Eine weitergehende Kontrolle findet nicht statt.

2. Konsultationspflichten

Die unterste Stufe einer vertraglich vereinbarten Kontrollmöglichkeit ist die Vereinbarung einer Konsultationspflicht. Der Manager ist nicht

---

[52] Ein Zielkonflikt kann darin liegen, daß der Manager die Zusammenarbeit nutzt, um eigene Produkte abzusetzen oder zu beschaffen und dabei seine Stellung zur Festlegung nicht marktgerechter Preise mißbraucht, vgl. NEERSÖ, World Development Vol 2, No. 2, S 139 (143); WESTRING, ICLF Rev. Sept. 1980, S. 402; ST. VILLE, in: Hellawell Wallace, 7.2.5. B 17; UN-Centre on Transnational Corporations, Management Contracts, S. 7 f.

[53] Zu den Berichtspflichten des Managers s. unten § 5, V, 3.

nur gezwungen, seinen Auftraggeber von einzelnen Vorgängen im Unternehmen oder der gesamten Geschäftsentwicklung nachträglich auf dessen Verlangen in Kenntnis zu setzen, sondern muß ihn vor einzelnen Entscheidungen konsultieren. Damit erhält der Management-Nehmer zwar noch kein Mitwirkungsrecht, er ist aber in der Lage, die Vertragsdurchführung und die vom Manager im einzelnen getroffenen Maßnahmen zu überwachen. Da die Konsultation vor der beabsichtigten Maßnahme erfolgen muß, hat der Management-Nehmer Gelegenheit, seine Vorstellungen in die Entscheidung einzubringen und auf diese Weise Einfluß zu nehmen. Eine Konsultationspflicht findet sich besonders häufig im Bereich der Personalentscheidungen[54]; etwa wenn der Manager sein Personal im Projekt wechseln will, aber auch, wenn er beabsichtigt, Personal der geführten Gesellschaft einzustellen oder zu entlassen.

3. Genehmigungsvorbehalte

Ein echtes Mitwirkungsrecht und die Möglichkeit, die Geschäftspolitik des Unternehmens mitzubestimmen, besteht erst dann, wenn für bestimmte Entscheidungen oder in einzelnen Bereichen der Unternehmensführung zugunsten des Management-Nehmers Genehmigungsvorbehalte vorgesehen werden. Ein Genehmigungsvorbehalt bedeutet zwar nicht, daß der Management-Nehmer selbst Entscheidungen treffen kann; sein Vetorecht stellt aber sicher, daß keine Maßnahme gegen seinen Willen erfolgt. Besonders häufig finden sich Genehmigungsvorbehalte im Bereich der Vertragsvergabe an Dritte und bei Personalentscheidungen. Im Management-Vertrag wird dem Manager die Verpflichtung auferlegt, vor Abschluß einzelner Verträge im Namen des Unternehmens (zumindest für solche, die einen näher festgelegten finanziellen Rahmen überschreiten) die Genehmigung seines Auftraggeber einzuholen. Ähnliche Regelungen finden sich im Personalbereich, wo der Manager bei der Entsendung oder Auswechslung einzelner Arbeitnehmer an seine Genehmigung gebunden ist. Erteilt wird die Genehmigung durch das jeweils für den Management-Nehmer handelnde Geschäftsführungsorgan (board of directors o. ä.).

Die Vereinbarung eines Genehmigungsvorbehaltes für einzelne Geschäfte kann etwa folgenden Wortlaut haben:

> Section 5.03. *Actions Requiring the Consent of the Board.* Notwithstanding anything contained in this Agreement, ... shall not without the consent of the Board:

---

[54] UN Centre on Transnational Corporations, Management Contracts, S. 29 ff.

(a) borrow money on account of the Company otherwise than by means of short-term loans obtained in the ordinary course of business, the aggregate outstanding balances of which shall not exceed the limits from time to time established by the Board;
(b) alienate any immovable property of the company;
(c) invest (otherwise than in short-term deposits or securities made or acquired to give temporary employment to idle funds) the funds of the Company;
(d) commit the Company to any expenditure not covered by approved estimates of expenditure except for necessary expenditures which could not reasonably have been foreseen at the time of the last Board meeting prior to that expenditure;
(e) mortagage, charge, pledge, or otherwise encumber any of the property or assets of the Company;
(f) give any guarantees or indemnities on behalf of the Company except as may be necessary in the ordinary course of business in connection with purchases and sales of goods by the Company; or
(g) alienate or sell any of the vessels in the Company Fleet.[55].

Problematisch bei der Vereinbarung eines Genehmigungsvorbehaltes ist die Frage, wie sich die Nichteinholung der notwendigen Genehmigung auf die Wirksamkeit der getroffenen Maßnahme auswirkt. Soweit der Manager ohne eine entsprechende Genehmigung mit Dritten Rechtsgeschäfte abschließt, wird die Wirksamkeit des Rechtsgeschäfts nicht dadurch berührt, daß der Manager es unterlassen hat, im Innenverhältnis die notwendige Genehmigung einzuholen. Der mit dem Manager kontrahierende Dritte geht von einer bestehenden Vollmacht des Managers aus. Er kann nicht beurteilen, inwieweit der Manager im Einzelfall verpflichtet ist, vor bestimmten Geschäften die Genehmigung seines Auftraggebers einzuholen und ob diese Genehmigung erteilt worden ist. Aus Gründen des Vertrauensschutzes ist ein Genehmigungsvorbehalt lediglich als eine Beschränkung im Innenverhältnis zwischen Vollmachtgeber (Management-Nehmer) und Bevollmächtigten (Manager) anzusehen. Der Abschluß eines Vertrages ohne die notwendige Genehmigung berührt daher nicht dessen Wirksamkeit.

Im deutschen Recht ergibt sich diese Rechtsfolge aus einer Gegenüberstellung der §§ 164 ff – bzw. dem Spezialfall des § 50 I HGB – einerseits und dem zugrunde liegenden Vertragsverhältnis andererseits. Gleiche

[55] Klausel aus einem praktischen Vertrag im Bereich der Lebensmittelindustrie (Fischfang).

Regelungen gibt es auch im englischen[56], amerikanischen[57] und französischem[58] Recht. Auch hier ist es aus Gründen der Rechtssicherheit im Außenverhältnis ohne Wirkung, wenn in dem der Vollmachtserteilung zugrunde liegenden Vertragsverhältnis Weisungen nicht beachtet oder erforderliche Genehmigungen nicht eingeholt werden.

Die Nichteinholung einer vertraglich vorgesehenen Genehmigung vor Abschluß einzelner Geschäfte stellt jedoch im Innenverhältnis einen Fall des Vertragsbruchs (breach of Contract) dar. Dieser kann je nach den getroffenen Vereinbarungen zur Kündigung oder zum Schadensersatz[59] verpflichten.

Anders beurteilt sich die Situation, wenn im Außenverhältnis (noch) keine Rechtsgeschäfte abgeschlossen worden sind (etwa beim Erfordernis einer Genehmigung für die Entsendung von Personal des Managers in das geführte Unternehmen). Wird die hier notwendige Genehmigung nicht erteilt, ist der Manager verpflichtet, die getroffene Maßnahme rückgängig zu machen oder zu unterlassen. Der Management-Nehmer ist hier nicht auf die Geltendmachung von Schadensersatzansprüchen angewiesen; er hat einen (klagbaren) Anspruch auf Aufhebung der ohne die Genehmigung getroffenen Maßnahme.

4. *Weisungsrechte*

Letzte Stufe einer Kontroll- und Einflußmöglichkeit zugunsten des Management-Nehmers ist die Begründung eines Direktions-(Weisungs-)-Rechtes. Der Management-Nehmer kann nicht nur dem eingesetzten Personal (dazu oben III. 3), sondern auch der Management-Gesellschaft für einzelne geschäftliche Maßnahmen bindende Weisungen erteilen.

In vielen Bereichen ist der Management-Nehmer trotz einer umfassenden Kompetenzübertragung auf den Manager daran interessiert, die Entscheidungsbefugnis zu behalten. Insbesondere staatliche Vertragspartner als Management-Nehmer verfolgen häufig über das Projekt hinausgehende strukturpolitische Zielsetzungen (hohe Beschäftigungsquote, Impulse für die eigene Wirtschaft, Sicherstellung einer ausreichen-

---

56 Vgl. die Beispiele in NICKSON v. BROHAN, 10 Mod., 109; FENN v. HARRISON, 3 term. Rep. 757; THOROLD v. SMITH 11 Mod. 72,88.

57 Vgl. HATCH v. TAYLOR, 10 New Hampshire rep., 1838–40, 543; BUTLER v. MAPLES, 9 Wall. 766, 19 L. Ed. 822; KIDD v. EDISON, 239 F. 405.

58 Dazu MÜLLER-FREIENFELS, s. 266 f mwN.

59 Zur Haftung des Managers s. unten § 17.

den Versorgung). Direktionsrechte finden sich deshalb insbesondere im Bereich der Festlegung der Produktionsmenge, der Personalpolitik sowie der Preis- und Lohngestaltung[60].

§ 5: Leistungspflichten des Managers

Die Pflichten des Managers aus dem Vertrag können unterschiedliche Inhalte haben. Ein im internationalen Rechtsverkehr eingeführter feststehender Mustervertrag, wie im Bereich des Consulting-Geschäftes[1], aus dem zumindest Rahmenregelungen für den Pflichtenkreis des Managers entnommen werden könnten, existiert nicht. Die einzelnen Pflichten resultieren aus den konkreten Bedürfnissen des Management-Nehmers, den politischen und wirtschaftlichen Rahmenbedingungen und den auf dieser Grundlage getroffenen Vereinbarungen.

Für die Darstellung der inhaltlich unterschiedlichen Pflichten bieten sich mehrere Ordnungsgesichtspunkte an. So kann man zum einen die verschiedenen Pflichten des Managers in zeitlicher Ordnung darstellen. Die Aufgaben des Managers sind in der Phase der Konstruktion und Planung eines Unternehmens verschieden von den Pflichten, die ihm obliegen, wenn er nach Inbetriebnahme des Unternehmens dessen Leitung übernimmt. Wieder andere Pflichten können in der nachvertraglichen Phase auftreten, wenn die Betriebsführung vollständig oder zu wesentlichen Teilen auf den Management-Nehmer übergegangen ist und dieser nur noch Beratungsleistungen des Managers in Anspruch nimmt.

Eine weitere Einteilungsmöglichkeit ergibt sich aus dem Inhalt der einzelnen Pflichten. Beim Management-Vertrag lassen sich im wesentlichen zwei Hauptgruppen von Pflichten unterscheiden. Der Manager ist einmal verpflichtet, Führungs- und Leitungsaufgaben im betroffenen Unternehmen wahrzunehmen (Geschäftsführungsfunktion); des weiteren ist er verpflichtet, das Personal des Management-Nehmers auszubilden (Ausbildungsfunktion).

---

60 UN Centre on Transnational Corporations, Management Contracts, S. 20.

1 Vgl. etwa die von der FIDIC (International Federation of Consulting Engineers), Den Haag, Niederlande, herausgegebenen Vertragsmuster „Pre Investment Studies“, IGRA 1979 P. I.; „Design and Supervision of Construction of Works“, IGRA 1979 D & S; „Project Management“, IGRA 1980 PM.

Schließlich ist eine — in der deutschen Dogmatik weit verbreitete — Einteilung in Haupt- und Nebenpflichten möglich[2]. Zu den Hauptpflichten gehören die Geschäftsführungs- und Ausbildungsaufgaben; zu den Nebenpflichten etwa die Pflicht zur Überlassung technischer oder kaufmännischer Informationen, Berichts- und Informationspflichten, die Pflicht zur Verwendung lokaler Ressourcen und eine Reihe anderer Pflichten.

Die folgende Darstellung folgt einer Kombination dieser Einteilungsmöglichkeiten. Zunächst werden die Aufgaben des Managers in der Vorbereitungsphase dargestellt, da sich diese Aufgaben inhaltlich wesentlich von denen unterscheiden, die bei der Führung eines Projektes auftreten. Im Anschluß daran werden die Geschäftsführungs- und Ausbildungspflichten untersucht.

I. Aufgaben in der Vorbereitungsphase

Manager werden im allgemeinen nicht erst zu einem Zeitpunkt eingeschaltet, in dem ein Projekt bereits fertiggestellt ist und in Betrieb genommen werden kann, sondern übernehmen vor der Fertigstellung Vorbereitungsaufgaben zum laufenden Projekt[3]. Dieser Aufgabenbereich im Vorfeld eines Projektes kann einen weitgesteckten Rahmen haben. So können den Manager bloße Kontroll- und Überwachungspflichten treffen; er kann auch selbst mit der Erstellung des Projektes beauftragt sein. In dieser Ausgestaltung weist der Management-Vertrag partielle Überschneidungen mit dem sog. „Turnkey"-Vertrag auf (Vertrag zur Erstellung einer schlüsselfertigen Anlage). Der Management-Vertrag stellt sich hier als ein Annex zum Turnkey-Vertrag dar[4]. Der Erwerber einer Anlage begnügt sich nicht mit der Erstellung der Anlage, sondern erweitert den Vertrag dahingehend, daß der Lieferer für einen bestimmten Zeitraum nach Erstellung der Anlage das Management zu übernehmen oder ihn beim Management zu unterstützen hat[5].

---

[2] Dieser vom Inhalt der einzelnen Pflichten losgelösten Einteilungsmöglichkeit folgt die Darstellung von ZEIGER, Management-Verträge, S. 37 ff.

[3] ZEIGER, Management-Vertrag, S. 42 f; UN-Centre on Transnational Corporations, Management Contracts, S. 9 ff.

[4] DÜNNWEBER, Schlüsselfertige Industrieanlage, S. 45.

[5] Vgl. etwa UNIDO, Model Form of Turnkey Contract for the Construction of a Fertilizer Plant, Art. 17.4.1 – 3, abgedr. bei DÜNNWEBER (Fn. 4), S. 171 (216).

1. Überwachungs- und Kontrollaufgaben

Die von der Intensität her schwächste Form der Mitwirkung in der Vorbereitungsphase ist die Übernahme von Überwachungs- und Kontrollaufgaben. Die volle Verantwortung für die Errichtung des Projektes liegt nicht beim Manager, sondern verbleibt beim Management-Nehmer. Der Manager wird nur eingeschaltet um zu überwachen, ob bei Errichtung des Projektes ein bestimmter Mindeststandard eingehalten wird. Verbreitet ist diese Form der Mitwirkung des Managers während der Vorbereitungsphase in der Hotelbranche. Die Errichtung des Hotels und die Vergabe der notwendigen Verträge erfolgt durch den Management-Nehmer. Der Manager wirkt nur mit, um sicherzustellen, daß das geplante Hotel hinsichtlich der baulichen Errichtung und Ausstattung dem von der Hotelkette üblicherweise erreichten Qualitätsstandard entspricht. Eine Klausel, die eine derartige Aufgabenverteilung vorsieht, kann etwa folgenden Inhalt haben:

> „Owner shall engage and retain at its own expense: architects, contractors and such engineers, designers, decorators, landscape architects and other specialists and consultants as shall be necessary and appropriate, each of whom and the contracts with whom shall be approved in advance by Manager. Said contracts shall provide that all plans, designs, specifications, drawings, layouts etc. shall be submitted for approval to Owner and Manager prior to implementation“[6].

Auch im Industriebereich übernimmt der Manager häufig eine Überwachungsrolle in der Errichtungsphase. Er wird verpflichtet, die Ausführung der an Dritte vergebenen Aufträge zu überwachen und die Arbeiten für den Management-Nehmer abzunehmen[7]. Er hat während des Baufortschritts ständig den Fortgang der laufenden Arbeiten zu überwachen und die Ergebnisse zu kontrollieren[8]. Während dieser Phase ist der Management-Nehmer von diesen Aufgaben entlastet.

2. Konstruktions- und Errichtungsaufgaben

Der Manager kann weiter verpflichtet sein, aktiv in der Vorbereitungsphase tätig zu werden. Er übernimmt nicht nur die Kontrolle über andere Vertragspartner des Management-Nehmers, sondern wirkt selbst bei der Errichtung des Projektes mit.

---

[6] UN-Centre on Transnational Corporations, Management Contracts, S. 9.

[7] UN-Centre on Transnational Corporations, Management Contracts, S. 9 f.

[8] Zur Haftung des Managers für die Arbeitsleistung des Dritten s. unten § 17,II,3.

a) Kombination mit anderen Vertragstypen

Er kann einmal als Konstrukteur und Planer der jeweiligen Anlage tätig werden und verpflichtet sein, die Entwürfe und Pläne für das Projekt zu erstellen[9]. Insoweit enthält der Management-Vertrag wesentliche Merkmale eines Consulting- oder Architekten- bzw. Ingenieurvertrages. Anders als bei der Übernahme einer Kontrollaufgabe trifft hier den Manager die volle Verantwortlichkeit für die von ihm erbrachten Konstruktions- und Planungsleistungen.

In der Vorbereitungsphase ist ferner eine Kombination der späteren Management-Leistungen mit einem Kaufvertrag über Anlagengüter, Maschinen, Rohstoffe oder Halbfertigprodukte möglich, die für die Produktion des zu führenden Unternehmens notwendig sind[10]. Der Management-Nehmer bezieht die Anlagen oder notwendigen Vormaterialien vom Manager und überläßt diesem gleichzeitig die Führung des Unternehmens. Teilweise kann die Tätigkeit des Managers sogar soweit gehen, daß er alleiniger Vertragspartner des Management-Nehmers in der Errichtungsphase ist und sich verpflichtet, für den Management-Nehmer eine vollständige Anlage (häufig gegen Vereinbarung eines Festpreises) zu erstellen (sog. lump sum turnkey contract)[11].

b) Pflicht zur Schaffung von Infrastruktureinrichtungen und Finanzierungspflichten

In vielen Industriezweigen ist neben der Errichtung der eigentlichen Anlage oder des Industriebetriebes die Schaffung besonderer Infrastruktureinrichtungen erforderlich. Ohne diese kann das Projekt nicht in Betrieb genommen werden. So kann es bei der Errichtung eines Bergbau-Betriebes notwendig sein, gleichzeitig Hafenanlagen, Verkehrswege oder ein ausreichendes Energieversorgungsnetz zu errichten. Bei Industrieanlagen kann die Errichtung von Infrastruktureinrichtungen für Arbeitnehmer des Betriebes (Wohnungen, Einkaufsmöglichkeiten, Schulen, Krankenhäuser etc.) erforderlich werden. Auch die Schaffung dieser Anlagen

---

9 Zeiger, Management-Vertrag, S. 72; UN-Centre on Transnational Corporations, Management Contracts, S. 10.

10 Zeiger, Management-Vertrag, S. 72; St. Ville in: Hellawell/Wallace, 7.2.5 B 10.

11 Dünnweber, S. 45; vgl. auch UNIDO, Model Form of Turnkey Contract for the Construction of a Fertilizer Plant, Art. 3.1.31, abgedr. bei Dünnweber, S. 178.

und Einrichtungen kann in der Vorbereitungsphase dem Manager übertragen werden[12].

Ein weiterer Pflichtenkreis in der Vorbereitungsphase kann in einer Finanzierung oder Kapitalbeschaffung liegen[13]. Der Manager ist nicht nur zur Leitung des Unternehmens verpflichtet, sondern gleichzeitig mit der Beschaffung des notwendigen Kapitals für die Projekterrichtung beauftragt.

3. *Mitwirkung bei der Vertragsvergabe*

In vielen Management-Verträgen wird dem Manager die Pflicht übertragen, für den Management-Nehmer dessen Vertragspartner in der Errichtungsphase auszuwählen. Der Manager trifft die Entscheidung über die zu schließenden Verträge, den Bezug von Waren und die Inanspruchnahme von Dienstleistungen. Er schließt im Namen seines Auftraggebers und für dessen Rechnung die notwendigen Beschaffungsverträge. Eine typische Vertragsklausel dieses Inhalts lautet etwa:

> „... Manager's Powers shall include the following ...
>
> „...
>
> „(iv) Entering into contracts in the name of Owner for the construction of the Smelter, port facilities, roads, storage facilities, communications facilities, and other related facilities on a competitive bid basis ...
>
> „(v) Obtaining and purchasing such materials, supplies, equipment, and sevices as may be needed or required in connection with the Smelter (etc.)“[14].

In diesen Fällen verbleibt beim Management-Nehmer nur ein geringer Bereich von Entscheidungsbefugnissen über die Vertragsvergabe. Insbesondere bei Verträgen, die den Manager ermächtigen, in umfassender Weise im Namen und für Rechnung des Management-Nehmers tätig zu werden, ist es notwendig, zugunsten des Management-Nehmers ein System von Kontrollrechten vorzusehen, um Mißbrauchsmöglichkeiten vorzubeugen. Dies kann geschehen, indem die Vertragsvergabe im Innenverhältnis zwischen den Parteien von der vorherigen Einwilligung des Management-Nehmers abhängig gemacht wird, oder aber der Umfang, in dem der Management-Geber Verträge schließen kann, der Höhe nach begrenzt wird[15].

---

[12] UN-Centre on Transnational Corporations, Management Contracts, S. 10.

[13] Westring, ICLF Rev. 1980, S. 399 (401); Ellison, Multinational Business 1976, S. 19 (20, 23); Zeiger, Management Vertrag, S. 72; UN-Centre on Transnational Corporations, Management Contracts, S. 6 f.

[14] UN-Centre on Transnational Corporations, Management Contracts, S. 11.

[15] Zu den Kontrollrechten i. Einzelnen s. oben § 4,IV.

4. *Vorbereitende Ausbildungsaufgaben*

Während und nach Fertigstellung der Anlage oder des Betriebs, dessen Leitung der Manager übernehmen soll, kann es erforderlich sein, daß das Personal des Management-Nehmers vor einer endgültigen Inbetriebnahme im Umgang mit der Anlage ausgebildet wird. Diese Ausbildung betrifft im allgemeinen nur das Betriebs- und Wartungspersonal, nicht dagegen Positionen auf Management-Ebene. Da es zu aufwendig ist, wenn der Manager das gesamte Betriebspersonal stellt, findet vor Inbetriebnahme des Projektes eine Ausbildung lokalen (Betriebs-) Personals statt.

Insbesondere in der Hotelbranche wird zwischen der Fertigstellung des Hotels und der tatsächlichen Öffnung für das Publikum häufig eine Zwischenphase eingelegt, die dazu dient, das Zusammenspiel der Mitarbeiter und die einzelnen Arbeitsabläufe zu koordinieren. In dieser Phase trifft den Manager die Pflicht, Organisationspläne zu erstellen und die Ausbildung des Personals zu überwachen bzw. selbst zu übernehmen, um einen Standard zu erreichen, der es erlaubt, den Hotelbetrieb zu eröffnen[16]. Ähnliche Zwischenphasen zwischen Fertigstellung eines Projektes und dessen Inbetriebnahme zur Ausbildung lokalen Personals werden auch im industriellen Bereich eingelegt[17].

II. Geschäftsführungspflichten in der Durchführungsphase

1. *Gegenstand der Geschäftsführungspflichten*

Hauptpflicht des Managers aus dem Vertrag ist die unternehmerische Leitung eines Betriebes des Management-Nehmers. Der Manager trifft alle Entscheidungen, die zur Leitung des Unternehmens erforderlich sind.

Inhaltlich setzten sich die dem Manager übertragenen laufenden Entscheidungskompetenzen aus folgenden Teilbereichen zusammen[18]:

- Allgemeine Unternehmensleitung
- Finanzwesen

---

[16] UN-Centre on Transnational Corporations, Management Contracts, S. 12.

[17] Dünnweber, S. 43 f; Kühnel, RIW 1981, S. 533 ff; Widmann, Handbuch des Investitionsgüter- und Industrieanlagenexports, S. 544 ff.

[18] Westring in: Horn/Schmitthoff, Transnational Law, S. 186; St. Ville in: Hellawell/Wallace, 7.2.5 B. 5; UN-Centre on Transnational Corporations, Management Contracts, S. 2 f.

- Personalführung
- Produktmanagement
- Marketing und
- Rechnungswesen.

a) Umfang der Tätigkeit

Der Bereich der allgemeinen Unternehmensverwaltung umfaßt die Bereiche Unternehmensplanung, Organisation und allgemeine Verwaltung des Unternehmens. Zum Finanzwesen gehören insbesondere das Steuerwesen und die Budgetierung, aber auch die Erstellung von Finanzanalysen und die Kreditaufnahme. Im Bereich der Personalführung obliegt dem Manager die Einstellung und Entlassung des Personals, die Stellenbeschreibung sowie die Beförderung. In der Produktion ist der Manager verantwortlich für die Materialbeschaffung, den Einkauf, die Materialverwaltung, Instandhaltung, Überwachung des Produktionsablaufes und die Qualitätskontrolle. Zur Unterstützung im Marketing-Bereich gehört die Werbung, Markterschließung und Aufbau und Pflege von Vertriebssystemen. Auch im Bereich des Rechtswesens können die Manager Leitungs- und Beratungsfunktionen treffen. Bei Management-Gesellschaften aus dem Ausland dürfte dies aber ein Tätigkeitsfeld sein, das im Regelfall von inländischen Fachkräften besser wahrgenommen wird, so daß hier eine Funktionsübertragung auf den Manager ausscheidet. Insgesamt handelt es sich bei den übertragenen Aufgaben um die technischen und administrativen Funktionen, die die Management-Gesellschaft auch übernehmen müßte, wenn sie im Wege der Direktinvestition ein eigenes Tochterunternehmen gründen würde[19].

b) Übertragung von Teilfunktionen

Im allgemeinen übernimmt der Manager sämtliche Leitungsfunktionen im Unternehmen. Dies gilt insbesondere dort, wo sich das führende Unternehmen in der Aufbauphase befindet oder im Gastland wegen des geringen Ausbildungsniveaus des dortigen Personals eine Übertragung von einzelnen Aufgaben an einheimische Arbeitnehmer nicht möglich ist[20]. Der Management-Vertrag kann sich aber auch auf Teilbereiche der

---

[19] UN-Centre on Transnational Corporations, Management Contracts, S. 4; ZEIGER, Management-Vertrag, S. 38; DÜLFER, FS Sieber, S. 437 (439); MINER, Management Theory, S. 72.

[20] WESTRING in: Horn/Schmitthoff, Transnational Law, S. 184 f.

unternehmerischen Leitung beziehen[21]. So kann ein Unternehmen nur spezielle Aufgaben im Bereich der Produktentwicklung, des Marketings und des Vertriebes auf einen Manager übertragen[22], wenn es mit dessen Hilfe in neue Absatzbereiche vorstoßen, im übrigen aber die Leitung des Unternehmens nicht aus der Hand geben will. Eine solche Übertragung von Teilfunktionen erfordert eine besondere vertragliche Festlegung des Zuständigkeitsbereiches in der Unternehmensleitung. Die Überlagerung von Funktionen des Geschäftsführungsorgans (board of directors etc.)[23] mit Kompetenzen des Managers gewinnt hier besondere Bedeutung. Entscheidungen in einem Sektor (beispielsweise die Einführung eines neuen Vertriebssystems) können Auswirkungen auch in anderen Bereichen des Unternehmens (beispielsweise im Finanzierungs- und Personalbereich) entfalten. Eine genaue Festlegung der gegenseitigen Kompetenzen ist daher erforderlich.

2. *Personaleinsatz*

Wahrgenommen werden die Geschäftsführungsaufgaben vom Personal der Management-Gesellschaft.

a) „Home Staff" und „Field Staff"

Das Personal wird auf zwei Gebieten tätig. Haupttätigkeitsgebiet ist der Einsatz direkt im geführten Unternehmen (sog. „field staff"). Teilweise werden aber in der Unternehmensleitung der Managementgesellschaft einzelne Arbeitnehmer mit der Wahrnehmung von Unterstützungsaufgaben betraut (sog. „home support staff")[24]. Zu den Aufgaben dieses „home support staff" gehört es u. a., zu bestimmten Teilfragen Gutachten zu erstellen oder Pläne oder Programme zu entwerfen, die im Projekt eingesetzt werden. So kann der „home staff" damit betraut sein, Marktuntersuchungen durchzuführen, Konstruktionspläne für neue Anlagen zu liefern oder EDV-Programme für einzelne Aufgabenstellungen zu entwickeln. Dem „field staff" obliegen dagegen die Managementaufgaben im geführten Unternehmen.

---

21 Zeiger, Management Vertrag, S. 38.

22 Hasegawa, European Research, Sept. 1976, S. 193 ff.

23 Dazu oben § 4, II.

24 UN-Centre on Transnational Corporations, Management Contracts, S. 26; Westring, ICLF Rev. Sept. 1980, S. 399 (402).

Eine Mischform zwischen beiden Einsatzmöglichkeiten ist denkbar. Es können einzelne Arbeitnehmer, die in der Unternehmensleitung der Management-Gesellschaft beschäftigt sind, kurzfristig zur Übernahme zeitlich begrenzter Aufgaben in der geführten Gesellschaft abgestellt werden[25]. Dies ist der Fall, wenn einzelne Personen aus der Zentrale mit der Durchführung einer Revision im geführten Unternehmen beauftragt werden oder Techniker im zeitlich begrenzten Umfang zur Kontrolle oder Wartung einer Anlage tätig werden.

b) Stellenbeschreibung

Von außerordentlicher Bedeutung für die Vereinbarung des geschuldeten Personaleinsatzes ist:

– eine genaue Beschreibung der zu besetzenden Stellen
– die Anzahl der zu entsendenden Mitarbeiter sowie
– der erforderliche Ausbildungsstand des Personals.

Eine Vertragsklausel wie:

> „The Managing Partner shall employ or assign on a full or part-time basis, such personnel of Manager or its affiliates as may be required to assist in the performance of the Managing Partner's duties under this Agreement"[26].

ist zu unbestimmt und Ausgangspunkt einer Reihe von Zweifelsfragen und Streitigkeiten über den geschuldeten Personaleinsatz.

Für die Stellenbeschreibung und die Vereinbarung über den geschuldeten Personaleinsatz bieten sich drei mögliche Gestaltungsformen an[27]. Zum einen kann der Umfang und die persönliche Zusammensetzung des vom Manager zu entsendenden Stabes in einer abschließenden namentlichen Liste eindeutig festgelegt werden. Dies bietet zwar den Vorteil der Genauigkeit und der klar umgrenzten Verpflichtung des Managers; hat aber gleichzeitig den Nachteil der fehlenden Flexibilität, die einer solchen Regelung anhaftet. Insbesondere bei Änderungen in den Anforderungen an die Projektleitung und bei Auftauchen neuer Tätigkeitsfelder erweist sich diese Regelung als zu starr.

---

25 WESTRING in: Horn/Schmitthoff, Transnational Law, S. 185 f; DERS. in: Hellawell/Wallace, 7.2.5B 4 f.

26 UN-Centre on Transnational Corporations, Management Contracts, S. 26.

27 UN-Centre on Transnational Corporations, Management Contracts, S. 26 ff; Zum Personaleinsatz durch den Management-Geber vgl. auch GABRIEL, S. 136 ff.

Eine zweite Möglichkeit der Vereinbarung über das vom Manager zu stellende Personal ist die Beschreibung der Stellen in sachlicher Hinsicht. Es werden die Positionen im Unternehmen festgelegt, die vom Manager zu besetzen sind. Eine derartige Klausel kann etwa folgenden Inhalt haben:

> „In Order to fulfill its obligations hereunder and suject to the aproval of Owner, Manager shall make available or cause to be made available, the services of the following management personnel:
> (a) Managing Director;
> (b) Chief Engineer;
> (c) Supervisor Quality Control;
> (d) Manager Financial;
> (f) Production Superintendent;
> (g) Pit Superintendent;
> (h) Pit General Foreman;
> (i) Mill Superintendent;
> (j) Mill General Foreman;
> (k) Maintenance Superintendent;
> (l) Maintenance General Foreman"[28].

Noch abstrakter ist eine Regelung, die nicht die einzelnen Stellen beschreibt, sondern nur die Tätigkeitsfelder angibt, auf denen das Personal des Managers arbeiten soll; im übrigen aber den Personaleinsatz offenläßt und den sich in der Praxis der Zusammenarbeit zeigenden Notwendigkeiten und dem tatsächlichen Arbeitsanfall überläßt.

In der vertraglichen Praxis vorteilhafter sind die beiden letzten Lösungen besonders deshalb, weil hier eine zu starre Festlegung vermieden wird, gleichzeitig aber der Personaleinsatz für die zukünftige Entwicklung offengehalten wird. Es ist aber darauf zu achten, daß die Regel, nach denen sich der zukünftige Personaleinsatz richtet, nicht derart weit gefaßt ist, daß sich der Pflichtenumfang des Managers nicht genau bestimmen läßt und damit ein fortdauerndes Bedürfnis nach Vertragsanpassung und Neuverhandlung über den Personaleinsatz entsteht[29]. Ebenso wie bei der Festlegung des „field staff" ist bei den Vertragsverhandlungen darauf zu achten, daß auch die dem Manager obliegenden

---

[28] UN-Centre on Transnational Corporations, Management Contracts, S. 26 f.

[29] Zu Anpassung und Neuverhandlung von Verträgen im internationalen Wirtschaftsverkehr vgl. allg. Horn, Adaption and Renegotiation of Contracts in International Trade and Finance; und unten § 20 II, III.

allgemeinen Unterstützungsaufgaben (back stopping functions) und die Tätigkeitsfelder des „home support staff" exakt im Vertrag definiert werden[30].

III. Transfer von unternehmerischem Know-how (Soft Technology)

Vordergründiges Ziel des Management-Nehmers ist die Übertragung der Führung eines Unternehmens oder Projektes auf einen erfahrenen Manager. Langfristig geht es dem Management-Nehmer aber darum, selbst das unternehmerische „Know-how" zu erlangen, das zur Führung des Unternehmens notwendig ist. Dieser Transfer von unternehmerischem „Know-how" – auch als „soft technology" bezeichnet[31] – ist aus seiner Sicht eigentlicher Zweck des Vertrages. Trotz des Bewußtseins der Notwendigkeit des „Know-how"-Transfers hat dieser Gesichtspunkt nur wenig Eingang in die vertragliche Praxis gefunden[32]. Viele Verträge behandeln ihn allenfalls in der Präambel des Vertrages und der gegenseitigen Festlegung der Vertragsziele:

> „Whereas, Owner is desirous of obtaining from Manager the knowledge of the industry and the market, as well as the special expertise and management services which Owner requires in its plans to construct and operate, on an profitable basis, such a business"[33].

Die fehlende Ausgestaltung dieses vertraglichen Programmsatzes in speziellen präzisen Klauseln liegt zum einen in der Schwierigkeit, bei Beginn der vertraglichen Beziehungen, genau festzulegen, um welche einzelnen Fähigkeiten es sich bei dem unternehmerischen „Know-how" handelt[34], auf das sich die vertragliche Zusammenarbeit beziehen soll. Eine genaue abstrakte Definition oder inhaltliche Beschreibung dieser „soft technology" ist schwierig und birgt die Gefahr einer zu starren Festlegung der Frage, welches „Know-how" der Manager vermitteln soll.

Neben die Schwierigkeit der Präzisierung dieses allgemeinen Programmsatzes tritt ein weiterer Grund. Wesentliche Pflicht des Managers

---

30 UN-Centre on Transnational Corporations, Management Contracts, S. 27 f.

31 Hasegawa, European Research, Sept. 1976, S. 193 ff.

32 Zeiger, Management-Vertrag, S. 39; Von 35 vom UN-Centre on Transnational Corporations untersuchten Verträgen enthalten nur 10 eine ausdrückliche Erwähnung des Technologie Transfers, vgl. UN-Centre on Transnational Corporations, Management Contracts, S. 41.

33 UN-Centre on Transnational Corporations, Management Contracts, S. 41.

34 Zeiger, Management Vertrag, S. 38.

aus dem Vertrag ist die Rekrutierung und Ausbildung einheimischen Personals. Mit Ausbildung des mittleren Managements und der technischen Leitung des Unternehmens ist die Übertragung unternehmerischer Fähigkeiten notwendigerweise verbunden. Für den Management-Nehmer, dessen Personal ausgebildet wird, ist es nicht zwingend geboten, spezielle Klauseln über den „Know-how"-Transfer in den Vertrag aufzunehmen. Er ergibt sich aus einer Festlegung der Ausbildungsziele und ist Folge der vom Manager erbrachten Ausbildungsleistung[35].

Schließlich können auch andere spezielle vertragliche Verpflichtungen des Managers, wie etwa die Pflicht zur Überlassung von Handbüchern oder Arbeitsanleitungen für bestimmte Aufgabengebiete[36], dem Ziel des „Know-how"-Transfers dienen.

IV. Ausbildungspflichten

Die zweite vertragliche Hauptpflicht des Managers ist die Ausbildung[37] lokalen Personals. Inhaltlich erfordert die Vereinbarung über die Ausbildungspflichten des Managers eine Regelung der Fragen:

- welche Personen ausgebildet werden sollen;
- in welchen Bereichen und für welche Aufgaben ausgebildet werden soll;
- Form und Dauer der Ausbildung.

1. Personalauswahl

Vor Beginn der Ausbildung stellt sich jedoch eine weitergehende Frage. Es ist eine Regelung darüber zu treffen, wem die Befugnis zur Personaleinstellung zusteht. Arbeitgeber, und damit zur Einstellung befugt, ist grundsätzlich der Management-Nehmer, vertreten durch das jeweilige Geschäftsführungsorgan (board of directors).

---

35 Dazu sogleich IV; UN-Centre on Transnational Corporations, Management Contracts, S. 40 ff.

36 Westring, ICLF Rev. Sept. 1980, S. 399 (402); St. Ville in: Hellawell/Wallace, 7.2.5 B 7.

37 Zur Ausbildungsfunktion des Management-Vertrages vgl. Ellison, Multinational Business 1976, S. 26; Zeiger, Management Vertrag, S. 52 f; UN-Centre on Transnational Corporations, Management Contracts, S. 44 ff; Gabriel, S. 150 ff.

Es kann sich jedoch als sinnvoll erweisen, teilweise oder vollständig diese Befugnisse auf den Manager zu übertragen[38]. Inwieweit dies geschieht, ist davon abhängig, ob der Projekterfolg oder die Übertragung der unternehmerischen Fähigkeiten das vorrangige Ziel der Zusammenarbeit darstellen. Geht es darum, möglichst schnell das Unternehmen effizient und erfolgreich zu führen, wird die Entscheidung über die Personalauswahl in der Regel dem Manager überlassen bleiben. Soweit dagegen bei der vertraglichen Zusammenarbeit das Interesse des Management-Nehmers an einer Ausbildung einheimischen Personals im Vordergrund steht, wird er sich die Einstellungsbefugnis selbst vorbehalten.

Regelungsbedürftig in diesem Zusammenhang ist weiter die Frage, inwieweit für das geplante Projekt speziell auf Arbeitnehmer des Gastlandes zurückgegriffen werden muß. Teilweise wird dies durch arbeits- und fremdenrechtliche Rahmenbedingungen im jeweiligen Gastland beeinflußt[39]. In vielen Ländern bestimmen arbeitsrechtliche Regelungen, daß in bestimmten Bereichen ausschließlich oder zu einer bestimmten Quote einheimisches Personal zu beschäftigen ist. Die Personengruppen, die für eine Einstellung in Frage kommen, sind daher von vornherein beschränkt[40]. Im übrigen bestehen staatliche oder halbstaatliche Einrichtungen als Management-Nehmer aus beschäftigungspolitischen Gründen häufig darauf, in möglichst großem Umfang Personal des Gastlandes zu berücksichtigen.

Eine bevorzugte Einstellung von Arbeitnehmern aus dem Gastland wird auch dann vorgesehen, wenn die Personalkosten hier niedriger liegen als in anderen Ländern. Dies kann jedoch zu Zielkonflikten in der Zusammenarbeit führen. Häufig besteht ein Bedürfnis des Managers, Personal ausschließlich nach Leistungsgesichtspunkten ohne Rücksicht auf die Nationalität auszuwählen; insbesondere dann, wenn das Projekt in möglichst kurzer Zeit möglichst effizient arbeiten soll. Dem Manager wird daran liegen, nur qualifiziertes Personal – unabhängig von der Nationalität – zu beschäftigen, wenn – wie in der Hotelbranche – seine internationale Reputation von der Aufrechterhaltung eines festen

---

38 Zeiger, Management Vertrag, S. 51.

39 Vgl. etwa im deutschen Recht die Regelungen über die Arbeits- und Aufenthaltserlaubnis für Ausländer im Ausländergesetz (BGBl. 1965, Teil 1 S. 353); für die amerikanischen Aufenthalts- und Einwanderungsregeln vgl. Treumann-Peltzer, US-amerikanisches Wirtschaftsrecht, S. 152 ff.

40 UN-Centre on Transnational Corporations, Management Contracts, S. 44, 57.

Qualitätsstandards abhängig ist[41]. Zur Vermeidung dieses Konfliktes ist es zweckmäßig, die Kriterien für die Personalauswahl im Vertrag festzulegen.

2. Gegenstand der Ausbildung

a) Umfang der Ausbildung

Der Ausbildungsinhalt ist im Hinblick auf den beabsichtigten Know-how-Transfer möglichst genau zu präzisieren; andererseits besteht ein Bedürfnis, Form und Ausmaß der Ausbildung weitgehend offen zu halten, um eine Anpassung an sich in der Praxis zeigende Anforderungen an den notwendigen Ausbildungsstand und -inhalt zu ermöglichen.

Eine umfassende, inhaltlich offene Regelung der Ausbildung ist die Übertragung von Ausbildungspflichten auf den Manager in einer sog. „catch all"-Klausel[42]. Die Klausel verpflichtet den Manager, alle Ausbildungsmaßnahmen durchzuführen, die notwendig sind, um den Management-Nehmer in die Lage zu versetzen, die Führung des Unternehmens selbst zu übernehmen. Es bleibt der Entscheidungsbefugnis des Managers überlassen, wen er ausbildet, wie er die Ausbildung gestaltet und wie lange die Ausbildung dauert. Eine Mitwirkung oder Einflußnahme auf das Ausbildungsprogramm durch den Management-Nehmer findet nicht statt.

Eine nähere Konkretisierung der Ausbildungspflichten liegt in einer Regelung, die sowohl die Stellen beschreibt, auf denen eine Ausbildung erfolgen soll, als auch eine Regelung enthält über die Anzahl der auszubildenden Personen, die Dauer der Ausbildung sowie den Ort der Ausbildung. Sie kann beispielsweise folgenden Inhalt haben:

The Contractor shall provide technical training for the purchaser's personnel in accordance with articles 4.30, 16 and 20.7 of the Contract for the following personnel and for the time statet against each personnel.

	Designation	*Number*	*Time*	*Training Units*
a)	Chief Production Manager	1	7 months	Ammonia Plant. Urea Plant. Overall Management

---

41 UN-Centre on Transnational Corporations, Management Contracts, S. 45.

42 UN-Centre on Transnational Corporations, Management Contracts, S. 57; ZEIGER, Management Vertrag, S. 52.

b) Chief Mechanical Engineer	1	6 months	Ammonia Plant an Urea Plant Maintenance facilities Instrument
c) Production Engineers	5	6 months 1 month 6 months 1 month	Ammonia Plant Urea Plant Urea Plant Ammonia Plant[43]

b) Art der Ausbildung

Für die Art der Ausbildung kommen mehrere Formen in Betracht[44]. Die erste ist das sog. „training on the job". Dabei werden die auszubildenden Mitarbeiter in den Arbeitsprozeß des Unternehmens eingegliedert und gleichzeitig ausgebildet. Die zweite Möglichkeit ist eine Ausbildung in Betrieben, Werkstätten oder Einrichtungen des Managers. Als reine Unterrichtsform kann die Ausbildung durch eine Durchführung von Kursen, Schulungen, Seminaren o. ä. stattfinden. Neben diesen herkömmlichen Ausbildungsmethoden kann als zusätzliche Ausbildungsmaßnahme die Verpflichtung des Managers begründet werden, das auszubildende Personal kurzfristig in die eigene Organisation einzugliedern oder es bei Zulieferern oder Abnehmern ausbilden zu lassen[45]. Soweit eine ausdrückliche Regelung über die Ausbildungsform nicht getroffen wird, steht die Entscheidung über den Ausbildungsinhalt dem zur Ausbildung Verpflichteten, d. h. dem Manager, zu[46].

c) Ausbildungsergebnis

Da der Ausbildungserfolg entscheidend von der Qualifikation des zur Ausbildung abgestellten Personals abhängt, trifft den Manager für den Ausbildungserfolg keine Haftung[47]. Er ist nicht dafür verantwortlich, daß ihm zur Ausbildung übersandte Personen das Ausbildungsziel errei-

---

[43] UNIDO Model Form of Turnkey Contract for the Construction of a Fertilizer Plant, Annexure XVIII, abgedr. bei DÜNNWEBER, S. 291.

[44] UN-Centre on Transnational Corporations, Management Contracts, S. 60 f.

[45] KÜHNEL, RIW 1981, S. 534; GABRIEL, S. 154 f.

[46] KÜHNEL, RIW 1981, S. 534, UN-Centre on Transnational Corporations, Management Contracts, S. 63 f.

[47] So für Ausbildungsvereinbarungen im Anlagenvertrag, KÜHNEL, RIW 1981, S. 535.

chen. Er ist nur verpflichtet, bei der Aufstellung des Ausbildungsprogrammes dafür Sorge zu tragen, daß ein optimaler Ausbildungserfolg erreicht werden kann. Darüber hinaus wird ihm der Ausbildungserfolg aber nicht gleichgültig sein, da hiervon zum einen seine Reputation und zum anderen der Erfolg des Projektes, und damit auch die von ihm zu erzielende Vergütung, soweit diese erfolgsabhängig gestaltet ist, abhängig sind.

3. Zielkonflikt zwischen Geschäftsführungs- und Ausbildungspflichten

Der Ausbildungserfolg wird von drei wesentlichen Faktoren beeinflußt, die bei der praktischen Ausbildung zu Schwierigkeiten führen können und daher bei der Planung der Ausbildungsleistungen zu berücksichtigen sind. Dies sind:

a) Die Verfügbarkeit von sowohl in qualitativer wie in quantitativer Hinsicht geeignetem Personal,
b) die daraus resultierende notwendige Länge der Ausbildung und
c) die Schwierigkeiten des Managers, den Einsatz seines im Projekt tätigen Personals zwischen Ausbildungs- und Leitungsaufgaben zu koordinieren[48].

Insbesondere in Entwicklungsländern findet sich nur wenig Personal, das für einen Einsatz in neuen Technologien und Dienstleistungsbereichen in Frage kommt. Der Ausbildungsstandard des einheimischen Personals befindet sich oft auf einem Niveau, das nicht ausreicht, um es in die Technik einer bestimmten Anlage oder die Übernahme einer neuen kaufmännischen Aufgabe einzuweisen. Es muß vielmehr eine grundlegende Ausbildung in technischen und kaufmännischen Fähigkeiten erfolgen. Dieser geringe Ausbildungsstandard bedingt einen Ausbildungsumfang, der über ein bloßes Einweisungstraining hinausgeht und daher eine oftmals lange, von Beginn an nicht exakt planbare, Ausbildungsdauer erfordert[49].

Der geringe Ausbildungsstand kann einen erheblichen Konflikt zwischen den Hauptpflichten des Managers aus dem Vertrag (Geschäftsführung einerseits und Ausbildung andererseits) zur Folge haben. Soweit es dem Manager in erster Linie darum geht, das Unternehmen möglichst schnell effizient arbeiten zu lassen, bestimmte Produktionsvorgaben zu

---

[48] Gabriel, S. 150 ff.
[49] Gabriel, S. 151 ff.

erreichen oder den Gewinn zu maximieren, weil hiervon seine Vergütung abhängt, kann dies dazu führen, daß in der täglichen Arbeit im Projekt die Ausbildungsaufgaben zugunsten dieser Zielsetzungen vernachlässigt werden[50]. Um diesen Zielkonflikt zu vermeiden ist es notwendig, vor Beginn der Ausbildung den Ausbildungsumfang exakt festzulegen. Dazu gehört eine genaue Kenntnis des Leistungsstandes, auf dem die Ausbildung aufbaut.

V. Fakultative Pflichten

Neben die Pflichten in der Vorbereitungsphase und Ausbildungs- und Geschäftsführungsaufgaben, die in allen Management-Verträgen anzutreffen sind, treten im Einzelfall eine Reihe weiterer Pflichten. Sie sind unterschiedlich ausgestaltet und abhängig von den speziellen Bedürfnissen der Parteien sowie den gegebenen wirtschaftlichen und gesellschaftlichen Rahmenbedingungen.

1. Verwendung lokaler Ressourcen

Eine in Management-Verträgen häufig anzutreffende Pflicht des Managers ist die Pflicht zur Verwendung lokaler Ressourcen[51]. Der Manager ist vertraglich verpflichtet, bei der Vergabe von Aufträgen und einem Einkauf von Roh-, Hilfs- und Betriebsstoffen, soweit diese im Inland verfügbar sind, ausschließlich auf inländische Anbieter zurückzugreifen. Derartige Klauseln finden sich insbesondere in Verträgen mit öffentlichen oder halböffentlichen Stellen. Diese Stellen sind nicht nur daran interessiert, ein bestimmtes Projekt zu errichten und zu betreiben, sondern wollen durch das Projekt gleichzeitig andere Industriezweige stärken oder zur Verbesserung der Infrastruktur beitragen. Hinzu kommt das Ziel einer Verbesserung der Zahlungsbilanz, da Importe auf diese Weise weitgehend vermieden werden[52].

Die Verpflichtung zur Verwendung lokaler Ressourcen kann mit den Eigeninteressen des Managers in Konflikt geraten. Management-Verträge werden aus Sicht des Managers häufig nicht ausschließlich zur Erzielung des Entgeltes geschlossen, sondern dienen der Verfolgung

---

[50] St. Ville in: Hellawell/Wallace, 7.2.5 B 15.

[51] UN-Centre on Transnational Corporations, Management Contracts, S. 67 ff; Zeiger, Management Vertrag, S. 40 f.

[52] Zeiger, Management Vertrag, S. 40 f.

anderer Zielsetzungen[53]. Hierzu gehören die Erschließung neuer Märkte, der Absatz eigener Produkte oder die zeitliche Auslastung eigener Arbeitnehmer. Zur Vermeidung des Zielkonfliktes zwischen Eigeninteressen des Managers und Interessen des Management-Nehmers an der Verwendung lokaler Ressourcen, ist es notwendig, eine Regelung in den Vertrag aufzunehmen, die die Frage der Bevorzugung nationaler Anbieter bei der Auftragsvergabe eindeutig regelt. Eine Lösung des Konfliktes mit dem Inhalt, die Lieferanten-Auswahl und Auftragsvergabe allein dem Management-Nehmer zu überlassen[54], erschwert allerdings in unnötiger Weise die praktische Zusammenarbeit. Management eines Unternehmens und Auftragsvergabe im Namen des Unternehmens lassen sich nicht voneinander trennen. Zweckmäßiger ist die Vereinbarung eines Genehmigungsvorbehaltes zugunsten des Management-Nehmers für die vom Manager im Namen des Unternehmens geschlossenen Verträge[55].

2. *Finanzierungs- und Unterstützungsaufgaben*

Zu den fakultativen Pflichten gehören weiter Finanzierungsaufgaben. Der Manager kann verpflichtet sein, als Kreditgeber für das Projekt aufzutreten; es kann ihm auch zur Verpflichtung gemacht werden, bei Dritten im Namen und für Rechnung des Management-Nehmers die Finanzierung des Projektes sicherzustellen. Eine wichtige Form der Mitwirkung bei der Finanzierung ist die Stellung von Kreditsicherheiten. Häufig verlangen Kreditgeber des Management-Nehmers für die Gewährung von Darlehen die Stellung von Bürgschaften und Garantien. Zur Übernahme einer solchen Garantie gegenüber dem Kreditgeber des Management-Nehmers kann der Manager im Vertrag verpflichtet werden. Er wirkt damit indirekt an der Finazierung des Projektes mit.

Weitere fakultative Pflichten liegen in der Beschaffung von Rohstoffen oder sonstigen Produkten oder Dienstleistungen, die für die Projektdurchführung notwendig sind[56]. Der Manager verfügt in der Regel über ein größeres Netz von verbundenen Unternehmen oder Niederlassungen sowie über eine weitaus größere internationale Reputation als der Mana-

---

[53] Zu den Zielen des Management-Gebers vgl. ELLISON, Multinational Business, 1976, S. 23; ST. VILLE in: Hellawell/Wallace, 7.2.5 B 12f, dazu auch oben § 3,IV,2.

[54] UN-Centre on Transnational Corporations, Management Contracts, S. 67.

[55] Zu den Folgen der Nichteinholung einer Genehmigung s. oben § 4,IV,3.

[56] WESTRING, ICLF Rev, Sept. 1980, S. 399 (402); ST. VILLE in: Hellawell/Wallace, 7.2.5 B 7.

gement-Nehmer. Er hat einen größeren Zugang zu Rohstoffen und anderen Bezugsquellen. Hier trifft ihn neben den Geschäftsführungs- und Ausbildungspflichten die Pflicht, zur Unterstützung des Management-Nehmers tätig zu werden.

3. Berichtspflichten

Fast alle Management-Verträge sehen Berichts- und Informationspflichten des Managers vor[57]. Der Manager hat die Aufgabe, in festgelegten Intervallen den Management-Nehmer von der geschäftlichen Situation des geführten Unternehmens zu unterrichten. Zeitlich erstrecken sich diese Berichte nicht nur auf das Geschäftsjahr – in Form einer Jahresbilanz –, sondern umfassen wesentlich kürzere Zeiträume (Halbjahre, Quartale oder Monate). Inhaltlich beziehen sie sich auf die laufenden Geschäfte. Darunter fallen nicht nur Vermögensaufstellungen in Form einer Bilanz, sondern auch Informationen über Produktion, Absatz, Kostenentwicklung, Beschäftigtenzahl und ähnliche für die Beurteilung einer Unternehmenslage wichtige Faktoren. Neben den Rechnungslegungspflichten hat der Manager Schätzungen und Planungen über die zu erwartende Geschäftsentwicklung abzugeben. Er hat den Markt zu beobachten und Marktstudien zu erstellen. Er kann auch verpflichtet sein, Auskunft über einzelne Geschäftsvorfälle (Durchführung eines einzelnen Vertrages, Einstellung und Entlassung einzelner Mitarbeiter) zu geben. Diese Berichtspflichten bedürfen einer genauen Konkretisierung im Einzelfall.

§ 6: Pflichten des Management-Nehmers

I. Entgeltzahlung

Hauptpflicht des Management-Nehmers ist die Zahlung des vereinbarten Entgeltes. Bei Festlegung des Entgeltes sind eine Reihe von Fragen zu klären, die auf die Zahlungspflicht und die Durchführung des Vertrages insgesamt erheblichen Einfluß haben. Einer Berücksichtigung bedarf insbesondere, in welcher Form die Vergütung gezahlt werden soll (Festbetrag oder erfolgsabhängige Vergütung), auf welcher Grundlage das

---

[57] ZEIGER, Management Vertrag, S. 41 f; UN-Centre on Transnational Corporations, Management Contracts, S. 18 f.

Entgelt berechnet wird, welche Leistungen von der Vergütung abgedeckt werden und in welcher Währung und zu welchem Zeitpunkt eine Zahlung zu erfolgen hat[1].

1. *Vergütungsformen*

Für die Art der Vergütung des Managers kommen verschiedene Formen in Betracht. Eine Vergütung kann erfolgen

- als Grundentgelt, das entweder als feste Summe gezahlt wird oder nach Prozentsätzen bestimmter Größen, wie der Bilanzsumme oder des Gesamtumsatzes, berechnet wird
- als Vergütung für besondere Leistungen des Managers, wie spezielle Ausbildungsaufgaben oder besondere Aufgaben in der Vorbereitungsphase
- als Abschluß- oder Vertragsbeendigungsgebühr
- als Aufwendungsersatz für Auslagen des Managers, die durch die Tätigkeit im Projekt veranlaßt sind,
- als Entgelt für Nebenleistungen (Lieferung und Beschaffung von Gütern und Materialien).

Die Vergütung kann sich auch als Kombination der verschiedenen Vergütungsformen darstellen.

Neben unterschiedlichen materiellen Grundlagen für die Entgeltberechnung kann die Vergütung vom Zeitaufwand des Managers abhängig gemacht werden. Arbeitsaufwand und Personaleinsatz durch den Manager haben unterschiedliche Intensität. In der Anfangs- oder Vorbereitungsphase eines Projektes ist der Personaleinsatz allgemein höher als in der Phase, in der das Projekt bereits einige Zeit betrieben wird. Der Management-Vertrag ist darauf angelegt, immer mehr Personal des Managers durch das des Management-Nehmers zu ersetzen, und so den Personaleinsatz des Managers zu reduzieren[2]. Dieser Tatsache des ständig abnehmenden Personaleinsatzes kann im Hinblick auf die Vergütungsregelung Rechnung getragen werden, indem entweder in der Anfangsphase besonders hohe einmalige Zahlungen geleistet werden, die Entgelthöhe

---

[1] Dazu UN-Centre on Transnational Corporations, Management Contracts, S. 73f.

[2] Dazu unten § 7, I, 2.

vom konkreten Personaleinsatz abhängig gemacht wird (Bezahlung nach dem Mann/Monat-System)[3] oder eine zeitlich abnehmende Staffelung des Entgeltes erfolgt.

2. *Grundvergütung*

Die Vergütung des Managers setzt sich zusammen aus einer Grundgebühr und einer Vergütung für besondere Leistungen, die von der Grundvergütung nicht erfaßt werden[4]. Die Grundvergütung kann als Festsumme vereinbart werden; sie kann auch in Abhängigkeit von bestimmten Erfolgzahlen (Gewinn, Umsatz, Wertschöpfung etc.) berechnet werden.

a) Festbetrag

Vereinbaren die Parteien die Vergütung als Festbetrag, so wird dieser in der Regel bestimmt auf der Grundlage der Kosten des Managers, die durch das Engagement in dem zu leitenden Projekt entstehen. Die Kosten setzen sich zusammen aus den Personalkosten einerseits sowie einem Betrag für die auf das Projekt entfallenden Gemeinkosten[5]. Zu diesen so ermittelten Kosten kommt ein Gewinnaufschlag. Die Addition ergibt den Gesamtbetrag des Management-Entgeltes (Kosten-plus-System)[6]. Der vereinbarte Festbetrag ist regelmäßig nicht in einem Betrag fällig, sondern in mehreren vorher festgelegten Raten zu entrichten[7].

Neben der Berechnungsmethode auf der Grundlage der direkten und indirekten (overhead expenses) Kosten kommt eine ausschließlich am jeweiligen Personaleinsatz orientierte Vergütungsberechnung in Betracht. Die Bezahlung erfolgt in Abhängigkeit vom jeweils im Projekt tätigen Personal. Festgelegt wird, welche Vergütung für eine Arbeitskraft

---

3 Zu dieser Berechnungsform vgl. u. a. Dünnweber, S. 43; Kühnel, RIW 1981, S. 534.

4 Westring in: Horn/Schmitthoff, Transnational Law, S. 187 f; ders., ICLF Rev., Sept. 1980, S. 404 f; St. Ville in: Hellawell/Wallace, 7.2.5 B 8; zu den Vergütungen für besondere Leistungen s. unten § 6,I,3.

5 Westring, ICLF Rev., Sept. 1980, S. 404; St. Ville in: Hellawell/Wallace, 7.2.5 B 8.

6 Zur Berechnung von Dienstleistungsentgelten nach dem Kosten-plus-System vgl. Withauer, Betriebswirtschaftslehre der Consulting-Unternehmen, S. 108 f und für den Consulting-Vertrag unten § 13, I, 1. d).

7 Westring, ICLF Rev. 1980, S. 404; St. Ville in: Hellawell/Wallace, 7.2.5 B 8.

für eine bestimmte Arbeitseinheit zu zahlen ist („X Mann für Y Monate" oder „X Mann für Y Tage")[8]. Die Vergütung kann für jeden einzelnen Arbeitnehmer gesondert festgelegt werden; aus Vereinfachungsgründen bietet sich jedoch eine Lösung an, nach der der Einsatzstab des Managers in mehrere Kategorien eingeteilt wird. Die Einteilung richtet sich nach der Qualifikation des Personals. Für jede Kategorie wird ein einheitlicher Kostensatz vereinbart[9].

Die Vereinbarung eines Festbetrages (als Gesamtbetrag oder in Abhängigkeit vom Personaleinsatz) hat für die Parteien den Vorteil der Planbarkeit. Die Höhe der Vergütung ist exakt berechenbar. Für den Manager bietet sie zusätzlich den Vorteil, daß er im allgemeinen ein kostendeckendes Entgelt erhält und einen Verlust durch das jeweilige Projekt nicht zu befürchten hat. Bei dieser Berechnungsmethode wird der Manager aber in keiner Weise am Risiko (Gewinn oder Verlust) des Projektes beteiligt.

b) Erfolgsabhängige Vergütung

Weitaus gebräuchlicher als die ausschließlich kostenorientierte Vergütung ist die Koppelung des Entgeltes an bestimmte Erfolgs- oder Größenzahlen. So wird die Grundvergütung als Prozentsatz vom Gewinn, Rohertrag, Umsatz oder der Wertschöpfung im Unternehmen vereinbart[10]. Die Vergütung kann auch von der Produktionsmenge abhängig gemacht werden[11]. Welche der Grundtypen einer Vergütungsform (Festentgelt oder erfolgsabhängige Vergütung) gewählt wird, hängt von der Interessenlage im Einzelfall ab.

Die Vereinbarung eines Festentgeltes, bzw. einer gewinnunabhängigen Vergütung wälzt das volle Risiko des wirtschaftlichen Erfolges bzw. Mißerfolges im geführten Unternehmen auf den Management-Nehmer. Der Manager ist über die Vergütung nicht am Projekterfolgt beteiligt. Gleichzeitig trägt er aber bei einer solchen Regelung nicht nur das volle Inflationsrisiko[12], sondern auch das Wechselkursrisiko, wenn die Vergütung ausschließlich in der Währung des Gastlandes zu entrichten

---

[8] Kühnel, RIW 1981, S. 534.

[9] Westring in: Horn/Schmitthoff, Transnational Law, S. 188.

[10] UN-Centre on Transnational Corporations, Management Contracts, S. 71 ff (75); Neersö, World Development Vol 2, No 2, Febr. 1974, S. 139 (142).

[11] Zeiger, Management-Vertrag, S. 54.

[12] Zur Inflationsproblematik vgl. Inzitari, RabelsZ 1981, S. 705 (710 ff); Huber/Wald, RabelsZ 1981, S. 761 ff; Reyven, RabelsZ 1981, S. 736 ff.

ist. Soweit nicht eine Auslandswährung vereinbart ist oder in den Vertrag eine Wertsicherungsklausel[13] aufgenommen wird (in Betracht kommt eine Kursklausel in Form einer Währungsoptionsklausel oder Goldwertklausel bzw. eine Wertsicherungsklausel in Form der Index- oder Preisgleitklausel)[14], die eine Ausgleichung des Risikos durch inflationsbedingte Entwicklungen ermöglicht, läuft der Manager Gefahr, eine Vergütung zu erhalten, die seine eigenen Kosten nicht deckt. Auf der anderen Seite erhält er bei der Vereinbarung einer erfolgsabhängigen Vergütung die Möglichkeit, seine Erträge aus der Zusammenarbeit zu beeinflussen. Aus Sicht des Management-Nehmers führt eine erfolgsabhängige Vergütung zu einem höheren Anreiz des Managers, sich im Projekt zu engagieren.

Große Bedeutung hat bei der Vereinbarung einer erfolgsabhängigen Vergütung die Frage, auf welcher Grundlage die Vergütung berechnet wird. In Betracht kommen der Rohgewinn, der Gesamtgewinn des Unternehmens, der Umsatz, der Wert der Produktion oder auch die Wertschöpfung im Unternehmen. Die Festlegung der Vergütungsgrundlage hat maßgeblichen Einfluß darauf, welche Zielsetzungen der Manager verfolgen wird. Ist eine prozentual vom Umsatz bemessene Vergütung vereinbart, führt dies dazu, daß der Manager ausschließlich auf eine Steigerung der Verkaufszahlen hinarbeitet, gleichzeitig aber die Gewinnentwicklung vernachlässigt[15]. Umgekehrt kann eine ausschließlich an Gewinnmaximierung ausgerichtete Unternehmenspolitik dazu führen, daß andere Zielsetzungen des Vertragspartners oder jeweiligen Gastlandes, wie etwa eine Produktionssteigerung oder die Erreichung eines möglichst hohen Beschäftigungsstandes, vernachlässigt werden. Hierauf ist bei der Festlegung der Vergütungsgrundlage zu achten. Um Zielkonflikte zwischen Umsatz- und Gewinnmaximierung zu vermeiden, kann eine sowohl an Gewinn als auch Umsatz ausgerichtete Vergütung erfolgen.

Die Vereinbarung eines erfolgsabhängigen Entgeltes wirft ein weiteres Problem auf. Bei der Vergütung auf der Grundlage bestimmter Größen-

---

13 Zur Wertsicherung von Geldforderungen im grenzüberschreitenden Verkehr vgl. HORN, Monetäre Probleme, S. 29 ff; DERS., Internationale Anleihen, S. 269 ff; ZEHETNER, Geldwertklauseln im grenzüberschreitenden Wirtschaftsverkehr; DÜRKES, Wertsicherungsklauseln.

14 Zu den verschiedenen Formen einer Wertsicherung im internationalen Wirtschaftsverkehr vgl. ZEHETNER, S. 9 ff und 99 ff.

15 ELLISON, Multinational Business, 1976, S. 24; ZEIGER, Management-Vertrag, S. 54.

zahlen läßt sich die exakte Höhe der zu entrichtenden Vergütung nicht ermitteln wenn nicht gleichzeitig festgelegt wird, wie die Grundlagen berechnet werden[16]. Es gibt keine allgemein anerkannten Prinzipien, nach denen Roherträge, Gewinne oder Wertschöpfungen zu ermitteln sind. Abgesehen von verschiedenen betriebswirtschaftlichen Methoden[17] zur Berechnung dieser Größen, ist eine genaue Ermittlung wesentlich von den jeweils geltenden nationalen steuerlichen und bilanzrechtlichen Regelungen abhängig. Für das deutsche Recht bestehen Unterschiede, die sich auf die Gewinnermittlung auswirken, wenn man einmal die Handels-, ein anderes Mal die Steuerbilanz[18], zugrundelegt. Für beide Arten von Bilanzen gelten unterschiedliche Bilanzierungspflichten und Bilanzierungsverbote; auch die Höhe einzelner Bilanzposten ist in beiden Bilanzen unterschiedlich. Während für die Handelsbilanz im Bereich der Bewertung des Betriebsvermögens das uneingeschränkte Niederstwertprinzip gilt, besteht im Bereich der Steuerbilanz die Möglichkeit eines höheren Bilanzansatzes. Darüber hinaus ist beim Betriebsvermögen die in der Handelsbilanz gebrauchte Nutzungsdauer und der Afa-Satz für die Steuerbilanz weder bindend noch sonst irgendwie maßgeblich[19]. Hierauf haben die Parteien Rücksicht zunehmen.

Um Konflikte über die Vergütungsberechnung zu vermeiden, muß daher gleichzeitig eine Vereinbarung getroffen werden, nach welchen Methoden die Vergütungsgrundlage zu ermitteln ist. Bildet der Unternehmensgewinn die Vergütungsgrundlage, ist gleichzeitig festzulegen, ob Grundlage der Gewinn vor Steuern oder nach Abzug aller zu entrichtenden Steuern ist.

c) Einflußfaktoren bei der Vergütungsregelung

Entscheidend für die Festlegung der Vergütungsform ist der Tätigkeitsbereich, auf den sich die Management-Leistung bezieht. Im Bereich der

---

16 UN-Centre on Transnational Corporations, Management Contracts, S. 77.

17 Zu den betriebswirtschaftlichen Möglichkeiten der unterschiedlichen Gewinnermittlung nach der Gewinn- und Verlustrechnung einerseits und einer Kostenrechnung andererseits vgl. Weber, Betriebswirtschaftliches Rechnungswesen, S. 108 ff und 147 ff; Wöhe, Einführung in die allgemeine Betriebswirtschaftslehre, S. 792 ff und 878 ff.

18 Zum Unterschied zwischen Handels- und Steuerbilanz im deutschen Recht vgl. Wöhe, Handelsbilanz und Steuerbilanz, Steuerkongreß-Report 1973, S. 291 ff; Tipke, Steuerrecht, S. 223 ff mwN; Sauer, AG 1978, S. 341 ff.

19 Sauer, AG 1978, S. 341 (344).

öffentlichen Versorgung (Krankenhauswesen, Transport, Energieversorgung) wird eine Anknüpfung an den Umsatz oder erzielten Gewinn nicht in Betracht kommen. Umsatz- oder Gewinnmaximierung spielen hier keine Rolle. Dies ist anders, wo Umsatz- und Gewinnsteigerung wesentliches Unternehmensziel bilden, etwa im Bereich der Industrie.

Allgemein sind die Zielsetzungen, die die beteiligten Partner mit der Zusammenarbeit im Rahmen eines Management-Vertrages verfolgen, entscheidender Faktor für die Ausgestaltung der Vergütung. Ist der Management-Nehmer eine öffentliche oder halböffentliche Einrichtung, steht eher die Verfolgung entwicklungspolitischer Zielsetzungen im Vordergrund. Staatliche Investoren geht es nicht um Gewinnerzielung in einem Projekt, sondern um eine Verbesserung der Infrastruktur, eine möglichst umfassende Ausbildung lokalen Personals sowie um einen hohen Beschäftigungsgrad. In diesen Bereichen liegt die Vereinbarung einer erfolgsunabhängigen Vergütung in Form eines Festentgeltes näher als die umsatz- oder gewinnabhängige Ausgestaltung des Entgeltes.

3. Vergütung für besondere Leistungen

Neben der Vereinbarung über eine Grundgebühr enthalten die Verträge eine Regelung darüber, welche Leistungen des Managers gesondert zu vergüten sind[20]. Diese Leistungen werden nicht vom allgemeinen Management-Entgelt abgedeckt, sondern zusätzlich in Rechnung gestellt. Hierunter fallen einzelne Auslagen des Managers, die durch das Projekt veranlaßt werden (Reise- und Unterbringungskosten). Eine gesonderte Vergütung kann aber auch für Leistungen auf dem Gebiet der Ausbildung oder der Vorbereitungsphase vorgesehen werden[21].

a) Sondervergütungen in der Vorbereitungsphase

In der Phase der Vorbereitung oder Inbetriebnahme eines Projektes ist der Arbeitsaufwand des Managers allgemein wesentlich höher als in der Betriebsphase. Diesem erhöhten Arbeitsaufwand wird durch die Vergütungsregelung Rechnung getragen. Dies geschieht, indem für diesen Zeitraum die Grundvergütung besonders hoch bemessen oder aber Sondervergütungen für einzelne Leistungen vereinbart werden. Zu den

---

[20] ZEIGER, Management-Vertrag, S. 54; UN-Centre on Transnational Corporations, Management Contracts, S. 71 ff.

[21] Zu den Aufgaben in der Vorbereitungsphase s. oben § 5, I.

gesondert zu vergütenden Leistungen können die Erstellung von Marktstudien, die Anfertigung von Konstruktions- oder Betriebsplänen oder die Durchführung eines umfangreichen Ausbildungsprogramms gehören. Auch die Tätigkeit des sog. „home support staff"[22] wird im allgemeinen nicht von der Grundgebühr abgedeckt, sondern ist gesondert zu vergüten[23].

b) Gegenstand der Grundvergütung und Auslagenersatz

Besonderes Gewicht hat eine eindeutige Regelung darüber, welche Nebenleistungen des Managers gesondert zu vergüten sind und welche in den Bereich fallen, die vom allgemeinen Management-Entgelt erfaßt werden. Um seine Einnahmen zu vergrößern, wird der Manager daran interessiert sein, seinen Aufgabenbereich möglichst eng zu fassen, dafür aber einen umfangreichen Katalog besonders zu vergütender Nebenleistungen zu vereinbaren. Management-Nehmer sind jedoch gut beraten, eine solche Regelung zu vermeiden, da die Gesamtkosten für den Management-Vertrag hier nur schwer kalkulierbar sind. Schwierigkeiten werden vermieden, indem der Aufgabenbereich des Managers exakt festgelegt wird. Je offener die Regelung ausgestaltet wird, um so stärker wird die nachträgliche Verhandlungsposition des Managers bei der Frage, ob er für einzelne Leistungen zusätzliche Vergütungen verlangen kann[24].

Die gleichen Probleme stellen sich bei der Frage, wem einzelne durch die Zusammenarbeit entstehende Kosten zur Last fallen (Reisekosten, Kosten für Kommunikation, Versicherungsprämien, Unterbringung und ähnliche Auslagen)[25]. Zwar hat diese Kosten im allgemeinen der Manager zu tragen; er kann nicht neben einer Grundvergütung zusätzlich verlangen, daß der Management-Nehmer ihm die Reisekosten in das Gastland und ähnliche Unkosten ersetzt. Alle auf seiten des Managers für die Vertragsdurchführung anfallenden Kosten werden von der Grundvergütung erfaßt. Ein zusätzlicher Anspruch auf Ersatz der Auslagen besteht nicht. Um Zweifelsfragen zu vermeiden, ist eine detaillierte Regelung darüber angebracht, von welcher Seite einzelne Projektauslagen zu tragen sind.

---

[22] Zu der Unterscheidung zwischen „home support staff" und „field staff" s. oben § 5, II, 2.

[23] Zu diesen sog. „overhead expenses" vgl. UN-Centre on Transnational Corporations, Management Contracts, S. 72 ff.

[24] UN-Centre on Transnational Corporations, Management Contracts, S. 72.

[25] Westring in: Horn/Schmitthoff, Transnational Law, S. 175 (188) Fn. 23.

4. *Zahlungsmodalitäten*

a) Zahlungszeitpunkt

Bei Festlegung der Zahlungsmodalitäten ist zunächst eine Vereinbarung über den Zahlungszeitpunkt zu treffen. Der Management-Vertrag weist im allgemeinen eine Laufzeit von mehreren Jahren auf. Hier ist eine einmalige Abgeltung der gesamten Leistungen nicht üblich. Die Zahlung erfolgt im Regelfall periodisch (monatlich, halbjährlich, jährlich). Ist das Entgelt von am Jahresende zu ermittelnden Größen (Umsatz, Gewinn oder ähnlichem) abhängig, werden regelmäßig Abschlagszahlungen vereinbart. Eine genaue Berechnung des Entgeltes erfolgt nach Ende der Abrechnungsperiode.

b) Währung

Die Währung, in der die Zahlungen zu erfolgen haben, ist meist der US-Dollar, zumindest aber eine andere frei konvertierbare Währung[26]. Insbesondere bei Verträgen mit Vertragspartnern aus der Dritten Welt oder Ländern mit hohen Inflationsraten, sind Management-Gesellschaften nur selten bereit, eine Vergütung in der jeweiligen Landeswährung zu akzeptieren. Das Inflationsrisiko und das Währungsrisiko sind hier zu hoch. Die Vereinbarung einer stabilen Währung stellt zugunsten des Managers eine Form der Wertsicherung dar.

c) Zahlungssicherung

Zu den Zahlungsmodalitäten gehört regelmäßig eine Vereinbarung über die Sicherung der Zahlungsverpflichtungen des Management-Nehmers[27]. Es wird vielfach vorgesehen, daß der Management-Nehmer einen unwiderruflichen und bestätigten „letter of credit" zu stellen hat[28]. Der „letter of credit" wird zugunsten des Managers im Auftrag seines Auftraggebers von einer Bank ausgestellt. Soweit der „letter of credit" unwiderruflich (aus Sicht des Management-Nehmers) und von der Bank bestätigt ist, ist der Manager hinsichtlich der Zahlungsverpflichtungen fast lückenlos

---

[26] Zeiger, Management Vertrag, S. 56.

[27] Zu Sicherungsformen (Bürgschaften und Garantien) im Rahmen von Management-Verträgen allgemein vgl. unten § 18.

[28] Zum „letter of credit" Wood, Law and Practise of International Finance, S. 309 ff; Chorley/Holden, Law of Banking, S. 180 ff.

geschützt. Der Manager erhält eine Zahlung in frei konvertierbarer Währung außerhalb des Gastlandes und ist damit Kursschwankungen oder etwaigen Devisenkontrollmaßnahmen nicht mehr ausgesetzt. Demgegenüber verliert der Management-Nehmer die vollständige Kontrolle über seine Zahlungsmittel.

II. Mitwirkungspflichten

Neben der Zahlungspflicht treffen den Management-Nehmer eine Reihe von Mitwirkungspflichten. Diese Pflichten beinhalten die Aufgabe, alle technischen, personellen und organisatorischen Bedingungen zu schaffen, die notwendig sind, damit der Manager seine Arbeit im Projekt aufnehmen kann. Im einzelnen lassen sich die Mitwirkungspflichten in folgende Gruppen einteilen:

- Unterbringung, Transport und Bereitstellung von Arbeitsmöglichkeiten für den Manager,
- allgemeine Verwaltungs- und Sicherungsaufgaben,
- Repräsentation des Managers gegenüber der Regierung des Gastlandes,
- Finanzierung und Beschaffung der notwendigen Betriebsmittel (Grundstücke, Anlagen etc.),
- Informationsbeschaffung[29].

1. Unterbringungs-, Transport- und Arbeitsmöglichkeiten

Der Management-Nehmer wird in der Regel verpflichtet, für das im Projekt tätige Personal des Managers die notwendigen Unterbringungs-, Transport- und Arbeitsmöglichkeiten zu schaffen[30]. Dazu gehört u. a. die Pflicht, entweder in ausreichendem Maße Hotelkapazitäten zu stellen oder aber in anderer Form für eine angemessene Unterbringung der Arbeitnehmer zu sorgen. Hinsichtlich der Schaffung von Transportmöglichkeiten trifft ihn im Einzelfall die Pflicht, Arbeitnehmern des Managers am Tätigkeitsort Kraftfahrzeuge zur Verfügung zu stellen. Die Pflicht zur Bereitstellung von Arbeitsmöglichkeiten umfaßt auch die Überlassung von Büroräumen und sonstigen Arbeitsmöglichkeiten, einschließlich der notwendigen Betriebsmittel (Telefone, Schreibmaschinen

---

[29] Zu dieser Einteilung vgl. UN-Centre on Transnational Corporations, Management Contracts, S. 22 ff.

[30] Zeiger, Management-Vertrag, S. 45.

etc.), die für die Aufgabenerfüllung notwendig sind. Im einzelnen ist der Umfang dieser Pflichten vor Beginn der Zusammenarbeit von den Parteien vertraglich festzulegen.

Ohne eine ausdrückliche vertragliche Vereinbarung, kann man dem Gesamtzweck des Vertrages die Pflicht des Management-Nehmers entnehmen, all die Maßnahmen zu treffen, die für eine Arbeitsaufnahme durch den Manager notwendig sind. Wie weit die Pflichten im Einzelfall reichen, ist durch die Auslegung zu ermitteln.

Bei Vereinbarung von Mitwirkungspflichten verwenden die Parteien häufig Begriffe, die den genauen Inhalt der einzelnen Pflichten nicht exakt festlegen[31]. So wird der Management-Nehmer verpflichtet, „geeignete“ Unterkünfte zu schaffen, die „notwendigen“ Arbeitsmittel zu stellen oder aber „angemessene“ Kraftfahrzeuge für den Manager bereitzuhalten. Hierbei tauchen mehrere Fragen auf. Zum einen ist unklar, an welchem Standard die Frage der „Angemessenheit“ oder „Geeignetheit“ zu messen ist. Dies kann einmal der Standard des Gastlandes, aber auch der vom Manager im eigenen Land gewohnte Standard sein. Für den ersteren spricht eine Vermutung, da der Schwerpunkt der Vertragsdurchführung im Land des Management-Nehmers liegt und hierauf sich die vertraglichen Regelungen beziehen. Zum anderen stellt sich die Frage, wer von den Parteien darüber entscheidet, was unter den vereinbarten „notwendigen“ oder „erforderlichen“ Ausstattungen zu verstehen ist. Schwierigkeiten bei der Vertragsdurchführung werden durch eine exakte Aufgabenbeschreibung vermieden.

Soweit eine exakte Festlegung im Vertrag nicht erfolgt, kann die Entscheidung hierüber einem feststehenden Gremium mit paritätischer Besetzung beider Vertragspartner oder einem außenstehenden Dritten übertragen werden[32].

2. Sonstige Nebenpflichten (Unterstützung, Information, Organisation)

Zu den allgemeinen Verwaltungsaufgaben des Management-Nehmers gehört die Pflicht, dem Manager ausreichend Hilfspersonal zur Verfügung zu stellen, damit dieser in der Lage ist, die Arbeit aufzunehmen. Ferner kann er verpflichtet sein, für die Sicherheit des Projektes oder Unternehmens zu sorgen und hierfür Sicherheitskräfte einzustellen[33].

Zu den allgemeinen Verwaltungsaufgaben gehört auch die Aufgabe, den Manager gegenüber der Regierung des Gastlandes zu vertreten. Der

---

31 UN-Centre on Transnational Corporations, Management Contracts, S. 21 ff.

32 Vgl. hierzu den Abschnitt über Vertragsanpassung, unten § 20, I u. II.

33 Vgl. hierzu die Vertragsbeispiele bei: UN-Centre on Transnational Corporations, Management Contracts, S. 23.

Management-Nehmer hat bei der Erlangung der notwendigen Aufenthaltserlaubnisse und Arbeitsgenehmigungen mitzuwirken. Ihn kann die Pflicht treffen, notwendige Konzessionen, Abbaugenehmigungen, devisenrechtliche Genehmigungen oder Genehmigungen für den Management-Vertrag selbst einzuholen[34].

In den Bereich der allgemeinen Verwaltungsaufgaben fällt auch die Pflicht, den Manager mit den für die Projektdurchführung notwendigen Informationen zu versorgen. Der Klient hat dem Manager Einblick in all die Unterlagen zu gewähren, die für die Aufgabenerfüllung notwendig sind.

Den Management-Nehmer trifft regelmäßig die Pflicht, die sachlichen und finanziellen Mittel zu beschaffen, die für die Durchführung des Projektes notwendig sind[35]. Er hat Grundstücke, Gebäude, Betriebsanlagen zu stellen und für die notwendige Kapitalausstattung zu sorgen. Die Inbetriebnahme des in Aussicht genommenen Projektes liegt zwar vornehmlich im Interesse des Management-Nehmers; es kann aber im Einzelfall auch ein Interesse des Managers an der tatsächlichen Inbetriebnahme des Projektes bestehen, das über sein rein finanzielles Interesse an der Erzielung des Management-Entgeltes hinausgeht. In diesem Fall wird die bloße Obliegenheit des Management-Nehmers zur Schaffung der sachlichen Voraussetzungen für die Durchführung des Vertrages zu einer Rechtspflicht. Er ist dann nicht nur im eigenen Interesse gehalten, das Projekt in Betrieb zu nehmen, sondern gegenüber dem Manager im Sinne einer klagbaren Verpflichtung dazu rechtlich gezwungen. Eine derartige Konstellation ist häufig in der Hotelbranche anzutreffen, wo der Manager nicht ausschließlich an der Erlangung des vereinbarten Entgeltes interessiert ist, sondern sein Interesse vielmehr dahin geht, durch den Aufbau eines neuen Hotels seine übrige Hotelkette zu ergänzen und seine internationale Reputation zu verstärken.

§ 7: Dauer und Beendigung des Vertrages

I. Vertragsdauer

Langfristiges Ziel im Rahmen der Zusammenarbeit ist die Rückübertragung der Unternehmensleitung auf den Management-Nehmer. Dieser

[34] In einigen Ländern ist der Transfer von Technologie genehmigungspflichtig, der Management-Vertrag kann in solchen Fällen an eine vorherige Genehmigung gebunden sein; vgl. dazu bspw. CORREA, JWTL 1981 S. 388, 399 f.

[35] UN-Centre on Transnational Corporations, Management Contracts, S. 25.

will die Führungsaufgaben nach Durchführung der Ausbildung durch eigenes Personal wahrnehmen lassen. Die Vertragsdauer ist damit notwendig mit der Rückübertragung der Geschäftsführungsbefugnisse verbunden. Für die Vereinbarung, zu welchem Zeitpunkt eine Rückübertragung der Geschäftsführungsbefugnisse zu erfolgen hat, haben sich in der Vertragspraxis zwei Formen gebildet.

1. *Endtermin*

Eine Möglichkeit ist die Festlegung eines Endtermins. Bis zum Ablauf des Termins sind sämtliche Geschäftsführungsaufgaben ohne Rücksicht auf den erreichten Ausbildungsstand auf den Management-Nehmer zurückzuübertragen. Die Länge der Zusammenarbeit ist abhängig vom Umfang der geplanten Ausbildung und den Zielen, die die Parteien mit der Zusammenarbeit verfolgen. In Fällen, in denen es dem Management-Nehmer vorrangig darum geht, möglichst schnell die unternehmerischen Fähigkeiten zu erlangen, die zur Führung des Unternehmens notwendig sind, wird die Vertragsdauer relativ kurz bemessen. Dementsprechend stark ausgeprägt sind in diesen Verträgen die Ausbildungspflichten[1] des Managers. Hier liegt die Vertragsdauer in der Regel in einem Bereich von drei bis sieben Jahren[2]. Eine wesentlich längere Mindestvertragsdauer wird vorgesehen in Fällen, wo nicht die möglichst schnelle Übernahme der Geschäftsführung durch den Management-Nehmer primäres Vertragsziel ist, sondern andere Aspekte im Vordergrund stehen. Bei Management-Verträgen in der Hotelbranche, bei denen der Management-Nehmer von der weltweiten Reputation der jeweiligen Hotelketten profitieren und die internationalen Verbindungen des Managers nutzen will, werden erheblich längere Laufzeiten vereinbart[3]. Eine Mindestvertragsdauer von 20 Jahren kann hier als Regel angesehen werden[4].

Bei Vereinbarung einer Mindestvertragsdauer werden zusätzlich Regelungen in den Vertrag aufgenommen, nach denen eine oder beide Parteien die Möglichkeit haben, durch einseitige Erklärung die Vertragsdauer um einen bestimmten Zeitraum (etwa ein Jahr) zu verlängern[5]. Eine derartige Optionsmöglichkeit findet sich besonders häufig in der

---

1 Dazu oben § 5, IV.

2 Zeiger, Management-Vertrag, S. 58, spricht von 5–7 Jahren, während nach Ellison, Multinational Business 1976, S. 19 (27) 3–5 Jahre die Norm sind.

3 Vgl. den Management-Vertrag im BGH WM 1982, S. 394.

4 Zeiger, Management-Vertrag, S. 58.

5 UN-Centre on Transnational Corporations, Management Contracts, S. 108 f.

Hotelbranche zugunsten des Managers der Hotelkette[6]; sie kann aber auch zugunsten des Management-Nehmers vereinbart werden, etwa wenn dieser zu Beginn der Zusammenarbeit noch nicht übersehen kann, ob er nach Ablauf der Mindestvertragsdauer in der Lage ist, die auf den Manager übertragenen Funktionen an sich zu ziehen.

Schranken einer Festlegung solcher Verlängerungsmöglichkeiten können sich aus dem nationalen Recht ergeben. In den Vordergrund rückt hier die Knebelungsproblematik. So hat der BGH[7] eine Vertragsdauer von 20 Jahren, mit der gleichzeitigen Möglichkeit des Managers, den Vertrag dreimal um 10 Jahre zu verlängern, als unzulässig angesehen. Durch derart lange Bindungsfristen wird die wirtschaftliche Bewegungsfreiheit des Vertragspartners in unzulässiger Weise eingeschränkt. Im deutschen Recht ergibt sich diese Rechtsfolge aus §§ 138, 139 BGB.

2. *Anknüpfung an den Ausbildungserfolg*

Die Dauer der Zusammenarbeit kann auch vom Erreichen eines bestimmten Ausbildungsstandes abhängig gemacht werden. Die Rückübertragung erfolgt erst, wenn sichergestellt ist, daß das ausgebildete Personal die notwendige sachliche Qualifikation erreicht hat. Der Endtermin der Zusammenarbeit ist hier zwar zeitlich nicht genau bestimmbar; die Regelung bietet aber den Vorteil, daß eine Übernahme der Geschäftsführungsaufgaben erst erfolgt, wenn gewährleistet ist, daß das Personal die notwendige Eignung besitzt. Fehler, die durch nicht hinreichend ausgebildetes Personal entstehen, werden so vermieden. In der Praxis kann eine derartige Regelung in der Weise durchgeführt werden, daß jeder Stelle, die vom Personal des Managers wahrgenommen wird, ein Arbeitnehmer des Management-Nehmers zugeordnet wird. Diese „zweite Besetzung" der Stelle übernimmt die Aufgaben vom Manager, wenn die vorgesehene Ausbildung erfolgreich abgeschlossen wurde. Eine solche Klausel aus einem praktischen Management-Vertrag hat etwa folgenden Wortlaut:

> *Replacement of Management Staff*
>
> „Manager shall train local personnell ... with the objective that such trainees will in the future be able to operate, maintain and administer the Mine and Mill efficiently. As part of this obligation each member of the management staff will be assigned a local counterpart. Such local counterparts/trainees who

---

[6] Vgl. Art. III des in BGH WM 1982, S. 394 abgedruckten Vertrages.

[7] BGH WM 1982, S. 394 ff.

successfully complete Manager's training program shall replace members of the management staff as soon as in the judgment of Manager they shall have reached the level of efficiency required to perform the functions for which they have been trained, however, it is understood that all management staff shall, to the maximum extent feasible, be replaced by local personnel within ten years from the date of commencement of production".[8]

Die Frage, wann eine Rückübertragung der Aufgaben erfolgt, liegt bei einer derartigen Regelung im Ermessen des Managers. Dies birgt die Gefahr, daß er durch Vernachlässigung seiner Ausbildungsaufgaben und der Pflicht die Befugnisse an den Management-Nehmer zurückzuübertragen, die Zusammenarbeit zu lange hinauszögert, etwa weil er ein an den laufenden Erfolgen bemessenes Entgelt bezieht oder weil er das im Projekt gebundene Personal anderweitig nicht einsetzen kann („hanging-on-Syndrom")[9]. Es ist notwendig, vertragliche Mechanismen vorzusehen, die einer derartigen Hinauszögerung der Zusammenarbeit durch den Manager entgegenwirken.

Wegen der Nachteile der Festlegung eines Endtermins (Unabhängigkeit der Vertragsdauer vom Ausbildungsstand) und der Gefahren einer Vereinbarung, die die Dauer der Zusammenarbeit der Bestimmung durch den Manager überläßt, hat sich in der Vertragspraxis eine Kombination aus beiden Formen gebildet. Sie liegt in der Festlegung von Höchstgrenzen für den zahlenmäßigen Einsatz von Personal des Managers und dessen jeweiliger Einsatzdauer[10]. Bei einer zeitlich gestaffelten Abnahme der Höchstgrenzen ergibt sich für den Manager automatisch die Pflicht, Personal abzubauen und durch Einheimisches zu ersetzen. Diese Regelung ist aber im Verhältnis zur Festlegung eines Endtermins insoweit flexibler, als sie nicht für bestimmte Stellen einen Personalabbau vorschreibt, sondern nur die Gesamtzahl des Personals reduziert.

II. Kündigung des Vertrages

Die Möglichkeit, sich vorzeitig vom Vertrag zu lösen, ist für den Management-Nehmer häufig die einzige Möglichkeit, auf eine Schlechterfüllung der vertraglichen Pflichten durch den Manager zu reagieren, die noch keinen Vertragsbruch darstellen und Schadensersatzpflichten

---

[8] UN-Centre on Transnational Corporations, Management Contracts, S. 58.

[9] Vgl. Ellison, Multinational Business 1976, S. 26 f; St. Ville in: Hellawell/Wallace, 7.2.5. B 15; Neersö, World Development Vol 2, No 2 Febr. 1974, S. 139, 142 f.

[10] UN-Centre on Transnational Corporations, Management Contracts, S. 60.

auslösen. Der Festlegung eines Kündigungsrechtes zugunsten des Management-Nehmers kommt daher aus seiner Sicht besondere Bedeutung zu. Auch aus Sicht des Managers kann sich ein Kündigungsrecht als notwendig erweisen, wenn sich im Laufe der Zusammenarbeit herausstellt, daß die zu erzielenden Einnahmen nicht so ausfallen wie ursprünglich geplant und die Kündigung des Vertrages die einzige Möglichkeit ist, sich dauernden Verlusten zu entziehen.

Regelungsbedürftig im Rahmen der Festlegung eines Kündigungsrechtes sind die Fragen:

- wem ein Kündigungsrecht zusteht;
- welche Gründe für eine Kündigung vorliegen müssen oder ob die Kündigung ohne Angabe von Gründen erfolgen kann (ordentliche Kündigung);
- der Kündigungsfrist;
- ob vor einer erstmaligen Kündigungsmöglichkeit eine Mindestlaufzeit des Vertrages abzuwarten ist und
- welche Folgen sich bei einer Vertragsbeendigung infolge Kündigung ergeben (z. B. Abschlußzahlungen).

Als Kündigungsgründe können, neben der Vereinbarung einer Kündigungsmöglichkeit ohne Angabe von Gründen, vorgesehen werden:

- Vertragsbruch der anderen Partei,[11]
- Zahlungsverzug
- höhere Gewalt (force majeure)
- Zerstörung oder Verlust von Produktionsmöglichkeiten oder Gegenständen, auf die sich die Zusammenarbeit bezieht,
- Liquidation oder Konkurs einer Partei
- Verstaatlichung
- Ausbleiben vorgesehener Finanzierungsmöglichkeiten
- Nichterreichen eines Projekterfolges
- Täuschung einer Partei,[12].

1. Ordentliche Kündigung

Üblich ist vielfach eine Vereinbarung, nach der eine Partei das Recht hat – zumindest nach Ablauf einer Mindestvertragsdauer – den Vertrag

---

[11] Vgl. dazu die unten, § 17, II. 2 wiedergegebene Default-Klausel.

[12] Zu dieser Einteilung vgl. UN-Centre on Transnational Corporations, Management Contracts, S. 112.

ohne Angabe von Gründen zu kündigen[13]. Dies entspricht der gesetzlichen Regelung der §§ 675, 671 Abs. 1 BGB für den Geschäftsbesorgungsvertrag[14], der die jederzeitige Kündigung des Vertrages zuläßt. In einer derartigen Regelung liegt jedoch ein Risiko für beide Parteien. Der Manager muß befürchten, daß der Klient die Zusammenarbeit kurzfristig beendet, wenn er ausreichend Erfahrungen und „Know-how" gesammelt hat; andererseits läuft der Management-Nehmer Gefahr, soweit er sich auf eine längere Zusammenarbeit eingestellt hat, bei einer Kündigung durch den Manager, innerhalb kurzer Frist gezwungen zu sein, die Leitung des Unternehmens zu übernehmen oder einen neuen Vertragspartner zu suchen. Es liegt daher im Interesse beider Parteien, die sich aus einer Kündigungsmöglichkeit ohne Angabe von Gründen ergebenden Risiken zu beschränken. Dies kann geschehen, indem die ordentliche Kündigung für einen Mindestzeitraum vollständig ausgeschlossen wird[15]. Diese Regelung entspricht der oben dargestellten Festlegung einer Mindestvertragsdauer[16]. Eine weitere Möglichkeit ist die Vereinbarung besonders langer Kündigungsfristen (z. B. von einem oder mehreren Jahren). Hier verbleibt zwar jedem Partner grundsätzlich das Recht, den Vertrag ordentlich zu kündigen; der andere Partner hat aber ausreichend Zeit, sich auf eine Beendigung der Zusammenarbeit einzustellen.

2. *Kündigung bei Vertragsbruch*

Ein Recht zur Kündigung des Vertrages beteht in aller Regel in Fällen des Vertragsbruches einer Partei (breach of contract). Auf Seiten des Managers ist dies die Vernachlässigung seiner Geschäftsführungs- oder Ausbildungsaufgaben; auf Seiten des Management-Nehmers die Nichterfüllung der Zahlungsverpflichtungen. Darüberhinaus finden sich in den Verträgen detaillierte Regelungen über die Frage, was zwischen den Parteien als Vertragsbruch angesehen werden soll (Default-Klausel)[17]. Um nicht die jeweils vertragsbrüchige Partei abrupt mit einer fristlosen Kündigung zu belasten, wird die Möglichkeit zur Kündigung des Vertrages infolge Vertragsverletzung in zweierlei Hinsicht modifiziert. Zum einen wird auch bei einer Kündigung wegen Vertragsbruchs die Einhal-

---

13 Zeiger, Management-Vertrag, S. 59; Gabriel, S. 128.

14 Zur Einordnung des Management-Vertrages als Geschäftsbesorgungsvertrag vgl. oben § 4, II, 2.

15 Zeiger, Management-Vertrag, S. 59 f.

16 Dazu oben § 7, I, 1.

17 Dazu unten § 17, II, 2.

tung einer Kündigungsfrist vorgesehen[18], so daß eine Vertragsbeendigung nicht mit Ausspruch der Kündigung, sondern erst nach Ablauf einer Wartefrist eintritt. Zum anderen wird derjenige, der beabsichtigt, eine Kündigung auszusprechen, verpflichtet, vor Ausspruch der Kündigung das beanstandete Fehlverhalten der anderen Partei zuvor abzumahnen[19]. Die auch dem deutschen Recht geläufige Rechtsfigur der Abmahnung[20] hat den Zweck, der vertragsbrüchigen Partei zunächst Gelegenheit zu geben, ihr Verhalten, bzw. die Art der Vertragserfüllung zu ändern, um so die negativen Folgen einer Kündigung zu vermeiden. Für die Vernachlässigung der Zahlungsverpflichtung bedeutet das Erfordernis einer Abmahnung, daß eine hierauf gestützte Kündigung erst erfolgen kann, wenn der zahlungspflichtigen Partei zuvor eine Nachfrist gesetzt wurde. Die Fristen, die nach einer Abmahnung zur Abstellung des bemängelten Verhaltens einzuhalten sind, liegen nicht im Belieben der abmahnenden Partei oder sind durch vage Formulierungen wie etwa „angemessene Nachfrist"[21] festgelegt, sondern in zeitlicher Hinsicht genau bestimmt. Auf diese Weise wird eine exakte Ermittlung des Zeitraums möglich, bis zu dem das bemängelte Verhalten abgestellt werden muß. Erfolgt eine Kündigung ohne vorherige Abmahnung hat dies die Unwirksamkeit der Kündigung zur Folge; d. h. der Vertrag besteht fort.

Eine andere Möglichkeit, vor Ausspruch einer Kündigung der vertragsbrüchigen Partei die Gelegenheit zur ordnungsgemäßen Vertragserfüllung zu geben, ist die Verpflichtung, vor Ausspruch der Kündigung oder der Einleitung anderer rechtlicher Schritte, wie der Anrufung eines Schiedsgerichtes, in gegenseitige Verhandlungen mit dem Versuch einer gütlichen Einigung einzutreten[22]. Erst nach Ablauf einer festgelegten Frist, in der die Vertragspartner zur Verhandlung verpflichtet sind, kann die Kündigung erfolgen.

---

[18] Gabriel, S. 129.

[19] Zeiger, Management-Vertrag, S. 60; UN-Centre on Transnational Corporations, Management Contracts, S. 115.

[20] Z. B. die Notwendigkeit einer Abmahnung des Arbeitnehmers durch den Arbeitgeber vor Ausspruch einer außerordentlichen Kündigung, dazu Söllner, Grundriß des Arbeitsrechts, S. 284; Kammerer, BB 1980, S. 1587–1591; BAG DB 1980, 1351.

[21] Vgl. etwa §§ 283, 326 BGB.

[22] Zu Neuverhandlungspflichten im internationalen Vertragsrecht vgl. Horn, Anpassung langfristiger Verträge, S. 24 f, mwN; über die Notwendigkeit einer Verhandlung vor Ausspruch der Kündigung s. auch UN-Centre on Transnational Corporations, Management Contracts, S. 115.

3. *Kündigung in Fällen höherer Gewalt (Force-majeure-Klauseln)*

Ein Kündigungsrecht wird im allgemeinen vorgesehen für den Fall einer grundlegenden Veränderung der Vertragsumstände infolge nicht vorhersehbarer Ereignisse (Force-majeure). Es handelt sich dabei um Änderungen vertragsrelevanter Umstände von grundlegendem Charakter, die von den Parteien nicht herbeigeführt und nicht beherrschbar sind und von ihnen nicht vorhergesehen wurden[23]. Ihre Wirkung besteht entweder in der Verhinderung oder Verzögerung vertragsgerechter Leistung oder darin, daß die vertragsgerechte Erfüllung so schwierig oder sonst so verändert wird, daß daraus eine Unzumutbarkeit für eine Partei entsteht[24]. Die Force-majeure-Klausel bildet damit das Gegenstück zu einer Default-Klausel, die festlegt, was in den Risiko-(Haftungs)-Bereich einer Partei fällt und nicht von der Vertragshaftung befreit[25].

Soweit ein Kündigungsrecht für den Fall höherer Gewalt (Force-majeure) eingeräumt wird, ohne daß diese näher im Vertrag definiert wird, muß auf die im internationalen Rechtsverkehr übliche Auslegung dieses Begriffs zurückgegriffen werden. Zum großen Teil enthalten die Verträge jedoch eine eigenständige Festlegung, was zwischen den Parteien als höhere Gewalt gilt. Neben einer allgemeinen Definition finden sich enumerative Aufzählungen einzelner Fälle, die nicht als höhere Gewalt angesehen werden und in den Risikobereich einer Partei fallen. Die Ereignisse, die als höhere Gewalt gelten, müssen nicht unter die allgemeine oder im Vertrag festgelegte Definition der „höheren Gewalt" fallen; sie lösen jedoch die gleichen rechtlichen Folgen aus.

Regelmäßige Folge eines Falles höherer Gewalt ist die Befreiung von der Vertragshaftung, d. h. die zeitweilige oder endgültige Aufhebung der Leistungspflichten und regelmäßig des Vertrages insgesamt[26]. Diese Folge tritt aber nicht automatisch ein, sondern nur dann, wenn sich eine

---

[23] Horn, Die Anpassung langfristiger Verträge, S. 27; ders., Adaptation, S. 132.

[24] Zu den Klauseln über Force-majeure vgl. auch Fontaine, Les clauses de force majeure dans le contracts internationaux, 5 Droit et Practique du Commerce international, S. 469 ff (1979); van Ommeslaghe, les clauses des force majeure et d'imprevision internationaux, 57 dr. int. et dr. comp. 7—59 (1980); Böckstiegel in: Horn, Adaptation, S. 159 ff.

[25] Horn, Adaptation, S. 139.

[26] Horn, Anpassung langfristiger Verträge, S. 33; Fontaine, les clauses de force majeure dans les contracts internationaux, 5 Droit et practique du commerce international S. 500 (1979).

Partei darauf beruft[27]. Die Vertragsbeendigung muß gegenüber der anderen Partei eindeutig erklärt werden[28]. Bevor die endgültigen Wirkungen der Vertragsbeendigung eintreten, wird häufig vorgesehen, daß zunächst festgelegte Fristen abzuwarten sind[29]. Erst wenn sich nach Ablauf der Frist zeigt, daß der die Vertragsdurchführung hindernde Umstand fortdauert, kann eine Partei den Vertrag durch Kündigung beenden[30]. Neben der Begründung eines Kündigungsrechtes wird in Fällen höherer Gewalt häufig eine Vertragsanpassung oder die Verpflichtung zur Neuverhandlung vorgesehen[31].

III. Folgen einer Vertragsbeendigung

Neben der Frage, in welchen Fällen die vertragliche Zusammenarbeit beendet wird, findet sich in der Vertragspraxis eine Regelung darüber, welche Folgen die Vertragsbeendigung auslöst. Dies betrifft in erster Linie die bei Vertragsbeendigung entstehenden Zahlungsverpflichtungen. Hierunter fallen Regelungen über die Kosten für die Vertragsbeendigung selber (Rücktransport etc.), die zu diesem Zeitpunkt noch ausstehenden Verpflichtungen (für die Zukunft zu leistende Vergütungen des Management-Nehmers) sowie speziell aus Anlaß der Vertragsbeendigung zu leistende Beträge (Abschlußzahlungen)[32].

Soweit der Manager keinen Anlaß zur Vertragsbeendigung gegeben hat (ordentliche Kündigung), fallen dem Management-Nehmer alle Kosten zur Last, die durch vorzeitige Vertragsbeendigung entstehen. Gleichzeitig erlischt aber auch die Verpflichtung der Zahlung des (laufenden) Entgeltes. Allerdings kann zugunsten des Managers eine einmalige Zahlung aus Anlaß der Vertragsauflösung vorgesehen werden, die ihn für die vorzeitige Beendigung der Zusammenarbeit und den damit verbundenen Ausfall der regelmäßigen Vergütungen entschädigt[33].

---

27 Dies entspricht auch der Rechtslage beim sog. Wegfall der Geschäftsgrundlage, bei dem ein Kündigungsrecht der benachteiligten Partei besteht, vgl. Medicus, Bürgerliches Recht, Rz. 170, mwN.

28 Horn, Anpassung langfristiger Verträge, S. 33.

29 UN-Centre on Transnational Corporations, Management Contracts, S. 119 f.

30 Schmitthoff, Export Trade, S. 122; Horn, Anpassung langfristiger Verträge, S. 33 ff.

31 Horn, Anpassung langfristiger Verträge, S. 34, dazu unten § 20, I, II.

32 UN-Centre on Transnational Corporations, Management Contracts, S. 122 f.

33 Zeiger, Management-Vertrag, S. 62.

§ 8: Kombination des Management-Vertrages mit anderen Vertragstypen

Der Management-Vertrag wird häufig nicht isoliert abgeschlossen, sondern steht in einem größeren Rahmen wirtschaftlicher Zusammenarbeit der beteiligten Partner[1]. Die rechtlichen Beziehungen, die neben einer Management-Vereinbarung zwischen den Vertragspartnern bestehen können, sind Liefer- und Montageverträge, Produktionsgemeinschaften oder kapitalmäßige Beteiligungen am geführten Unternehmen in Form eines „joint venture“.

Soweit die verschiedenen Bestandteile der Zusammenarbeit in einem Vertragswerk zusammengefaßt sind (z. B. Management-Vereinbarungen und der Vertrag über eine schlüsselfertige Anlage)[2] tauchen keine besonderen Probleme auf. Werden die Verträge unabhängig voneinander geschlossen, so ist besonderer Wert auf eine Angleichung und Verküpfung beider Verträge zu legen. So kann beispielsweise ein Management-Vertrag abhängig sein von einer gleichzeitigen Kreditgewährung[3] oder der Lieferung einer Anlage oder Rohstoffen bzw. Halbfertigprodukten. Umgekehrt kann die Kreditgewährung und/oder Auszahlung der Valuta vom Abschluß eines Management-Vertrages für ein bestimmtes Projekt abhängig gemacht werden (sog. „condition precedent“)[4]. In diesen Fällen ist festzuhalten, daß die Wirksamkeit des einen Vertrages von der Wirksamkeit des anderen Vertrages abhängt und die Beendigung eines der beiden Verträge auch die Beendigung des anderen zur Folge hat. Erreicht wird die Verknüpfung beider Vereinbarungen durch eine Regelung, nach der ein bestehendes Kündigungsrecht nur für beide Verträge gleichzeitig ausgeübt werden kann und das Recht, einen Vertrag aufzulösen, gleichzeitig auch das Recht zur Lösung des damit verbundenen Vertrages gibt. Weitere Berührungspunkte neben Vertragsdauer, Kündigungsrechten und parallelen Schiedsvereinbarungen ergeben sich bei der Entgeltberechnung, wenn sich die durch den Abschluß eines gleichzeitigen Liefe-

---

1 Zeiger, Management-Vertrag, S. 68 ff; UN-Centre on Transnational Corporations, Management Contracts, S. 4.

2 S. dazu Dünnweber, S. 45; als vertragliches Beispiel vgl. UNIDO, Model Form of Turnkey Contract for the Construction of a Fertilizer Plant Art. 17, abgedr. bei Dünnweber, S. 216.

3 Westring, ICLF Rev. 1980, S. 399 (402); Ellison, Multinational Business 1976, S. 19 (20, 23); Zeiger, Management-Vertrag, S. 72.

4 Dazu Hinsch/Horn, Konsortialkredite und Projektfinanzierungen S. 68 ff.

rungsvertrages angestrebten „secondary benefits“[5] auf die Höhe der Vergütung für die Management-Leistungen auswirken und bei deren Berechnung berücksichtigt werden.

I. Liefer- und Montageverträge

Anbieter von Management-Dienstleistungen sind in der Regel Unternehmen, deren Aufgabenschwerpunkt in der Herstellung oder dem Vertrieb von Waren (insbesondere Industrieanlagen oder Teilen davon) oder der Erbringung von Dienstleistungen liegt (z. B. Hotelbranche, Transportunternehmen)[6]. Die Erbringung von Management-Dienstleistungen ist nicht primärer Unternehmensgegenstand, sondern Annex der unternehmerischen Tätigkeit. Bietet ein Unternehmen die Lieferung oder Erstellung einer Industrieanlage oder wesentlicher Teile davon an, scheitert ein Verkauf, insbesondere an Entwicklungsländer oder bei neuen Technologien auf Seiten des Abnehmers an den Fähigkeiten und Kenntnissen, die notwendig sind, um die Anlage eigenverantwortlich zu betreiben. Ein Absatz ist nur möglich, wenn der Lieferant (Anlagenbauer) gleichzeitig die notwendigen Management-Dienstleistungen anbietet[7]. In diesem Bereich des Anlagenbaues findet sich in der Praxis ein weites Anwendungsgebiet für Management-Verträge[8].

II. Gemeinschaftsunternehmen

In der internationalen Praxis verbreitet ist die Vereinbarung eines Management-Vertrages mit der gleichzeitigen Zusammenarbeit der Vertragspartner in einem Gemeinschaftsunternehmen (joint venture)[9]. Unter einem joint venture versteht man die Zusammenarbeit von zwei oder

---

[5] Dazu Westring, ICLF Rev. 1980, S. 399 (402); ders. in: Horn/Schmitthoff, Transnational Law, S. 185.

[6] Westring, ICLF Rev. 1980, S. 399 (402); ders. in: Hellawell/Wallace, 7.2.5 A 4.

[7] Westring in: Horn/Schmitthoff, Transnational Law, S. 184 f; ders. in: Hellawell/Wallace, 7.2.5 A 3.

[8] Zeiger, Management-Vertrag, S. 71; Juhl, Die Bedeutung von Investitionsschutzabkommen für Direktinvestitionen und Technologietransfer in Entwicklungsländer, ZfbF 1981, S. 77 (82).

[9] Zur Definition des joint venture s. etwa Friedmann, Joint international Business Ventures, S. 5 f; Oman, New Forms of International Investment, S. 14.

mehr Vertragspartnern in einem gemeinsamen Projekt[10] unter Aufteilung von Finanzierung, Risiken und der Gewinne. Die Intensität der Zusammenarbeit kann unterschiedlich ausgeprägt sein. In der internationalen Praxis finden sich fünf Grundformen der Zusammenarbeit in einem Gemeinschaftsunternehmen:

- corporations
- partnerships
- limited partnerships
- contractual joint ventures und
- trusts[11]

1. Vertragliche Zusammenarbeit (contractual joint venture)

Die loseste Form der Zusammenarbeit ist das Zusammenwirken auf vertraglicher Basis (contractual joint venture)[12]. Sie findet sich insbesondere im Bereich der Exploration[13] und im Aufbau neuer Dienstleistungsbereiche. Es wird keine neue rechtlich selbständige Gesellschaft gegründet; die Parteien arbeiten lediglich aufgrund einer vertraglichen Vereinbarung in einem gemeinsamen Projekt zusammen. Einbringungsgegenstand des Managers ist im Regelfall sein Know-how und die Übernahme von Geschäftsführungsaufgaben; während der Management-Nehmer das Kapital, etwa in Form der notwendigen Grundstücke oder Produktionsanlagen, in das Projekt einbringt.

Es entsteht durch die Zusammenarbeit keine neue rechtlich selbständige Gesellschaft. Träger des Projektes sind die beteiligten Partner. Im deutschen Recht läßt sich diese Form der Zusammenarbeit als Gesellschaft bürgerlichen Rechts (§§ 705 ff. BGB) beschreiben[14]. Management-Vereinbarungen und der Vertrag über die geplante Zusammenarbeit sind miteinander verknüpft. Der Vertrag legt unter anderem fest, zu welchen

---

[10] Verbreitet ist diese Zusammenarbeit vorwiegend im Geschäftsverkehr mit privaten Unternehmen, nicht mit öffentlichen Stellen, dazu: UN-Centre on Transnational Corporations, Management Contracts, S. 5.

[11] Zu dieser Einteilung: Newitt, Project Financing, S. 97.

[12] Zeiger, Management-Vertrag, S. 68 ff.

[13] Als Beispiel vgl. dazu den Modellvertrag für chinesische Erdölerschließungsprojekte, abgedr. bei Hinsch/Horn, Internationale Konsortialkredite, S. 315 ff.

[14] Zur Einordnung dieser Form der Zusammenarbeit als Gesellschaft bürgerlichen Rechts vgl. auch Zeiger, S. 69 f mwN.

Geschäftsführungsaufgaben der Manager verpflichtet ist. Bei seinem späteren Tätigwerden nach Außen handelt der Manager gleichzeitig in eigenem Namen sowie als Vertreter der beteiligten Partner.

2. *Gesellschaftsgründungen*

Management-Vereinbarungen finden sich auch im Zusammenhang mit der Gründung eines rechtlich selbständigen Gemeinschaftsunternehmens (Equity Joint Venture)[15]. Der Manager ist hier am geführten Unternehmen kapitalmäßig beteiligt.

a) Gründungsvorgang

Die Vertragsgestaltung vollzieht sich dabei in zwei Schritten. Zunächst gründen die beteiligten Partner eine rechtlich selbständige Gesellschaft. Im Gründungsvertrag werden bereits die Verpflichtungen des Managers zur späteren Übernahme von Geschäftsführungs- und Ausbildungsaufgaben vorgesehen.

In einem zweiten Schritt übernimmt der Manager die Geschäftsführung des Unternehmens. Eine Möglichkeit hierfür ist der Abschluß eines Management-Vertrages zwischen der neugegründeten Gesellschaft (vertreten durch das jeweilige Geschäftsführungsorgan) und dem Manager. Eine Verpflichtung zum Abschluß dieses (zweiten) Vertrages wird bereits im Gründungsvertrag der Gesellschaft vorgesehen. Hier werden im Regelfall auch die Einzelheiten des späteren Management-Vertrages festgelegt. In dieser Form der Zusammenarbeit ist der Manager mit eigenem Haftkapital am wirtschaftlichen Risiko des gemeinsam betriebenen Unternehmens beteiligt. Im übrigen bestehen im Verhältnis zur Normalform des Management-Vertrages keine Unterschiede.

Die zweite Möglichkeit der Übertragung von Geschäftsführungsaufgaben ist die Begründung einer Organstellung. Der Manager wird nicht rechtsgeschäftlicher Vertreter der neugegründeten Gesellschaft, sondern übernimmt die Verpflichtung, Personen in das Geschäftsführungsorgan des Gemeinschaftsunternehmens zu entsenden[16]. Der Vertrag zur Gründung der neuen Gesellschaft regelt:

---

15 Ellison, Multinational Business 1976, S. 19 (27); UN-Centre on Transnational Corporations, Management Contracts, S. 5 f.

16 Vgl. hierzu auch die Ausführungen zur Begründung einer Organstellung bei der Grundform des Management-Vertrages, oben § 4, II, 3.

- die Anzahl der von jedem Gründungsmitglied in das Geschäftsführungsorgan zu entsendenden Vertreter,
- die Aufgabenverteilung im Geschäftsführungsorgan und
- die für eine Beschlußfassung notwendigen Mehrheiten.

Hier ergeben sich erhebliche Unterschiede zur Normalform des Management-Vertrages. Der Manager ist nicht nur aufgrund einer rechtsgeschäftlichen Vollmacht zur Vertretung des Unternehmens berechtigt, sondern leitet seine Vertretungsmacht (bzw. die seiner in das Projekt entsandten Arbeitnehmer) aus einer Organstellung ab. Umfang der Geschäftsführungsbefugnisse und die Möglichkeit dem Manager die Position nachträglich zu entziehen, unterliegen hier nicht der Parteidisposition, sondern ergeben sich aus dem für die jeweilige Gesellschaftsform geltenden nationalen (i. d. R. zwingendem) Recht.

b) Verhältnis zur Direktinvestition

Der Management-Vertrag in Kombination mit einem Gemeinschaftsunternehmen ist als eine Alternative zur Direktinvestition zu sehen. Potentielle Anbieter von Management-Dienstleistungen sind nur dann an der Eingehung eines Management-Vertrages interessiert, wenn sie gleichzeitig eine kapitalmäßige Beteiligung am geführten Unternehmen erhalten[17]. Der Management-Vertrag ist Annex einer Direktinvestition in Form der Übernahme von Beteiligungskapital und verfolgt das Ziel, Risiken und Schwierigkeiten, die sich im Rahmen einer eigenen Direktinvestition ergeben, abzusichern. So erhält die Management-Gesellschaft, die am geführten Unternehmen beteiligt ist und Vertreter in das Geschäftsführungsorgan entsendet, einen direkten Einfluß auf die Unternehmensleitung[18], ohne gleichzeitig das volle finanzielle Risiko zu tragen. Konkrete Vorhaben (Personalentscheidungen, Unternehmenspolitik, Unternehmensorganisation) des Managers müssen nicht in dem betreffenden Gesellschaftsorgan (Hauptversammlung, Gesellschafterversammlung) unter Auseinandersetzung mit den dort bestehenden Mehrheitsverhältnissen durchgesetzt werden, sondern können unmittelbar über den Einfluß auf die Unternehmensführung verwirklicht werden. Ein weiterer Vorteil im Verhältnis zur Eigeninvestition ist die Möglichkeit, über die für die Management-Leistung zu zahlenden Entgelte laufende Einnahmen aus

---

17 Gabriel, S. 33 ff.

18 Business International Corporations, Management Contracts abroad, Management Monograph No. 12, S. 1.

der Unternehmung zu erzielen, die von der Gewinnentwicklung unabhängig sind. Auch in steuerlicher Hinsicht oder im Hinblick auf nationale Investitionsbeschränkungen kann der Management-Vertrag in Verbindung mit einem Gemeinschaftsunternehmen positive Auswirkungen haben[19].

c) Einbringungsgegenstand des Managers

Bei der Gesellschaftsgründung ist es nicht zwingend notwendig, daß sich der Manager mit Eigenkapital am Unternehmen beteiligt. Einbringungsgegenstand in die neue Gesellschaft kann auch das zur Verfügung gestellte „Know-how" sowie die Verpflichtung zur Erbringung von Dienstleistungen sein[20]. Neben der in solchen Fällen schwierigen Bewertung des „Know-how" als Einbringungsgegenstand bei Gesellschaftsgründungen[21], ist in solchen Fällen Rücksicht zu nehmen auf die Zulässigkeit einer derartigen Sachgründung[22] nach nationalem Recht. Maßgeblich ist das Recht des Landes, an dem die neugegründete Gesellschaft ihren Sitz hat[23].

§ 9: Vertragsgestaltung

I. Musterverträge

Für Management-Vereinbarungen existieren keine international anerkannten und verbreiteten Musterverträge[1]. Die Vereinheitlichung hat hier noch nicht den Stand erreicht, wie bei der Standardisierung von Verträgen im Bereich des Consulting-Geschäftes[2] oder anderer Vertragstypen des internationalen Wirtschaftsverkehrs. Für das deutsche Recht gibt es zwar in einigen Vertragsmustersammlungen eine Reihe von

---

19 GABRIEL, S. 34 f.

20 GABRIEL, S. 91 ff; ZEIGER, Management-Vertrag, S. 75; KREUTZER in: FS v. Cammerer 1978, S. 705 (706).

21 Vgl. hierzu BARZ, Know-how als Einbringungsgegenstand, FS Walther Schmid 1958, S. 157 ff.

22 Vgl. für das deutsche Recht §§ 5 ff. GmbHG, § 7 AktG.

23 STAUDINGER-GROSSFELD, IntGesR, Rz. 201, 18, 29 ff.

1 WESTRING in: Horn/Schmitthoff, Transnational Law, S. 175 (189).

2 Zu Musterverträgen für Consulting-Vereinbarungen s. unten § 16, I.

Vertragstexten zum Betriebsführungsvertrag[3]; diese sind aber speziell auf das deutsche Recht zugeschnitten und beschäftigen sich vorwiegend mit dem Betriebsführungsvertrag als Mittel der Konzernleitung. Als Muster eines Management-Vertrages im internationalen Wirtschaftsverkehr lassen sich diese Texte nicht verwenden.

Für Management-Verträge kann aber teilweise auf einen von der FIDIC entwickelten Vertrag für die Einschaltung eines „Project Managers"[4] zurückgegriffen werden. Wenn auch dieser Vertrag nicht in vollem Umfang zur Grundlage der vertraglichen Beziehungen gemacht werden kann, so ist er jedoch nützlich als Ausgangspunkt für Vertragsverhandlungen. Soweit dieser Mustervertrag als Grundlage der Zusammenarbeit dient, empfehlen sich jedoch Änderungen zumindest hinsichtlich folgender Klauseln[5]:

- Der Klient hat die Möglichkeit, die Zusammenarbeit ohne Angabe von Gründen mit einer Frist von 60 Tagen zu kündigen (IGRA 1980 PM, Ziffer 2.2.9). Dies wirft keine Schwierigkeiten auf bei einer bloßen Unterstützung in der Aufbauphase; während die Beendigung eines Management-Vertrages, der häufig mit weiteren Vereinbarungen gekoppelt ist[6], wegen der Rückübertragung von Geschäftsführungsaufgaben eine detaillierte Regelung verlangt.
- Die FIDIC-Regeln (IGRA 1980 PM, Ziffer 2.2.9.4) berechtigen den Consultant bei Vertragsbeendigung, all die Kosten ersetzt zu verlangen, die mit der Vertragsbeendigung gewöhnlich verbunden sind. Bei Management-Vereinbarungen dürfte eine derart unbestimmte Regelung große Schwierigkeiten in der Auslegung aufwerfen.
- Während der Betriebsphase eines Projektes hat der Manager im allgemeinen einen größeren Aufgaben- und Verantwortungsbereich als der Consultant nach den FIDIC-Bestimmungen (IGRA 1980 PM, Ziffer 2.3.5.7.). Eine exaktere Aufgabenbeschreibung ist hier notwendig.
- Einige Bestimmungen der FIDIC-Regeln (IGRA 1980 PM, Ziffer 2.4.4.–5., 2.5.8., 2.5.10, 2.8.3. und 4.) beziehen sich entscheidend auf die Investitions- und Aufbauphase. Diese Regeln sollten daraufhin überprüft werden, ob sie auch für die Leitung eines bereits tätigen Unternehmens passen.

---

3 Vgl. dazu die Nachw. in § 4, Fn. 43.
4 FIDIC, IGRA 1980 PM, dazu unten § 16, I.
5 Vgl. dazu Westring in: Horn/Schmitthoff, Transnational Law, S. 175 (190).
6 Dazu oben § 8.

II. Checkliste für Vertragsbestandteile

Im folgenden sind die Punkte, die im Management-Vertrag beim Entwurf einer Vereinbarung zu berücksichtigen sind, im Rahmen einer Checkliste zusammengefaßt. Die Zusammenfassung bedeutet nicht, daß sämtliche hier aufgeführten Punkte in jedem Vertrag geregelt werden müssen. Andererseits erhebt sie auch keinen Anspruch auf Vollständigkeit; die besondere Situation des Einzelfalls kann vom Normfall des Management-Vertrages abweichende spezielle Regelungen erforderlich machen, die in dieser Aufzählung nicht enthalten sind.

1. *Vorvertrag* (Geheimhaltungspflichten in der Verhandlungsphase).
2. *Allgemeine Bestimmungen*
   - Parteien
   - Gegenstand des Vertrages (Beschreibung des geführten Unternehmens oder Projektes)
   - Vertragsbeginn
3. *Pflichten des Managers*
   - Geschäftsführungsaufgaben
     - Gegenstand und Ziel der Ausbildung
     - Inhalt der Ausbildung
     - auszubildendes Personal
     - Dauer der Ausbildung
   - Aufgaben in der Vorbereitungsphase
   - Transfer von unternehmerischem „Know-how“
   - Personaleinsatz
   - Allgemeine Unterstützungsaufgaben (Backstopping functions)
   - Informationspflichten (Rechnungslegung)
   - Geheimhaltungspflichten
   - Rückübertragung der Geschäftsführungsbefugnisse
4. *Pflichten des Management-Nehmers*
   - Informationspflichten
   - Unterstützungsaufgaben (Büros, Ausstattung, Transportmöglichkeiten, personelle Unterstützung usw.)
   - Finanzierungspflichten
   - Entgeltzahlung
     - Grundvergütung
     - Berechnungsgrundlage und Berechnungsverfahren
     - Vergütung für besondere Leistungen
     - Auslagenersatz
     - Zahlungen bei Vertragsbeendigung

  - Zahlungsmodalitäten
  - Währung
  - Zinsen
  - Steuerlast

5. *Haftung*
   - Haftungsvoraussetzungen
   - Haftungsfolgen (Schadensersatz, ggf. pauschaliert, Vertragsstrafe, Kündigungsrecht)
   - Haftungsbeschränkungen
     - Verschuldensmaßstab
     - Höchstsumme
     - Folgeschäden
     - Verjährung
   - Versicherungen
     - Art und Umfang
     - Pflicht zum Abschluß
     - Kostentragung
6. *Übertragung von Befugnissen (Vollmachten)*
   - Umfang
   - Dauer
   - Genehmigungsvorbehalte
   - Informationspflichten
7. *Kontrollrechte des Management-Nehmers*
   - Informations- und Auskunftsrechte
   - Mitwirkungsrechte (Weisungsbefugnis)
   - Vorbehaltene Entscheidungskompetenzen
8. *Geheimnisschutz*
   - Geheimhaltungspflichten
   - Folgen bei Verletzung
9. *Leistungserbringung durch Dritte*
10. *Abtretung von Ansprüchen*
11. *Vertragsdauer und Kündigung*
    - Dauer der Zusammenarbeit
    - Optionsrechte
    - Kündigungsrechte
      - Voraussetzungen
      - Kündigungsfrist
      - Folgen der Kündigung
      - Verlängerungsmöglichkeit
      - Force-majeure-Klauseln

12. *Bürgschaften und Garantien*
    - Art der Garantie
    - Höhe der Garantie
    - Voraussetzung für die Inanspruchnahme
13. *Vertragsanpassung und Schiedsvereinbarungen*
    - Anpassungsklauseln
    - Neuverhandlungspflichten
    - Schiedsgerichte
14. *Sonstige Vereinbarungen*
    - Anwendbares Recht
    - Nebenabreden über Patente, Lizenzen, Warenzeichen etc.
    - Steuerklauseln
    - Vertragssprache
    - salvatorische Klauseln

2. Teil: Consulting-Verträge

Im Gegensatz zu den oben beschriebenen Management-Verträgen ist das Consulting-Geschäft – im Deutschen als Unternehmensberatung bezeichnet[1] – in Deutschland in weitaus stärkerem Maße verbreitet[2]. Die dieser Zusammenarbeit zugrundeliegenden Verträge über die beratende Tätigkeit durch außenstehende Dritte im Hinblick auf unternehmerische Entscheidungen bilden den Gegenstand der folgenden Untersuchung. Der Schwerpunkt der Darstellung liegt auf zentralen Fragen des Zustandekommens der Verträge, den gegenseitigen Leistungsverpflichtungen und der rechtlichen Ausgestaltung der Zusammenarbeit[3].

§ 10: Allgemeine Charakterisierung des Consulting-Geschäftes

I. Rechtliche Einordnung des Consulting-Vertrages

1. Definition

Eine allgemein anerkannte Definition des Begriffs „Consulting" existiert nicht[4]. In der betriebswirtschaftlichen Literatur wird Consulting definiert

---

[1] Meyer, C. W., „Consulting" in: Management Enzyklopädie, Bd. 2, S. 489; Potthoff in: Handwörterbuch der Betriebswirtschaft, Stichwort „Unternehmensberatungsbetriebe" (Sp. 4055); Der englischsprachige Ausdruck „management consulting" ist dabei jedoch umfassender, da er nicht nur die Beratung von Unternehmen, sondern auch von öffentlich-rechtlichen Betrieben erfaßt; s. dazu Potthoff, aaO, (Sp. 4055).

[2] Vgl. den Jahresbericht 1985 des Verbandes unabhängig beratender Ingenieurfirmen e. V. Bonn, sowie die Jahresberichte der Vorjahre.

[3] Zum Consulting Geschäft aus betriebswirtschaftlicher Sicht s. Withauer, Betriebswirtschaftslehre der Consulting Unternehmen, 1973; Mechler, Der Unternehmensberater, Partner auf Zeit, 1974; Meyer, C. W., „Consulting" in: Management-Enzyklopädie Bd. II, S. 489–498.

[4] Hirzel, Management-Consulting, S. 1; Dahl, Die Unternehmensberatung, S. 1: Die Unternehmensberatung (Consulting) sei ein „Komplexes Phänomen".

als ein fallweises oder regelmäßiges Zurverfügungstellen von Know-how an Unternehmen durch außenstehende Dritte auf vertraglicher Basis[5]. Das Institute of Management Consultants definiert das Consulting in einem funktionalen Ansatz als:

> „The services provided by an independent and qualified person or persons in identifying and investigating problems concerned with policy, organization, procedures and methods, recommending appropiate action and helping to implement these recommendations“[6].

Ähnlich, wenn auch kürzer, ist die von Westring[7] gegebene Definition. Er beschreibt Consulting-Dienstleistungen als

> „Advisory services which are provided on a professional basis by consultancy firms“.

2. *Merkmale des Consulting*

Erstes Merkmal des Consulting-Geschäfts ist der Dienstleistungscharakter[8]. Gegenstand des Vertrages ist eine Beratungs-Leistung[9]. Der Consultant hat keine eigene Entscheidungskompetenz; er wird auch nicht in das Unternehmen seines Klienten eingegliedert. Er wirkt unterstützend von außen, indem er die für eine Entscheidung bedeutsamen und erheblichen Tatsachen ermittelt und daran anknüpfend einen Entscheidungsvorschlag unterbreitet. Die letztliche Entscheidung, ob eine Maßnahme getroffen wird, liegt nicht bei ihm, sondern beim Klienten.

Die Bereiche, auf die sich die Beratungsleistungen erstrecken, sind unternehmerische Fähigkeiten und Kenntnisse, die zur Führung eines Unternehmens notwendig sind. Das Consulting ergänzt unternehmerisches Know-how, das beim Klienten nicht in ausreichendem Maß zur Verfügung steht. Die Unternehmensberatung ist die Unterstützung mit Fachwissen von Betrieben bei der Lösung von Führungs- und Entscheidungsproblemen, von Gestaltungs- und Durchführungsproblemen des Gesamtbetriebes oder seiner Teilbereiche[10].

---

5 Meyer, C. W., „Consulting“ in: Management-Enzyklopädie Bd. II, S. 489.

6 Zit. bei: International Labour Office, Management Consulting, S. 7.

7 Westring, International Procurement, A.5.1.

8 Zum betriebswirtschaftlichen Begriff der Dienstleistung und zum Verhältnis dieses Begriffes zum Dienst- und Werkvertrag i. S. d. BGB vgl. Franzen, „Dienstleistungen“ in: Management Enzyklopädie, Bd. II, S. 266 ff.

9 International Labour Office, Management Consulting, S. 8; Meyer, C. W., „Consulting“ in: Management Enzyklopädie, Bd. II, S. 489.

10 Meyer, C. W., „Consulting“ in: Management Enzyklopädie, Bd. II, S. 489.

Ein weiteres Merkmal des Consulting-Geschäftes ist die Unabhängigkeit des Consultants[11]. Consulting ist keine Funktion innerhalb eines Unternehmens; die Leistungen werden von außenstehenden Dritten erbracht. Der Consultant ist rechtlich vom beratenen Unternehmen unabhängig. Die Unabhängigkeit bedeutet auch, daß keine Verbindung besteht zu anderen Formen vertraglicher Zusammenarbeit. Zum Consulting-Geschäft zählen keine Beratungsleistungen, die im Zusammenhang mit anderen Leistungsaustauschverträgen, wie der Lieferung von Waren oder Anlagen, erbracht werden. Der Consultant beschränkt seine Tätigkeit auf eine reine Beratung. Die Verfolgung wirtschaftlicher Interessen, die nicht mit der Consulting-Tätigkeit verbunden sind, ist dem Consulting-Geschäft fremd[12].

Da die Zusammenarbeit auf vertraglicher Basis und gegen Zahlung eines Entgeltes[13] erfolgt, kann Consulting definiert werden als entgeltliche Beratung von Unternehmen im Hinblick auf unternehmerisches Wissen zur bestmöglichen technischen, organisatorischen und ökonomischen Gestaltung der Betriebsabläufe durch außenstehende unabhängige Dritte auf vertraglicher Basis.

3. Der Consulting-Vertrag nach deutschem Recht

Die hier gegebene Definition ist eine reine Inhaltsbeschreibung; sie besagt nichts über die rechtliche Einordnung des Consulting-Vertrages. Im deutschen Recht kommen für eine Einordnung zwei Anknüpfungspunkte in Betracht — Dienstvertrag (§§ 611 ff BGB) und Werkvertrag (§§ 635 ff BGB)[14]. Welche Regeln auf den Consulting-Vertrag (Unternehmensberatung) anzuwenden sind, hängt von den Leistungsverpflichtungen im Einzelfall ab. Wird ein Leistungserfolg geschuldet, findet Werkvertragsrecht Anwendung; ist der Consultant zu einem bloßen Tätigwerden verpflichtet, ohne daß ein Erfolg geschuldet wird, richtet sich der Vertrag nach den §§ 611 ff BGB[15].

---

11 International Labour Office, Management Consulting, S. 7; UNIDO, Guidelines for Contracting, S. 10 f; Hellawell/Wallace, 7.2.1 B 4; für den Unternehmensberater vgl. auch Dr. Gablers Wirtschaftslexikon, Zweiter Band, Stichwort „Unternehmensberater" (S. 1683).

12 Westring, International Procurement, A. V.

13 Dazu UNIDO, Manual on the Use of Consultants, S. 29 ff.

14 Potthoff, Handbuch der Betriebswirtschaft, Stichwort „Unternehmensberatungsbetriebe", Sp. 4060.

15 Zur Abgrenzung von Dienst- und Werkvertrag vgl. Erman-Seiler, Vor § 635 Rdn. 1, 4; BGB-RGRK-Glanzmann, Vor § 635 Rdn. 2—8.

Bei der Unternehmensberatung (Consulting) können beide Formen auftauchen. Der Consultant kann einmal zu einem Arbeitserfolg verpflichtet sein, so etwa wenn er Marktanalysen zu erstellen hat oder bestimmte Organisationspläne entwerfen muß. Hier untersteht der Vertrag über die Werkleistung den §§ 635 ff BGB. Die Tätigkeit des Consultants kann sich auch, ohne daß ein konkreter Erfolg geschuldet wird, auf eine reine Beratung beschränken. Hier sind die Regeln über den Dienstvertrag anzuwenden. Eine abschließende rechtliche Einordnung des Consulting-Vertrages nach deutschem Recht ist nicht möglich[16]. Sie hängt von der Ausgestaltung der vertraglichen Verpflichtungen ab.

II. Gegenstände des Consulting-Geschäftes

Der Aufgabenbereich eines im internationalen Verkehr tätigen Consultants bezieht sich auf alle Bereiche unternehmerischer Tätigkeit. In einer Grobeinteilung lassen sich die Aufgaben nach verschiedenen Projektphasen und dem Inhalt der Beratungstätigkeit aufgliedern[17]. Zu den verschiedenen Phasen, in denen der Consultant tätig wird, gehören[18]:

Vorbereitungsphase	(z. B. Ressourcenuntersuchungen, Regionalpläne, Marktstudien, Projekt-Formulierungen)
Planungsphase	(z. B. Generalpläne, Detailpläne, Kostenvoranschläge, Beteiligung am Ausschreibungsverfahren, Vertragsvergabe, Finanzplanung)
Errichtungsphase	(z. B. Zeitplanung, Kostenkontrolle, Ausführungsüberwachung, Bauabnahme)
Betriebsphase	(z. B. Trainingsprogramme, Betriebspläne, EDV-Programme, Informationssysteme, technische Assistenz)

Der zweite Bereich gliedert sich in verschiedene Inhalte der Tätigkeit. Die hier mögliche Differenzierung ist identisch mit einer Aufgliederung der unternehmerischen Teilfunktionen in einem Unternehmen[19]. Der

16 So auch für das Consulting-Engineering, KIRCHNER, BB 1971, S. 67.

17 Diese Einteilung wird in der internationalen Literatur häufig mit einer Aufgliederung in „horizontale" und „vertikale" Aufgaben beschrieben, vgl. WESTRING, International Procurement, A.5.2.

18 Zu der Einteilung der Consulting Tätigkeit in verschiedenen Projektphasen siehe auch: UNIDO, Guidelines for the Use of Consultants, S. 3 f.

19 International Labour Office, Management-Consulting, Part IV.

Consultant ist beratend tätig im Hinblick auf allgemeines Management, Finanzwesen, Marketing, Produktion, Vertrieb, Personalwesen, Datenverarbeitung sowie weitere Teilbereiche der Unternehmensführung.

Insgesamt bezieht sich das Consulting-Geschäft auf sämtliche Phasen einer Unternehmensentwicklung in allen unternehmerischen Teilbereichen[20]. Hinsichtlich der Branchen, in denen der Consultant tätig wird (Landwirtschaft und Bewässerung, Industrie, Straßen- und Wasserbau, Verkehr, Regionalplanung, Energiewirtschaft etc.) ergeben sich keine Beschränkungen.

III. Bedeutung des internationalen Consulting-Geschäftes in der Bundesrepublik

Das internationale Consulting-Geschäft, das zu Beginn der 70er Jahre für die meisten Firmen ein reiner Nebenmarkt war, erhöhte sich sprunghaft als Folge einer verstärkten Nachfrage aus dem Ausland in den Jahren 1973/74, insbesondere aus den erdölexportierenden Staaten[21]. Mittlerweile haben sich die deutschen Consulting-Unternehmen international durchsetzen können. Mit einem Honorarvolumen aus Auslandsprojekten von fast 1,3 Milliarden DM (1984) liegen deutsche Consultants nach den USA und Großbritannien weltweit an dritter Stelle im Export von intelligenten Dienstleistungen (Consulting)[22]. Anfang 1985 arbeiteten rd. 110 deutsche Consulting-Firmen in 135 Ländern an etwa 1800 Projekten[23].

1. Auftraggeber

Die Auslandsaufträge stammen von einer Vielzahl unterschiedlicher Auftraggeber[24]. An erster Stelle rangieren ausländische Regierungsstellen (30%), gefolgt von inländischen Entwicklungsgesellschaften (21%), privaten ausländischen Auftraggebern (19%) und öffentlichen halbstaatlichen Auftraggebern (16%). In der Gruppe der inländischen Entwicklungsgesellschaften lag die deutsche Gesellschaft für technische Zusam-

---

20 Zu den Aufgabenfeldern eines Consultants ausführlicher unten § 12.

21 Gluch, Die Auslandstätigkeit deutscher Consultingfirmen in den letzten zehn Jahren — Studie zur Entwicklung 1974 bis 1983—, S. 4.

22 Gluch, S. 4; Verband unabhängig beratender Ingenieurfirmen e. V., Bonn, Jahresbericht 1983, S. 3.

23 Verband unabhängig beratender Ingenieurfirmen, Jahresbericht 1985, S. 6.

24 Zum folgenden vgl. Gluch, S. 16 f.

menarbeit (GTZ) mit einem Anteil von 80% an der Spitze. Die Kreditanstalt für Wiederaufbau (KfW) und das Bundesministerium für wirtschaftliche Zusammenarbeit (BMZ) traten deutlich seltener als Auftraggeber auf. Internationale Entwicklungsbanken hatten innerhalb der Auftraggeber-Gruppen nur untergeordnete Bedeutung[25]; in absoluten Zahlen enthielten deutsche Consulting-Unternehmen dennoch von der Weltbank im Geschäftsjahr 1983 einen Honorarumsatz von rd. 44,5 Millionen Dollar[26].

2. Regionen und Branchen

Die regionalen Schwerpunkte der Consulting-Tätigkeit deutscher Unternehmen liegen in den afrikanischen Entwicklungsländern (443 Projekte in 1984). Die übrigen Regionen haben etwa gleiche Bedeutung (87 Projekte in Amerika; 119 im europäischen Ausland; 160 in Asien/Australien; 152 in außerafrikanischen arabischen Staaten)[27].

Sektoral waren die deutschen Consulting-Firmen in allen Wirtschaftszweigen vertreten (Landwirtschaft, Industrie, Verkehr, Energiewirtschaft etc.). Ständige Zuwachszahlen erzielten dabei die Bereiche Verkehr (einschließlich Straßenbau) sowie Energiewirtschaft. Die Arten der Consulting-Tätigkeit reichen von Durchführbarkeits-Studien (feasibility-studies), der Beratung bei Ausschreibungs-Verfahren, der Ausführungsplanung und Bauüberwachung bis zur technischen Assistenz[28]. Insgesamt ist das deutsche ausländische Consulting-Geschäft ständig gewachsen und mit über 1 Milliarde Jahresumsatz zu einem bedeutsamen Zweig des Auslandsgeschäftes geworden.

§ 11: Abschluß von Consulting-Verträgen

I. Nachfrager

Die Nachfrage nach Consulting-Dienstleistungen ist unabhängig von einem bestimmten Entwicklungsstand eines Landes, den wirtschaftlichen Rahmenbedingungen der Branche oder einer bestimmten Unternehmens-

25 Gluch, S. 17.
26 Verband unabhängig beratender Ingenieurfirmen, Jahresbericht 1983, S. 6.
27 Verband unabhängig beratender Ingenieurfirmen, Jahresbericht 1984, S. 7.
28 Vgl. zum Vorstehenden ausführlicher Gluch, S. 30 ff.

größe. Sie tritt überall auf, wo ein Bedarf an unternehmerischem Know-how besteht, der im eigenen Unternehmen nicht gedeckt wird.

Entwickelt wurde das Consulting-Geschäft zwar in hochindustrialisierten Ländern, insbesondere den USA, wo insgesamt etwa 3500 Consulting-Unternehmen tätig sind[1]. Ein großer Nachfragebedarf kommt aber in immer stärkerem Umfang aus Entwicklungsländern. Die Beratung durch außenstehende Dritte ist vielfach die einzige Möglichkeit, in weniger entwickelten Ländern einen höheren technischen, industriellen Standard zu erreichen und den Anschluß an die immer weiter fortschreitende technische Entwicklung zu halten.

Unabhängig ist die Consulting-Nachfrage ebenfalls von wirtschaftlichen und politischen Rahmenbedingungen eines Landes sowie der jeweiligen Wirtschaftsverfassung. Wenn auch das Consulting-Geschäft in einem System freier Marktwirtschaft entwickelt wurde, gehen immer mehr planwirtschaftlich orientierte Wirtschaftssysteme, insbesondere des Ostblocks bzw. der sozialistischen Länder insgesamt, dazu über, Leistungen westlicher Consultants in Anspruch zu nehmen[2]. Auch die Größe des zu beratenden Unternehmens spielt für den Nachfragebedarf an Consulting-Leistungen keine Rolle[3]. Zwar wird in kleineren Unternehmen der Beratungsbedarf von außen eher größer sein, da hier nicht die Möglichkeit besteht, für einzelne Aufgabenbereiche genügend qualifiziertes Personal zu beschäftigen. Aber auch in Groß- oder Größtunternehmen ist nicht immer ausreichend Fachkompetenz vorhanden, um auf eine Beratung von außen vollständig verzichten zu können; dies gilt insbesondere dann, wenn das Unternehmen in neue Bereiche – Märkte oder Technologien – eintreten will.

Die Gründe, die letztlich den Ausschlag geben, einen Consultant hinzuzuziehen, sind vielschichtig. Neben der Absicht, fehlendes Fachwissen durch Beratung von Außen zu ergänzen, liegt ein weiterer Grund darin, durch schnelle Hilfe von Außen, einzelne Projekte oder Vorhaben in kürzerer Zeit in Betrieb zu nehmen[4]. Consultants wirken auf Seiten des Bestellers mit am Aufbau neuer Einrichtungen im Bereich der

---

[1] International Labour Office, Management Consulting, S. 10; im Vergleich dazu: in der Bundesrepublik sind rund 100 deutsche Consultingfirmen international tätig, vgl. VUBI e. V. Bonn, Jahresbericht 1983, S. 6.

[2] International Labour Office, Management Consulting, S. 11.

[3] Potthoff in: Handwörterbuch der Betriebswirtschaftslehre, Stichwort „Unternehmensberatungsbetriebe", Sp. 4056.

[4] UNIDO, Manual on the Use of Consultants, S. 2; Hirzel, Management Consulting, S. 48.

Produktion, Datenverarbeitung, Rechnungswesen, Personalführung usw. Diese Verfahren lassen sich häufig nur mit Hilfe außenstehender Dritter ohne Schwierigkeiten in angemessener Zeit in die Tat umsetzen. In vielen Fällen tritt ein weiterer Grund hinzu. Als Außenstehender ist der Consultant in der Lage, vorgegebene Fragestellungen vom Standpunkt eines objektiven und unvoreingenommenen Beobachters anzugehen. Er hat die Möglichkeit, Arbeitsabläufe, Verfahren oder Methoden auf ihre Effizienz zu überprüfen ohne durch eine in jahrelanger betrieblicher Praxis und Erfahrung geprägte Anschauung voreingenommen zu sein. Aus Angst vor der eigenen Fähigkeit, jahrelang geübte Methoden nicht als Fehler erkennen zu können (Betriebsblindheit), greifen viele Betriebe auf ein (externes) Consulting-Unternehmen zurück[5].

II. Anbieter

Ebenso groß wie der Kreis von Nachfragern ist der Kreis der Anbieter von Consulting-Leistungen. Neben Einzelpersonen treten Consulting-Firmen, Forschungsinstitute, Regierungsstellen und internationale Organisationen als Anbieter von Consulting-Leistungen auf[6]. Die weitaus meisten sind private Anbieter; es beginnen aber immer mehr öffentliche oder internationale Stellen im Consulting-Geschäft tätig zu werden.

Herkömmlicher Anbieter von Consulting-Leistungen ist ein Betrieb, der sich ausschließlich auf die Beratung von Unternehmen festgelegt hat. Daneben gehen aber immer mehr Unternehmen aus anderen Wirtschaftsbereichen (Produktion, Handel, Dienstleistungen) dazu über, neben ihrem herkömmlichen Leistungsprogramm (Lieferung von Waren, Anlagenbau etc.) zur Abrundung ihres Aufgabenbereiches im Consulting-Geschäft tätig zu werden[7]. Die Tätigkeit dient hier als Diversifikations-Strategie.

Zu den individuellen Consultants (Unternehmensberater) zählen Personen, die über Spezialkenntnisse in einer bestimmten Branche oder in einem bestimmten Teilbereich der unternehmerischen Tätigkeit (Finanzen, Marketing, Personal etc.) verfügen. Entgegen anderen beratenden Berufen (Steuerberater, Wirtschaftsprüfer, Anwalt) gibt es in der Bundesrepublik (wie auch im internationalen Bereich) für den Consultant kein festes Berufsbild und dementsprechend keine Voraussetzungen (Ausbil-

---

[5] International Labour Office, Management Consulting, S. 9; UNIDO, Manual on the Use of Consultants, S. 3.

[6] UNIDO, Manual on the Use of Consultants, S. 5 ff.

[7] Hellawell/Wallace, Negotiating Foreign Investment, 7.2.1 B 4; UNIDO, Guidelines for Contracting for Industrial Projects, S. 10 f.

dung, Studium) für die Tätigkeit als Unternehmensberater (Consultant). Dennoch fordern einige Berufsverbände für Consultants bestimmte qualitative Voraussetzungen für den Erwerb der Mitgliedschaft[8].

Häufiger ist der Zusammenschluß mehrerer Consultants in einer Partnerschaft[9]. Neben einer auf Dauer ausgerichteten Bindung (Sozietät in Form der BGB-Gesellschaft) werden Kooperationen oder Arbeitsgemeinschaften gegründet, wenn der Beratungsbedarf in einem bestimmten Projekt über die Leistungsfähigkeit eines einzelnen Beratungsunternehmens hinausgeht. Zusammenschlüsse einer größeren Zahl von Consultants bedienen sich häufig der Rechtsform einer Kapitalgesellschaft, etwa der GmbH. Die Größen der deutschen Consulting-Betriebe sind jedoch im internationalen Bereich vergleichsweise gering[10]. In den USA sind Zusammenschlüsse von mehreren 100 Beratern keine Seltenheit; während in der Bundesrepublik Betriebe dieser Größenordnung fast nicht vorkommen[11]. Der Vorteil der größeren Beratungsbetriebe liegt in der Möglichkeit, auf Teilgebieten Spezialisten zu beschäftigen, die im Team mit anderen Experten ein umfassendes Beratungsprogramm anbieten können.

Im öffentlichen Bereich treten vermehrt staatliche und halbstaatliche Stellen sowie Verbände der Industrie und des Handels (Handwerkskammern, Industrie- und Handelskammern o. ä.) als Anbieter von Consulting-Leistungen auf[12].

Im internationalen Bereich gibt es zahlreiche Programme im Bereich der technischen, wirtschaftlichen Beratung — speziell ausgerichtet auf Entwicklungsländer — die von einer Reihe bilateraler, multilateraler oder internationaler Organisationen angeboten werden. Zu den Anbietern gehört u. a. die United Nations Industrial Development Organization (UNIDO)[13]. Eine große Bedeutung haben diese Organisationen, wie die ILO (International Labour Organization), FAO (Food and Agricultur Organization), IBRD (International Bank for Reconstruction and Deve-

---

8 Meyer, C. W., „Consulting" in: Management Enzyklopädie, S. 490; Goldbeck, Handbuch Wirtschaftsberatung, § 13, S. 2 ff.

9 Zur Zusammenarbeit mehrerer Consultants in Form einer Association oder eines joint venture vgl. etwa: Guttmann, The International Consultant, S. 131 ff.

10 Zur Struktur der deutschen Consulting Betriebe vgl. Gluch, Die Auslandstätigkeit deutscher Consulting Firmen in den letzten 10 Jahren, Studie zur Entwicklung 1974 bis 1983, S. 4 ff.

11 Potthoff in: Handbuch der Betriebswirtschaftslehre, Stichwort „Unternehmensberatung", Sp. 4057.

12 Meyer, C. W., „Consulting" in: Management Enzyklopädie, S. 490.

13 UNIDO, Manual on the Use of Consultants, S. 9.

lopment), ITU (International Telecommunication Union), vor allem im Bereich der Finanzierung von Consulting-Dienstleistungen[14].

Neben reine Consulting-Betriebe treten vermehrt Unternehmen, deren Haupttätigkeitsfeld in anderen Bereichen liegt. Hierzu gehören Anlagenbauer, Lieferanten von maschinellen Ausrüstungen und Rohstoffen oder Vertragspartner im Bereich des Bauwesens[15]. Geht bei Lieferung einer Anlage der Bedarf des Abnehmers an Beratung und Know-how-Vermittlung über das Maß dessen hinaus, was sich aus dem Lieferungsvertrag selbst an Informationspflichten ergibt, werden neben dem Vertrag häufig besondere Know-how- und Beratungsverträge über den technischen Umgang und optimalen Einsatz der gelieferten Anlage oder der gelieferten Ausstattung geschlossen[16]. Gleiches ist möglich bei Lizenzvereinbarungen, wenn es darum geht, den Lizenznehmer in die Lage zu versetzen, das überlassene Schutzrecht praktisch zu nutzen[17]. Die Beratungsleistung wird dabei sowohl vom Vertragspartner selbst als auch von extra hierfür gegründeten Tochtergesellschaften erbracht[18].

Problematisch ist in diesen Fällen, ob die vom Consultant geforderte Unabhängigkeit gewährleistet ist. Der Beratungserfolg beruht im wesentlichen auf der Neutralität und objektiven Unabhängigkeit des Consultants. Soweit aber der Berater eigene wirtschaftliche Interessen mit der Zusammenarbeit verfolgt, ist nicht immer eine objektive Beratungsleistung sichergestellt.

Soweit der Klient die Wahl hat zwischen neutralen Consultants und solchen, die eigene wirtschaftliche Interessen in der Zusammenarbeit verfolgen, ist er gut beraten, einen unabhängigen Vertragspartner vorzuziehen[19].

III. Stellung des Consulting-Engineer nach den FIDIC-Vertragsbedingungen

Eine vertragliche Sonderstellung nimmt der „Consulting-Engineer" nach den FIDIC-Vertragsbedingungen[20] ein. Der FIDIC-Ingenieur wird ein-

---

[14] Dazu GUTTMANN, S. 145 ff und unten IV.

[15] UNIDO, Manual on the Use Consultants, S. 9 ff.

[16] DÜNNWEBER, Schlüsselfertige Industrieanlage, S. 40 f.

[17] UNIDO, Manual on the Use Consultants, S. 10.

[18] HELLAWELL/WALLACE, 7.2.1 A 4; Kirchner, BB 1971, S. 67.

[19] Die Unabhängigkeit ist wesentliches Merkmal für den Consultant, nur hier ist eine interessenneutrale Beratung gewährleistet, GOLDBECK, Handbuch Wirtschaftsberatung, § 13, S. 3; s. a.: UNIDO, Guidelines for Contracting, S. 11; HELLAWELL/WALLACE, 7.2.1 B 4.

[20] Federation Internationale des Ingénieurs Conseils (FIDIC), Conditions of Contract (International) for works of Civil Engineering Construction, March 1977.

geschaltet, wenn der Klient, der einen Unternehmer mit der Erstellung einer Anlage – eines Dammes, einer Straße, eines Kanals oder eines Industriebetriebes – beauftragt, selbst nicht in der Lage ist, die Ausführung der vergebenen Arbeiten zu überwachen. Die FIDIC-Regeln werden weltweit benutzt[21], in den meisten Fällen aber von privaten Auftraggebern vereinbart, da öffentliche Stellen oftmals ihre eigenen Vertragsbedingungen verwenden[22]. Da die FIDIC-Regeln im wesentlichen auf den englischen „ICE Conditions of Contract Parties for Civil Engineering Works“[23] beruhen, werden sie besonders den Verträgen zugrunde gelegt, die dem englischen Recht unterstehen[24].

Durch den FIDIC-Vertrag überträgt der Klient dem beratenden Ingenieur (Consulting Engineer) eine Reihe bedeutsamer Funktionen:

- Der FIDIC-Ingenieur ist Vertreter des Auftraggebers im Projekt, er überwacht die Ausführung der Arbeiten und entscheidet über Modifikationen in der Projektausführung.
- Als eine neutrale Person entscheidet er über den Projektfortschritt. So fertigt er das „Completion Certificate“ und das „Maintenance Certificate“ aus. Diese Certificate, die die Leistungserbringung durch den Unternehmer bestätigen sind Grundlage für die Zahlungen des Klienten an den Unternehmer.
- Art. 67 des Vertrages gibt dem FIDIC-Ingenieur eine schiedsrichterähnliche Funktion. Er entscheidet über Streitigkeiten zwischen den Parteien; diese haben allerdings die Möglichkeit, innerhalb von 90 Tagen gegen diese Entscheidung Schiedsgericht anzurufen[25].

Vom FIDIC-Ingenieur wird erwartet, daß er die extensiven sich aus dem Vertrag ergebenden Rechte in unparteiischer Weise und nicht zum Vorteil einer Partei einsetzt[26]. Das FIDIC-System erfordert von Consultant ein hohes Maß an fachlicher Qualifikation und fairer Entscheidungsfindung; und setzt gleichzeitig bei den Vertragspartnern Zutrauen in dessen Arbeit voraus[27]. Häufig werden Zweifel geäußert, ob die notwendige Unparteilichkeit immer in ausreichendem Maße gewährleistet ist[28].

---

21 Goedel, RIW 1982, S. 81; Weick, FS Coing, S. 543 (548); Westring, in Horn/Schmitthoff, Transnational Law, S. 177.

22 Westring, in: Horn/Schmitthoff, Transnational Law, S. 177.

23 Weick, Standardbedingungen, S. 7; Westring, in: Horn/Schmitthoff, S. 177.

24 Westring, in: Horn/Schmitthoff, Transnational Law, S. 177.

25 Goedel, RIW 1982, S. 82 f.

26 Westring, International Procurement, A.3.7.

27 Westring, in: Horn/Schmitthoff, Transnational Law, S. 178.

28 Westring, in: Horn/Schmitthoff, Transnational Law, S. 178.

IV. Vertragsvergabe

1. Überblick

Der Auswahl eines geeigneten Consultants kommt in der Praxis besondere Bedeutung zu. Einerseits ist von der Auswahl des Consultants der Projekterfolg abhängig; andererseits ist im Gegensatz zur Beschaffung von Waren oder Dienstleistungen ein ausschließlich am Preis orientiertes Vertragsvergabeverfahren wegen der Besonderheit der Leistungen nicht möglich.

a) Auswahlkriterien

Ausschlaggebend für den Erfolg einer Zusammenarbeit zwischen Klient und Consultant ist neben der Leistungsfähigkeit des Consultants[29] eine vertrauensvolle Zusammenarbeit beider Vertragspartner[30]. Eine ausschließlich an der Entgelthöhe ausgerichtete Vergabepraxis, etwa in Form eines Ausschreibungsverfahrens, die diese Faktoren unberücksichtigt läßt und allein auf den Preis abstellt, verbietet sich im Regelfall[31]. Selbst eine Einsparung von 10% der Consulting-Kosten bedeutet häufig nur eine Verringerung der gesamten Projektkosten um weniger als 1 Prozent; wogegen bei Auswahl eines ungeeigneten Consultants der dadurch verursachte Mehraufwand Kostensteigerungen in wesentlich größerem Umfang bewirken kann[32].

Hauptkriterien die an Stelle des zu zahlenden Entgeltes treten und die auf den Projekterfolg ausschlaggebenden Einfluß haben, sind[33]:

---

29 IBRD, Guidelines for the Use of Consultants, S. 7 f; Westring, International Procurement, S. 46; UNIDO, Manual on the Use of Consultants, S. 15 f.

30 FIDIC, Guide to the Use of Consultants, S. 49 f; Srinivasan, Consultants in: Hellawell/Wallace, 7.2.1 A 1; UNIDO, Manual on the Use of Consultants, S. 39 ff.

31 Westring, International Procurement, S. 46; Srinivasan, Consultants in: Hellawell/Wallace, 7.2.1 A 1; IBRD, Guidelines for the Use of Consultants, S. 7 f; UNIDO, Manual on the Use of Consultants, S. 19; Kirchner, BB 1971, S. 67; Stammberger, Heft 8/68 der Schriftenreihe des Vereins beratender Ingenieure, S. 12.

32 UNIDO; Manual on the Use of Consultants, S. 19.

33 UNIDO, Manual on the Use of Consultants, S. 15 f; s. auch Westring, International Procurement, S. 46.

- die Einstellung des Consultant zu der übernommenen Aufgabe
- seine Erfahrungen und Kenntnisse im Umgang mit gleichartigen Projekten und Aufgaben
- geeignetes Personal im Hinblick auf berufliche Erfahrung und spezielles Fachwissen sowie notwendige Sprachkenntnisse
- eine ausreichende Organisation, insbesondere unter Berücksichtigung der finanziellen Möglichkeiten, Dauer der Erfahrung, Bereich der übernommenen Aufgaben, Art der Dienstleistungen, Größe des Mitarbeiterstabes und dessen Qualifikation
- das internationale Ansehen sowie
- (negativ) die mögliche Abhängigkeit des Consultants von Lieferanten oder sonstigen Vertragspartnern[34].

b) Einzelaufträge oder Gesamtauftrag

Eine weitere Frage, die bei der Auswahl eines Consultants berücksichtigt werden muß, ist, ob bei umfangreichen Projekten, bei denen mehrere Aufgaben anfallen, sämtliche Arbeiten einem Consultant übertragen werden, oder für jeden einzelnen Bereich ein gesonderter Vertragspartner ausgewählt wird[35]. Die Frage taucht auf, wenn in einer Projektentwicklung zunächst Durchführbarkeitsstudien zu erstellen sind, an die sich Aufgaben der Entwurferstellung, Bauüberwachung und des Projekt-Managements anschließen.

Eine Gefahr in der Beauftragung nur eines Consultants für sämtliche Teilbereiche liegt darin, daß der Consultant geneigt sein kann, etwa in Durchführbarkeitsstudien zu optimistische Ratschläge zu erteilen, um in der Folgezeit weitere Aufträge in der Entwurfsplanung und Bauüberwachung zu erhalten[36]. Eine gegenseitige Kontrolle mehrerer unabhängiger Consultants findet hier nicht statt.

Andererseits liegt in einer umfassenden Beauftragung nur eines Consultants der Vorteil, daß nicht jeweils eine völlig neue Einarbeitung notwendig wird, die außer mit Zeitaufwand mit nicht unerheblichen Mehrkosten verbunden ist. Gleichzeitig kann bei einer Vergabe von Einzelaufträgen an mehrere Consultants ein fachlich qualifizierter Bewerber dazu neigen, sich um bestimmte Aufträge nicht zu bewerben, wenn er weiß, daß er sich damit gleichzeitig von weiteren lukrativen Folgeaufträgen ausschließt. Die Aufsplittung eines Consulting-Auftrages in meh-

---

[34] Srinivasan, Consultants in: Hellawell/Wallace, 7.2.1 A 3.
[35] Hellawell/Wallace, 7.2.1 B 2f.
[36] Westring, International Procurement, A 5.2.

rere Einzelaufträge ist daher nicht immer von Vorteil[37]. Um dennoch eine Flexibilität zu erhalten, kann der Auftraggeber, anstatt zu Beginn einen Vertrag über sämtliche Consulting-Leistungen zu schließen, sich die Entscheidung darüber bis zum Abschluß einzelner Projektphasen (z. B. zwischen Durchführbarkeitsstudien und der Entscheidung über den konkreten Projektbeginn oder zwischen Bau- und Betriebsphase) vorbehalten[38]. Dies geschieht durch Vereinbarung von Kündigungsrechten oder einer (auch mehrfachen) Optionsmöglichkeit zugunsten des Klienten.

2. *Aufgabenbeschreibung*

Wegen der Auswirkungen einer Auswahl des geeigneten Consultants auf den späteren Projekterfolg, liegt in der Praxis ein besonderes Gewicht auf einem geeigneten Auswahlverfahren, das sicherstellt, daß die Auftragsvergabe an einen sachlich kompetenten Consultant erfolgt. Hier hat sich in der internationalen Praxis ein stellenweise stark formalisiertes Vergabeverfahren herausgebildet[39]. Zu Beginn der Vertragsvergabe wird zunächst eine genaue Beschreibung der vom Consultant zu übernehmenden Aufgaben erarbeitet[40].

a) Inhalt der Aufgabenbeschreibung

Inhalt dieser Aufgabenbeschreibung (Terms of Reference, ToR) ist[41]:
- eine präzise Feststellung der verfolgten Zielsetzungen,
- der Bereich der vom Consultant zu übernehmenden Aufgaben,
- die Dauer der Zusammenarbeit,
- die vom Klienten zu stellenden Vorgaben (Informationen, Arbeitsmöglichkeiten etc.) und
- die erwarteten Arbeitsergebnisse (Berichte, Entwürfe etc.).

---

[37] So auch HELLAWELL/WALLACE, 7.2.1 B 3, unter Berufung auf die entsprechende Praxis der Weltbank.

[38] SRINIVASAN, Consultants in: Hellawell/Wallace, 7.2.1 B 3.

[39] Aus der internationalen Literatur zum Vertragsvergabeverfahren bei Consulting Aufträgen vgl. etwa: UNIDO, Manual on the Use of Consultants, S. 12 ff; FIDIC, Guide to the Use of Consultants, S. 14 ff; WESTRING, International Procurement, S. 45 ff; IBRD, Guidelines for the Use of Consultants, S. 7 ff; UNIDO, Guidelines for Contracting, S. 11 ff.

[40] UNIDO, Manual on the Use of Consultants, S. 13; IBRD, Guidelines for the Use of Consultants, S. 8 f; UNIDO, Guidelines for Contracting, S. 11 ff.

[41] IBRD, Guidelines for the Use of Consultants, S. 8.

Die Aufgabenbeschreibung muß einerseits so detailliert sein, daß eine Erreichung der gesteckten Ziele gewährleistet ist, andererseits aber genügend Flexibilität aufweisen, um nicht die Tätigkeit des Consultants durch zu starre Vorgaben in unnötiger Weise einzuengen[42]. Welchen Grad von Genauigkeit die Aufgabenbeschreibung erreicht, hängt vom Inhalt der übertragenen Aufgaben ab. Bezieht sich die Consulting-Tätigkeit auf Ingenieur-Leistungen für ein konkretes Projekt, ist eine exakte Aufgabenbeschreibung eher möglich als bei Voruntersuchungen (feasibility-Studies)[43]. Derartige Studien erfordern Untersuchungen über finanzielle Voraussetzungen, wirtschaftliche Resultate und technische Alternativen für ein in Aussicht genommenes Projekt. Eine exakte Aufgabenbeschreibung ist hier schwierig. Dennoch sollte eine Definition des Aufgabeninhalts versucht werden, die keine mehrdeutigen Interpretationen zuläßt[44]. Eine Festlegung muß mindestens im Hinblick darauf erfolgen, wieviele Alternativen erarbeitet werden und welchen Grad an Genauigkeit die Vorschläge erreichen müssen[45].

b) Zweck der Aufgabenbeschreibung

Zweck einer exakten Aufgabenbeschreibung ist zunächst, den am Vertragsvergabeverfahren beteiligten Consulting-Firmen einen Überblick über die erwarteten Arbeitsergebnisse zu geben; nur bei einer exakten Beschreibung ist es möglich, die Angebote mehrerer Consultants miteinander zu vergleichen. Darüber hinaus wird die anfangs erstellte Aufgabenbeschreibung Inhalt des späteren Vertrages. Sie legt den Leistungsumfang des Consultants fest und kann zur Klärung auftauchender Zweifelsfragen herangezogen werden.

3. „Long List“ – „Short List“

Nach Erarbeitung der Aufgabenbeschreibung beginnt das eigentliche Vergabeverfahren. Zunächst wird eine größere Zahl von Unternehmen ermittelt, die generell für die Auftragsvergabe in Betracht kommen (sog. long list)[46]. Informationen über die für ein bestimmtes Projekt geeigneten Consulting-Unternehmen erteilen die ausländischen diplomatischen Insti-

---

42 UNIDO, Guidelines for Contracting, S. 11.
43 UNIDO, Manual on the Use of Consultants, S. 13.
44 IBRD, Guidelines for the Use of Consultants, S. 9.
45 UNIDO, Guidelines for Contracting, S. 11; Hellawell/Wallace, 7.2.1 B 6.
46 Hellawell/Wallace, 7.2.1 B 5 f; UNIDO, Guidelines for Contracting, S. 12.

tutionen in den Ländern des Klienten sowie diplomatische Missionen im Ausland, ferner eine Reihe nationaler und internationaler Organisationen aus dem Bereich des Consulting-Geschäftes (insbesondere FIDIC und deren nationale Mitgliedsverbände)[47], ferner die United Nations Industrial Development Organization (UNIDO) und ähnliche Institutionen[48].

Bei Erstellung der long list ist bereits Rücksicht zu nehmen auf die Frage, ob bestehende nationale Regelungen die Auswahl bestimmter Consultants beeinflussen. Einige nationale Rechte schreiben vor, daß eine Vertragsvergabe nur an Consultants erfolgen darf, die im Inland eine Niederlassung haben[49] oder machen die Tätigkeit von hoheitlichen Genehmigungen oder der Mitgliedschaft in nationalen Verbänden abhängig[50]. Soweit die Consultants nicht die nach nationalem Recht erforderlichen Qualifikationen erfüllen, scheiden sie von vorneherein als mögliche Vertragspartner aus.

Nach einer Vorauswahl wird eine Liste derjenigen Firmen erstellt, mit denen Vertragsverhandlungen aufgenommen werden sollen (sog. short list)[51]. Welche Consulting-Unternehmen in diese Liste aufgenommen werden, richtet sich nach den vom Klienten aufgestellten Kriterien. Hierzu gehören:
- die Erfahrung des Consultants auf einem bestimmten Gebiet,
- seine bisherigen Tätigkeiten,
- die Qualität seines Personals,
- sein internationales Ansehen sowie
- die Größe seiner Organisation[52].

Die „short list“ sollte nicht mehr als 5–6 Bewerber enthalten[53]. Eine größere Auswahl von Bewerbern ist nicht empfehlenswert, da zum einen auf Seiten des Klienten der mit der Vertragsvergabe verbundene

---

[47] Vgl. etwa die Liste bei UNIDO, Manual on the Use of Consultants, S. 116 f.

[48] Westring, International Procurement, A.5.4.

[49] UNIDO, Guidelines for Contracting, S. 15.

[50] Vgl. dazu die Übersicht über gesetzliche Bestimmungen für die Beauftragung von Consultants in Ländern des Nahen Ostens bei UNIDO, Manual on the Use of Consultants, S. 108 ff.

[51] IBRD, Guidelines for the Use of Consultants, S. 11 ff; Hellawell/Wallace, 7.2.1 B 5.

[52] FIDIC, Guide to the Use of Consultants, S. 15; UNIDO, Manual on the Use of Consultants, S. 15 f.

[53] Westring, International Procurement, A.5.4.; IBRD, Guidelines for the Use of Consultants, S. 11; Hellawell/Wallace, 7.2.1 B 6.

Arbeitsaufwand gesteigert wird; zum anderen ist eine größere Anzahl nicht geeignet bei potentiellen Bewerbern die Bereitschaft zu wecken, Kosten für eine Beteiligung am Ausschreibungsverfahren auf sich zu nehmen[54]. Um sich am Vergabeverfahren zu beteiligen, ist der Consultant gezwungen, vorbereitende Studien zu erstellen. Im Einzelfall werden auch eine Reise an den späteren Einsatzort sowie weitere Auslagen notwendig. Die anfallenden, u. U. nicht unerheblichen Kosten wird er nur dann bereit sein zu tragen, wenn hinreichende Aussicht besteht, daß er den Auftrag erhält.

4. *Vertragsverhandlungen*

Die so ermittelten Firmen (short list) werden auf der Grundlage der erarbeiteten Aufgabenbeschreibung (terms of Reference) um Abgabe eines entsprechenden Angebotes gebeten. Für das sich jetzt anschließende eigentliche Vergabeverfahren stehen grundsätzlich zwei Wege zur Verfügung[55].

a) Einzelverhandlungen – Ausschreibungsverfahren

Zum einen können mit jeder einzelnen Consulting-Firma individuelle Vertragsverhandlungen aufgenommen werden – die andere Möglichkeit ist die Durchführung eines formellen Ausschreibungsverfahrens (competitive bidding)[56]. Eine Reihe von Vertragspartnern, insbesondere aus Entwicklungsländern und öffentliche Stellen, bevorzugen ein formelles Ausschreibungsverfahren. Teilweise bestehen sie sogar darauf oder es ist gesetzlich vorgeschrieben[57]. Da aber bei der Auswahl des Consultants nicht die Entgelthöhe, sondern die Qualifikation für die ausgeschriebene Tätigkeit im Vordergrund stehen sollte, wird ein rein am Preis orientiertes Ausschreibungsverfahren, insbesondere von internationalen Vereinigungen von Consulting-Unternehmen, kritisiert[58].

Um einerseits den Vorteil eines Ausschreibungsverfahrens nutzen zu können, andererseits aber die Vertragsvergabe nicht ausschließlich vom

---

[54] Westring, International Procurement, A.5.4.

[55] Zum Vertragsvergabeverfahren s. auch Schmitthoff, The Export Trade, S. 443 ff.

[56] UNIDO, Manual on the Use of Consultants, S. 18 f.

[57] UNIDO, Manual on the Use of Consultants, S. 18.

[58] FIDIC, Guide to the Use of Consultants, S. 14; s. dazu auch oben III, 1 und die Nachw. in Fn. 31.

Engelt abhängig zu machen, hat sich in der internationalen Praxis ein zweistufiges Vergabeverfahren gebildet. Die Bewerbung auf eine Ausschreibung erfolgt in zwei getrennten Umschlägen. Der eine enthält die Leistungsbeschreibung des Consultants, der andere die Entgelthöhe[59]. Der zweite Umschlag (Entgelthöhe) wird erst geöffnet, wenn aufgrund des Leistungsangebots eine Entscheidung gefallen ist. Hiermit soll im Prinzip am Ausschreibungsverfahren festgehalten werden; das Verfahren soll aber weitgehend von rein finanziellen Erwägungen freigehalten werden. Aber auch dies Verfahren stellt keine uneingeschränkt brauchbare Lösung des Problems dar. Soweit nur der Umschlag des Anbieters geöffnet wird, der aufgrund der Leistungsbeschreibung den Auftrag erhalten soll, ist ein derartiges Verfahren überflüssig; soweit alle Umschläge mit den Honorarforderungen geöffnet werden, kann man von vorneherein auf eine Aufteilung des Angebotes in zwei Umschläge verzichten und die Vertragsvergabe ausschließlich von der Entgelthöhe abhängig machen[60].

Eine weitere Möglichkeit der gleichzeitigen Berücksichtigung von Leistungs- und Preisgesichtspunkten beim Ausschreibungsverfahren liegt darin, für die abzugebenden Gebote hinsichtlich des Consulting-Honorars einen Höchstbetrag vorzugeben. Innerhalb des Rahmens wird das beste Angebot ausgewählt[61]. Aber auch dies Verfahren ist nicht uneingeschränkt empfehlenswert. Zum einen läßt sich das entstehende Gesamthonorar, insbesondere bei einer längeren Zusammenarbeit oder bei Aufgaben, deren Umfang nicht exakt planbar ist, nicht genau vorhersagen. Zum anderen können qualifizierte Anbieter von der Abgabe eines Angebotes abgehalten werden, wenn ihnen der Kostenrahmen nicht ausreichend erscheint. Schließlich kann dieses Verfahren auch dazu führen, daß einzelne Anbieter nur aus finanziellen Gründen den Umfang ihres ansonsten vorzugswürdigen Angebots auf das vorgesehene Kostenlimit reduzieren.

b) Auswahl zwischen mehreren Angeboten

Zwischen den nach Ablauf der Bewerbungsfrist eingegangenen Angeboten hat der Auftraggeber eine Auswahl zu treffen. Da für die Bewertung

---

59 Westring, International Procurement, A.5.4.; IBRD, Guidelines for the Use of Consultants, S. 18.

60 UNIDO, Guidelines for Contracting, S. 13.

61 Srinivasan, Consultants in: Hellawell/Wallace, 7.2.1 A 2.

der Angebote der Preis als Bewertungsgrundlage weitgehend ausscheidet, ist die Entscheidung zwischen mehreren Angeboten nur unter Bewertung der verschiedenen Leistungsangebote möglich. Dies Verfahren ist stark von subjektiven Wertungsgesichtspunkten geprägt. Als Entscheidungshilfe hat die Weltbank (IBRD) ein Bewertungsverfahren entwickelt, das bei der Auswahl der Consultants helfen soll. Es basiert auf einer Aufstellung verschiedener Kriterien für die Auswahl. Jedem Kriterium wird ein Bewertungsfaktor zwischen eins und hundert zugeordnet. Auf Grundlage der Bewertungsfaktoren werden die Angebote untereinander verglichen[62]. Zu den Faktoren, die mit in die Bewertung einfließen, gehören u. a.:

- die Erfahrung des Anbieters in ähnlichen Projekten,
- die Geeignetheit der vom Consultant unterbreiteten Vorschläge im Hinblick auf die dem Ausschreibungsverfahren zugrundeliegende Auftragsbeschreibung (Terms of Reference),
- die fachliche Qualifikation und Kompetenz des für das Projekt abgestellten Personals.

Nachdem eine Entscheidung zugunsten eines einzelnen Anbieters getroffen wurde, beginnen auf der Grundlage der Aufgabenbeschreibung, des vom Consultant abgegebenen Angebots und zugrundeliegender Musterverträge[63] die eigentlichen Vertragsverhandlungen[64]. Sie dienen der Festlegung vertraglicher Einzelheiten wie Haftungsfragen, Personaleinsatz, Vertragsdauer, anwendbarem Recht sowie anderer Modalitäten der Zusammenarbeit. Auch die Honorarhöhe und die Grundlagen für die Berechnung des Honorars können jetzt zum Gegenstand der Verhandlungen gemacht werden.

V. Beteiligung internationaler Organisationen

Ein großer Teil des Consulting-Geschäftes im internationalen Bereich wird mittlerweile von internationalen Organisationen gefördert und finanziert. Insbesondere bei Projekten in Entwicklungsländern nehmen diese Organisationen einen immer stärkeren Einfluß auf die Projektdurchführung und die Entscheidung, ob und welche Consultants im

---

[62] IBRD, Guidelines for the Use of Consultants, S. 13 ff; UNIDO, Guidelines for Contracting, S. 13 f.

[63] Vgl. dazu etwa die FIDIC-Verträge, s. unten § 16.

[64] Westring, International Procurement, A.5.5.; UNIDO, Guidelines for Contracting, S. 14.

Projekt tätig werden. Zu diesen Organisationen gehören in erster Linie die Vereinten Nationen (UN) mit ihren Unterorganisationen – beispielsweise der UNIDO (United Nations Industrial Development Organization) der UNDP (United Nations Development Program), aber auch eine Reihe anderer internationaler Zusammenschlüsse (IAEA, International Atomic Energy Agency; ITU, International Telecommunication Union; WHO, World Health Organization; FAO, Food and Agriculture Organization etc.)[65].

Eine besondere Bedeutung hat in diesem Zusammenhang die International Bank for Reconstruction and Development (IBRD, kurz: Weltbank). Sie ist die weltweit größte Organisation im Bereich der finanziellen Unterstützung von Großprojekten in Entwicklungsländern. Soweit sie als Kreditgeberin tätig wird, fördert und fordert sie die Einschaltung von Consultants, wenn die eigenen Fachkenntnisse und Kenntnisse des Kreditnehmers für die Projektdurchführung nicht ausreichen[66].

Gleichzeitig schafft sie auf diese Weise eine Sicherheit gegen die Gefahr einer zweckwidrigen oder ineffizienten Verwendung der von ihr vergebenen Kreditmittel. Die auf Verlangen der Weltbank eingeschalteten Consultants werden zwar nicht ihr direkter Vertragspartner, sondern stehen ausschließlich mit dem jeweiligen Kreditnehmer in vertraglichen Beziehungen. Die Weltbank übt jedoch maßgeblichen Einfluß aus auf die Vertragsvergabe und mittelbar damit auch auf den Vertragsinhalt[67].

§ 12: Pflichten des Consultants

Die Pflichten des Consultants lassen sich nach Phasen des Projektes (dazu unten I.) und nach dem Inhalt der geschuldeten Leistung (dazu unten II.) unterscheiden.[1] Dem folgt auch die vorliegende Darstellung.

---

[65] Zum Vorstehenden vgl. GUTTMANN, The International Consultant, S. 145 ff.

[66] GUTTMANN, S. 154.

[67] Vgl. dazu IBRD, Guidelines for the Use of Consultants; s. auch: SRINIVASAN, Consultants in: Hellawell/Wallace, 7.2.1 A 1 f.; GUTTMANN, S. 152 ff.

[1] Eine andere Einteilungsmöglichkeit ist die Unterscheidung der Consultant-Tätigkeit nach der Umsetzung im beratenen Unternehmen. Diese Unterscheidung liegt der Arbeit von HIRZEL, Management Consulting im schweizerischen Recht, zugrunde. HIRZEL unterscheidet drei Vertragstypen: a) den Begutachtungsvertrag, b) den Beratungsvertrag und c) den Realisierungsvertrag (vgl. S. 22 ff).

Neben reine Beratungstätigkeiten treten häufig Ausbildungsaufgaben[2] (dazu unten III.).

Zwar ist das Tätigkeitsfeld der Consulting-Unternehmen insgesamt breit; der einzelne Consulting-Vertrag beschränkt sich jedoch allgemein auf eine einzelne Leistung. Im Gegensatz zum Management-Vertrag, bei dem der Manager ein umfassendes Spektrum von Aufgaben übernimmt, das von Tätigkeiten in der Planungsphase bis zur Führung eines Unternehmens reicht und sämtliche Teilbereiche der unternehmerischen Tätigkeit erfaßt, bezieht sich die dem Consultant übertragene Aufgabe nur auf einzelne unternehmerische Teilbereiche (z. B. Betreuung eines Projektes in der Planung, Errichtungs- oder Betriebsphase). Dies erfordert im Vertrag eine exakte Festlegung der übertragenen Augaben[3]. Eine Konkretisierung ist erforderlich im Hinblick auf

— Inhalt der übertragenen Aufgaben,
— Arbeitsergebnisse, die erbracht werden sollen sowie
— die zeitliche Dauer.

Besonders wichtig ist eine exakte Beschreibung des Arbeitsergebnisses. Soll der Consultant Studien erarbeiten oder Planungsentwürfe vorlegen, ist es notwendig, vorher festzulegen, welche Genauigkeit die Studien haben sollen oder wieviele mögliche Planungsalternativen der Vorschlag des Consultants zu berücksichtigen hat[4]. Bei Aufgaben in der Bauüberwachung ist eine Einigung darüber notwendig, ob der Consultant seine Aufsichtspflichten auf Stichproben beschränken kann oder zur ständigen Kontrolle aller laufenden Arbeiten verpflichtet ist.

Grundlage der Festlegung des Aufgabenbereiches sind die bereits dem Ausschreibungsverfahren zugrundeliegenden Aufgabenbeschreibungen (Terms of Reference); sie werden konkretisiert durch weitere vertragliche Vereinbarungen, wozu insbesondere Regelungen über den Personaleinsatz oder detaillierte Regelungen hinsichtlich der Arbeitsergebnisse gehören.

I. Consulting-Aufgaben in verschiedenen Projektphasen

Die Aufteilung der Consulting-Tätigkeit erfolgt zunächst in Abhängigkeit von der Projektphase, in der der Consultant tätig wird (vertikale

---

[2] S. dazu etwa UNIDO, Manual on the Use of Consultants, S. 79 ff; International Labour Office, Management Consulting, S. 161 ff.

[3] Srinivasan, Consultants in: Hellawell/Wallace, 7.2.1 A 3; Kirchner, BB 1971, S. 67.

[4] UNIDO, Guidelines for Contracting, S. 11.

Aufgabenbeschreibung)[5]. Diese sog. „vertikalen" Aufgaben reichen von vorbereitenden Realisierbarkeitsstudien über Planungs- und Überwachungsaufgaben in der Bauphase bis zur Beratung eines tätigen Unternehmens[6].

1. Voruntersuchungen (feasibility-, preinvestment-studies)[7]

Voruntersuchungen sind der erste Schritt auf dem Weg zur Realisierung eines neuen Projektes. Voruntersuchungen betreffen zunächst umfangreiche Ermittlungen über die konkreten Marktverhältnisse. Dazu gehören Analysen der Angebots- und Nachfragesituation auf einem bestimmten Markt, die zu erzielenden Preise auf unterschiedlichen Handelsstufen (Herstellung, Groß, Einzelhandel), die zu erwartende Konkurrenzsituation und die eigenen Absatzchancen. An die Analyse der Marktchancen schließt sich eine Untersuchung der notwendigen Produktionsfaktoren an. Hierzu gehören Nachforschungen, ob in ausreichendem Maße Roh- und Hilfsstoffe, aber auch notwendige Energie zur Vergügung steht. Die bestehenden Transportmöglichkeiten sind zu untersuchen und es sind Nachforschungen anzustellen, ob in ausreichendem Maß qualifiziertes Personal vorhanden ist. Verbunden mit diesen Voruntersuchungen sind gleichzeitig Aussagen und Bewertungen über den optimalen Standort für ein Projekt. Zusätzlich sind Kostenrechnungen anzustellen über die optimale Betriebsgröße, den Kapitalbedarf, den voraussichtlichen Kapitalertrag und die Stückkosten für die geplante Produktion. Bei öffentlichen Auftraggebern können in dieser Phase Studien erforderlich sein über die Auswirkung eines geplanten Projektes auf Infrastruktur, Zahlungsbilanz oder die Arbeitsmarktverhältnisse.

2. Vorbereitende Planung (preparation)[8]

Auf der Grundlage der vorbereitenden Studien beginnt die eigentliche Projektplanung. Hierzu gehört die Anfertigung von Generalplänen über die baulichen und maschinellen Anlagen, Untersuchungen über die orga-

---

[5] Westring, International Procurement, A.5.1.

[6] Vgl. die detaillierte Darstellung bei UNIDO, Manual on the Use of Consultants, S. 52 f.

[7] IBRD, Guidelines for the Use of Consultants, S. 3; FIDIC, Guide to the Use of Consultants, S. 11; UNIDO, Manual on the Use of Consultants, S. 54 ff.

[8] UNIDO, Manual on the Use of Consultants, S. 56 f; IBRD, Guidelines for the Use of Consultants, S. 3.

nisatorische Ausgestaltung des Betriebes und seiner Rechtsform. Es werden detaillierte Kostenvoranschläge notwendig und es sind Planungen für die Finanzierung des Projektes anzustellen. Sind diese Arbeiten abgeschlossen, kann damit begonnen werden, einzelne Arbeiten an Auftragnehmer zu vergeben. Bei Großprojekten geschieht die Auftragsvergabe im allgemeinen mit Hilfe eines formalisierten Ausschreibungsverfahrens. Auch hier wird der Consultant tätig[9]. Er übernimmt die Erarbeitung der Ausschreibungsunterlagen, veröffentlicht die Vergabebedingungen und legt die zeitlichen Grenzen des Vergabeverfahrens fest. Er führt das Verfahren durch und wirkt nach Abgabe der Angebote bei der Auswahl der Vertragspartner mit und unterstützt seinen Klienten bei der anschließenden Vertragsvergabe.

3. Bauüberwachung und Inbetriebnahme[10]

Nach der Vertragsvergabe leitet der Consultant die Durchführung der vergebenen Arbeiten. Er stellt Zeitpläne auf und koordiniert die einzelnen Teilleistungen. Gleichzeitig kontrolliert er die Vertragsdurchführung und führt die notwendigen Abnahmen aus. Nach Abschluß der Arbeiten kann er maßgebliche Funktionen bei der Inbetriebnahme übernehmen. Hierzu gehört die Beschaffung von Rohmaterialien, aber auch die Auswahl, Einstellung und ggf. Ausbildung des notwendigen Personals[11].

II. Aufgaben in verschiedenen Bereichen der Unternehmensführung

Die horizontale Aufteilung[12] der Consulting-Dienstleistungen folgt der Aufgliederung einer Unternehmensführung in verschiedene unternehmerische Teilbereiche. Sie reicht vom allgemeinen Management über das Finanzwesen, die Personalführung, das Produkt-Management und Marketing, Produktion und Vertrieb bis zur Beratung in der Datenverarbeitung[13]. Im Bereich des allgemeinen Management berät der Consultant bei

---

[9] Schmitthoff, The Export Trade, S. 445 f.

[10] International Labour Office, Management Consulting, S. 159 ff; UNIDO, Manual on the Use of Consultants, S. 61 f.

[11] International Labour Office, Management Consulting, S. 181 ff.

[12] Dazu Westring, International Procurement, A.5.2.

[13] S. dazu allg. International Labour Office, Management Consulting, Part IV; UNIDO, Manual on the Use of Consultants, Chapter 8–11; Hellawell/Wallace, 7.2.1 B 2.

Fragen der Unternehmensorganisation, etwa hinsichtlich der Rechtsform oder inneren Struktur (Stabs- oder Liniensystem, produktbezogene Divisionalisierung etc.)[14], der Unternehmensstrategie oder Systemen zur Kostenreduktion oder Kostenkontrolle[15]. Im Finanzwesen unterstützt der Consultant bei Fragen der Investitions- und Finanzplanung, des Rechnungswesens oder steuerlicher Auswirkungen einzelner unternehmerischer Entscheidungen[16]. Bei der technischen Unterstützung handelt es sich um Aufgaben bei der Produktentwicklung, Installation technischer Einrichtungen, Qualitätskontrollen, Lagerhaltung usw.[17]. Auf eine detaillierte Darstellung der einzelnen Teilbereiche der horizontalen Consulting-Dienstleistungen wird an dieser Stelle verzichtet. Es wird auf die betriebswirtschaftlich orientierten Darstellungen der verschiedenen Aufgabenfelder verwiesen[18].

III. Ausbildungspflichten

Besondere Bedeutung für den internationalen Know-how-Transfer hat das Angebot von Ausbildungsprogrammen durch Consulting-Betriebe[19]. Know-how-Transfer findet nicht statt, wenn ein Spezialist (Consultant) nur vorübergehend beim Klienten bestimmte Aufgaben übernimmt, sondern nur dann, wenn er sein Fachwissen auf die Organisation seines Klienten dauerhaft überträgt. In diesem Bereich überschneidet sich das Tätigkeitsfeld eines Consultants stark mit den Aufgaben des Managers im Rahmen eines Management-Vertrages.

---

14 S. dazu Helfert in: FS Sieber, S. 303 (305 ff).

15 International Labour Office, Management Consulting, Chapter 16; Meyer, C. W., „Consulting" in: Management Enzyklopädie, S. 49.

16 International Labour Office, Management Consulting, Chapter 17; Meyer, C. W., „Consulting" in: Management Enzyklopädie, S. 493.

17 S. dazu etwa UNIDO, Manual on the Use of Consultants, Chapter 9; Hellawell/Wallace, 7.2.1 B 2.

18 Für das internationale Consulting Geschäft vgl. insbesondere International Labour Office, Management Consulting, Part IV und die umfangreiche dort nachgewiesene Literatur (s. S. 237–242); aus der deutschen Literatur vgl. etwa Hollai, Betriebswirtschaftliche Probleme der Unternehmensberatung; Mechler, Der Unternehmensberater, Partner auf Zeit; Dahl, Die Unternehmensberatung, Eine Untersuchung ausgewählter Aspekte beratender Tätigkeiten in der BRD.

19 IBRD, Guidelines for the Use of Consultants, S. 22 f; International Labour Office, Management Consulting, S. 161 ff; UNIDO, Manual on the Use of Consultants, S. 61 f u. 79 ff.

1. Ausbildungsform

Eine effiziente, wenn auch wenig formalisierte Methode der Ausbildung ist eine direkte und enge Zusammenarbeit zwischen Consultant und ausgewähltem Personal des Klienten[20]. Dem im Projekt tätigen Personal des Consultant werden Angestellte des Klienten zugeordnet[21], die gemeinsam mit dem Consultant die übertragenen Aufgaben lösen. Auf diese Weise wird einerseits sichergestellt, daß der Consultant bei seiner Arbeit ausreichend Unterstützung und Information von seiten seines Klienten erhält[22]. Andererseits hat diese Form der Zusammenarbeit gleichzeitig den Effekt einer Ausbildung des eingesetzten Personals[23]. Nachdem zunächst die Angestellten des Klienten im Zusammenwirken mit dem Consultant einfache Unterstützungstätigkeiten übernehmen, können sie im Zeitablauf mit immer weitergehenden Aufgaben betraut werden, bis sie in der Lage sind, nach dem Ausscheiden des Consultants dessen Tätigkeitsbereich zu übernehmen, bzw. die mit ihm erarbeiteten Vorschläge und Planungen in die Tat umzusetzen[24]. Auf diese Weise ergibt sich ein Know-how-Transfer durch eine parallel zur Consulting-Tätigkeit laufende Ausbildung des Personals.

Eine wesentlich stärker formalisierte Form der Ausbildung ist die Durchführung von besonderen Trainingsprogrammen durch den Consultant[25]. Derartige Trainingsprogramme finden sich auf allen Ebenen der betrieblichen Tätigkeit[26]. Es sind nicht nur Programme, die speziell auf Funktionen in der Unternehmensleitung zugeschnitten sind, wie die Einweisung in Führungstechniken oder Organisationssysteme. Ausbildungsprogramme können auch auf Facharbeiterebene durchgeführt werden. Gerade wenn es darum geht, eine neue Anlage in Betrieb zu nehmen oder neue Techniken einzuführen, reicht eine Schulung allein der Unternehmensleitung nicht aus. Eine Ausbildung des Betriebspersonals ist notwendig.

---

[20] UNIDO, Guidelines for Contracting, S. 14f; International Labour Office, Management Consulting, S. 161 f.

[21] UNIDO, Guidelines for Contracting, S. 14; WESTRING, International Procurement, A.5.6.

[22] UNIDO, Guidelines for Contracting, S. 14.

[23] Zu den vergleichbaren Ausbildungsaufgaben beim Management-Vertrag s. oben § 5, IV.

[24] International Labour Office, Management Consulting, S. 161 f.

[25] UNIDO, Manual on the Use of Consultants, S. 79ff (Chapter 12); IBRD, Guidelines for the Use of Consultants, S. 22f; International Labour Office, Management Consulting, S. 162f.

[26] UNIDO, Manual on the Use of Consultants, S. 79.

2. *Ausbildungsinhalt*

Die vom Consultant geschuldeten Ausbildungsaufgaben können verschiedene Inhalte annehmen[27]. Eine Möglichkeit ist die Ausarbeitung von Ausbildungsunterlagen. Hierzu gehören die Anfertigung von Arbeitsanweisungen, Handbüchern für Arbeitsabläufe oder sonstige Richtlinien[28]. Eine andere Form ist die Durchführung von Schulungsmaßnahmen[29]. Auch hier bieten sich eine Vielzahl möglicher Gestaltungen an. Sie sind nach Inhalt der Ausbildung, teilnehmenden Personen und Ausbildungsziel verschieden und reichen vom „training on the job" bis zur Durchführung von Kursen oder Seminaren.

Soweit der Consultant Ausbildungsaufgaben übernimmt, ist eine exakte Festlegung der Aufgaben im Vertrag bzw. der Aufgabenbeschreibung (Terms of Reference) vorzunehmen. Dies gilt insbesondere dann, wenn die Ausbildungspflichten gleichzeitig mit anderen Aufgaben verbunden sind, da hier die Gefahr besteht, daß der Consultant seine Ausbildungsaufgaben zugunsten anderer Zielsetzungen vernachlässigt[30]. Es ist eine Regelung zu treffen über den Umfang der Ausbildung, den fachlichen Inhalt und die Ausbildungsziele. Gleichzeitig muß eine Regelung über die Vergütung der übernommenen Ausbildungsaufgaben gefunden werden. Sie können mit dem allgemeinen Honorar des Consultants abgegolten sein; es kann auch eine vom Zeitaufwand abhängige oder pauschalierte gesonderte Vergütung für die Ausbildungsleistung vorgesehen werden.

IV. Bestimmung des Leistungsumfangs nach dem Personaleinsatz

Eine genaue Festlegung der Aufgaben eines Consultants erfolgt nicht nur hinsichtlich der Bestimmung des Arbeitsergebnisses, sondern auch durch eine Festlegung des geschuldeten Personaleinsatzes[31]. In weiten Bereichen steht zwar das Arbeitsergebnis des Consultants im Vordergrund, so bei der Durchführung von Studien, der Erstellung von Plänen

---

[27] International Labour Office, Management Consulting, S. 162.

[28] UNIDO, Manual on the Use of Consultants, S. 80 ff (82).

[29] International Labour Office, Management Consulting, S. 162 f; UNIDO, Manual on the Use of Consultants, S. 80 ff.

[30] IBRD, Guidelines for the Use of Consultants, S. 23; sowie zum gleichen Problem bei Management-Verträgen oben § 7, I, 2.

[31] International Labour Office, Management Consulting, S. 100 ff.

oder Programmen. Aus der Sicht des Klienten interessiert in diesen Fällen nur die Qualität des Arbeitsergebnisses, nicht die aufgewandte Zeit und der notwendige Personaleinsatz.

1. Personaleinsatz

In vielen Fällen ist jedoch der Arbeitserfolg vom Personaleinsatz abhängig. Dies gilt bei der Bauüberwachung oder bei Übernahme von Ausbildungsaufgaben. Die Vertragserfüllung wird hier maßgeblich beeinflußt vom Umfang des eingesetzten Personals und dessen fachlicher Qualifikation. Bei personalintensiven Tätigkeiten muß sich daher die Aufgabenbeschreibung (Terms of Reference) nicht nur auf die Inhalte der Tätigkeit beziehen, sondern gleichzeitig eine Regelung über das einzusetzende Personal und dessen Qualifikationen treffen. Für den Fall, daß der Klient besonderen Wert legt auf den Einsatz bestimmter Mitarbeiter des Consultants, ist dies im Vertrag festzuhalten.

Häufig wird vereinbart, daß der Klient das Recht erhält, vom Consultant eine Auswechslung des Personals zu verlangen, falls dies nicht die erforderlichen Anforderungen erfüllt[32]. Die Regelungen entsprechen insoweit den Vereinbarungen im Rahmen eines Management-Vertrages[33].

2. Personalkosten

Eine weitere Frage, die im Rahmen der Vereinbarung über den Personaleinsatz einer Regelung bedarf, ist die Verteilung der für den Personaleinsatz entstehenden Kosten, etwa für Reise, Unterbringung oder andere Auslagen[34]. Soweit eine Gesamtvergütung vereinbart ist, umfaßt diese auch die notwendigen Auslagen für das Personal des Consultants[35]. Der Consultant kann nicht neben seinem Entgelt zusätzlich Ersatz der durch den Personaleinsatz verursachten Kosten verlangen. Will er dafür eine gesonderte Vergütung beanspruchen, muß er eine ausdrückliche vertragliche Regelung hierüber treffen. Ohne eine ausdrückliche Vereinbarung sind vom allgemeinen Entgelt sämtliche Aufwendungen des Consultants erfaßt.

---

32 Vgl. etwa den von der Kreditanstalt für Wiederaufbau verwendeten Consulting-Vertrag. Art. II, 6.

33 Dazu oben § 4, III.

34 Guttmann, S. 90 ff.

35 UNIDO, Manual on the Use of Consultants, S. 31.

V. Beauftragung mehrerer Consultants

In vielen Fällen reicht die Leistungsfähigkeit einzelner Consulting-Unternehmen für die Betreuung eines Projektes nicht aus. Die gleichzeitige Einschaltung mehrerer Berater für – meist unterschiedliche – Aufgaben wird notwendig. In einer Anzahl von Ländern sehen nationale Bestimmungen vor, daß auswärtige Consultants nur eingeschaltet werden können, wenn sie mit einheimischen Consulting-Unternehmen zusammenarbeiten[36]. Die Fälle einer Zusammenarbeit mehrerer Consultants sind daher in der Praxis nicht unüblich. Für die Zusammenarbeit mehrerer Berater in einem Projekt bieten sich drei grundsätzliche Möglichkeiten an.

Die erste Möglichkeit liegt in der Vergabe von Spezial-Aufträgen an voneinander unabhängige Consulting-Unternehmen. Zusätzlich besteht die Möglichkeit einer Auftragsvergabe an einen General-Consultant, der ermächtigt/verpflichtet wird, Einzelarbeiten an untergeordnete Vertragspartner weiterzugeben. Vertragspartner des Klienten ist in beiden Fällen allein der jeweilige Consultant, bzw. der General-Consultant. Nur ihm gegenüber entstehen Zahlungsverpflichtungen; er ist in Fragen der vertraglichen Haftung einziger Ansprechpartner des Auftraggebers. Der General-Consultant haftet dabei für die von ihm eingeschalteten Nachunternehmer (Consultants), soweit nicht eine ausdrückliche Haftungsfreizeichnung vereinbart wurde, in vollem Umfang.

Die dritte Möglichkeit einer Zusammenarbeit mehrerer Consultants in einem Projekt ist der Zusammenschluß zu einer vertraglichen Zusammenarbeit (GbR, joint-venture)[37]. Vertragspartner des Klienten ist hier der Zusammenschluß der einzelnen Consulting-Unternehmen. Die Unternehmen untereinander treffen wiederum eine vertragliche Regelung über ihre Zusammenarbeit. Hierzu gehören Vereinbarungen über die Teilung der entstehenden Kosten, der anfallenden Arbeiten und der erzielten Honorare[38]. Soweit keine abweichende Regelung getroffen wird, haften auf Seiten der Consultants alle Beteiligten als Gesamtschuldner. Die Begründung einer Teilschuldnerschaft für einzelne Leistungen bedarf einer ausdrücklichen Vereinbarung.

---

[36] UNIDO, Guidelines for Contracting, S. 15.

[37] Dies entspricht der im deutschen Recht vor allem in der Bauindustrie verbreiteten Arbeitsgemeinschaft (ArGe); zum joint-venture im internationalen Bereich vgl. etwa Friedmann/Kalmanoff, Joint International Business Ventures, insb. S. 84 ff; UNIDO, Manual on the Establishment of Industrial Joint Venture Agreements in Developing Countries, insb. S. 3 ff.

[38] IBRD, Guidelines for the Use of Consultants, S. 5.

Besondere Bedeutung hat die Frage der vertraglichen Haftung[39]. Es ist eine Regelung angebracht über die Frage, inwieweit die einzelnen Consulting-Firmen für eine Vertragsverletzung der mit ihnen zusammenarbeitenden anderen Unternehmen einzustehen haben. Ohne eine abweichende Regelung gilt auch hier, daß jeder einzelne Vertragspartner in vollem Umfang für das Verhalten der übrigen Vertragspartner verantwortlich ist. Die Vertragsverletzung einer Partei gibt dem Klienten Rechte gegenüber allen übrigen Vertragspartnern (Kündigungsmöglichkeit, Anspruch auf Schadensersatz wegen Vertragsverletzung).

VI. Exkurs: Standesrichtlinien

Der Erfolg einer Zusammenarbeit zwischen Klient und Consultant wird maßgeblich beeinflußt vom Ausbildungsstand des Consultants, d.h. den ihm zur Verfügung stehenden Kenntnissen und Fähigkeiten. Im Gegensatz zu anderen beratenden Berufsgruppen (Rechtsanwälten, Steuerberatern, Architekten oder Ingenieuren) gibt es aber weder im nationalen[40] noch im internationalen[41] Bereich des Consulting-Geschäftes Zulassungsvoraussetzungen für die Berufsausübung, wie die Ablegung einer besonderen Prüfung oder die Ableistung einer speziellen Ausbildung. Damit steht die Ausübung einer Consulting-Tätigkeit prinzipiell jedem Interessierten offen, ohne daß eine besondere Qualifikation nachgewiesen werden muß. In der Praxis – insbesondere im technischen Bereich – erfolgt eine Vertragsvergabe häufig jedoch nur dann, wenn die Ablegung bestimmter Examina sichergestellt ist (z.B. Ingenieur-Diplom).

1. Inhalt der Richtlinien

Um das Ansehen des Berufsstandes des Consultants in der Öffentlichkeit zu wahren, stellen im nationalen und internationalen Bereich eine Reihe von Verbänden von Consulting-Unternehmen Standesrichtlinien auf, die für die angeschlossenen Mitglieder verbindlich sind. Zusätzlich fordern sie für den Erwerb ihrer Mitgliedschaft bestimmte Mindestvoraussetzungen. Hierzu gehören insbesondere Anforderungen an die Unabhängig-

---

[39] IBRD, Guidelines for the Use of Consultants, S. 5.

[40] Meyer, C. W., „Consulting" in Management Enzyklopädie, S. 490; Potthoff, Handwörterbuch der Betriebswirtschaft, Sp. 4061 f „Unternehmensberatungsbetriebe".

[41] S. etwa FIDIC, Guide to the Use of Consultants, S. 6; International Labour Office, Management Consulting, S. 317 ff mwN.

keit, eine ausreichende fachliche Qualifikation sowie Mindestanforderungen an die Leistungsfähigkeit des einzelnen Consultants oder Consulting-Betriebes[42]. Inhaltlich regeln die Standesrichtlinien Fragen der gegenseitigen Zusammenarbeit zwischen Consultant und Klient, Informations- und Konsultationspflichten, Geheimhaltung und Verschwiegenheitspflichten sowie das Verhalten des Consultant in Fällen, in denen ein Interessenkonflikt auftauchen kann[43]. Im internationalen Bereich tätige Organisationen, die derartige Verhaltensrichtlinien aufstellen, sind etwa die Féderation International des Ingenieurs Conseils (FIDIC)[44], die European Federation of Associations of Management Consultants (FEACO)[45] oder die Association of Consulting Management Engineers (ACME) in den USA[46].

2. *Rechtliche Durchsetzung*

Das allgemeine Problem dieser Standesrichtlinien liegt in ihrer rechtlichen Durchsetzbarkeit. Sie enthalten Programmsätze und allgemeine Verhaltensrichtlinien, die in der vertraglichen Zusammenarbeit keine unmittelbare Wirkung entfalten. Es fehlt an geeigneten Durchsetzungsmöglichkeiten sowohl von Seiten der jeweiligen Verbände als auch der einzelnen Vertragspartner[47]. Die Einhaltung der Richtlinien ist im wesentlichen eine Frage des Selbstverständnisses der Consultants.

Trotzdem ist nicht ausgeschlossen, daß in Einzelfällen für die Frage, ob ein Verhalten des Consultants vertragswidrig war und damit Schadensersatzverpflichtungen oder Kündigungsrechte auslöst, auch auf die Verhaltensregeln des Verbandes, dem der Consultant angehört, zurückgegriffen werden kann. Dies gilt beispielsweise bei der Frage, inwieweit der Consultant verpflichtet ist, den Klienten über einzelne Vorgänge zu

---

42 FIDIC, Guide to the Use of Consultants, S. 6; GOLDBECK, Handbuch Wirtschaftsberatung, § 13, S. 2 ff.

43 S. dazu International Labour Office, Management Consulting, S. 50; UNIDO, Manual on the Use of Consultants, S. 37 f.

44 Vgl. FIDIC, FIDIC Statutes and Bylaws; sowie FIDIC, Guide to the Use of Consultants, S. 6.

45 Vgl. International Labour Office, Management Consulting, S. 317; Textauszüge bei UNIDO, Manual on the Use of Consultants, S. 155.

46 S. dazu: Standard of professional conduct and practise of the ACME.

47 UNIDO, Manual on the Use of Consultants, S. 38.

informieren, wie weit die Geheimhaltungspflichten reichen sowie bei einer Reihe weiterer Fragen[48].

Rechtlich verbindlich werden die Standesrichtlinien immer dann, wenn auf sie im Einzelvertrag Bezug genommen wurde. Sie sind aber auch dann heranzuziehen, wenn der Consultant Mitglied des betreffenden Verbandes ist. Durch die Mitgliedschaft im Verband hat der Consultant die Regeln des Verbandes als für ihn verbindlich anerkannt. Dies wirkt zwar nicht unmittelbar im Verhältnis zu seinem Klienten. Dieser kann jedoch darauf vertrauen, daß durch die Mitgliedschaft des Consultants im Verband dessen Qualifikation verbürgt ist und sein Vertragspartner sich so verhält, wie es den Richtlinien des Verbandes entspricht. Damit gewinnen die Richtlinien auch ohne ausdrückliche Vereinbarung für die Auslegung und Abwicklung des Vertrages im Einzelfall an Bedeutung.

§ 13: Pflichten des Klienten

I. Entgeltzahlung

1. Entgeltberechnung

Hauptpflicht des Klienten aus dem Consulting-Vertrag ist die Zahlung des vereinbarten Honorars. Für die Berechnung des Entgeltes haben sich in der internationalen Praxis eine Reihe verschiedener Berechnungsmethoden herausgebildet[1].

a) Mann/Monat

Eine Berechnungsmethode legt das Entgelt in Abhängigkeit von der vom Consultant aufgewendeten Zeit fest[2]. Die Vergütung richtet sich nach dem Personaleinsatz (Anzahl der Mitarbeiter) und der Dauer des Einsatzes. Festgelegt wird nur das Honorar, das für den Einsatz eines

---

48 Vgl. hierzu etwa die Bestimmungen in ACME, Standards of professional conduct and practise of the ACME, insb. I.2. (client arrangements), Anhang, Text D.

1 Vgl. allg. zur Entgeltberechnung bei Consulting Verträgen: FIDIC, Guide to the Use of Consultants, S. 34 ff; UNIDO, Manual on the Use of Consultants, S. 21 ff; WITHAUER, S. 102 ff; IBRD, Guidelines for the Use of Consultants, S. 33 ff.

2 WITHAUER, S. 106; FIDIC, Guide to the Use of Consultants, S. 36.

Mitarbeiters für einen Monat zu zahlen ist (in Betracht kommt auch eine Abrechnung für kürzere zeitliche Einheiten, etwa auf Stunden-, Tages- oder Wochenbasis)[3]. Die Höhe des Honorars ergibt sich aus dem gesamten Arbeitseinsatz des Consultants. Soweit Personal mit unterschiedlicher fachlicher Qualifikation eingesetzt wird, kann das Honorar für verschiedene Gruppen von Mitarbeitern unterschiedlich ausgestaltet sein[4] (so beispielsweise nach Inhaber der Beratungsfirma, Projektleiter, Sachbearbeiter, Assistenten, Hilfskräfte)[5]. Verwendung findet dieses Abrechnungssystem in Fällen, in denen der Arbeitseinsatz im Vordergrund steht, so im Bereich der Bauüberwachung, der technischen Assistenz sowie bei Ausbildungsprogrammen[6]. Ein vom Consultant auf Grundlage des Personaleinsatzes berechnetes Entgelt umfaßt sämtliche Personalkosten, die allgemeinen Verwaltungskosten, die entstehenden Spesen sowie einen kalkulatorischen Gewinn[7].

b) Festhonorar

Gegenstück dieses vom Arbeitseinsatz abhängigen Zeit-Honorars ist ein vom Zeitaufwand unabhängiges Festhonorar (lump-sum-contract)[8]. Kalkulationsbasis für ein Festhonorar ist im allgemeinen der Wert des Gegenstandes, auf den sich die Consulting-Leistung bezieht (z. B. im Baubereich der Wert der geschätzten Kosten für das Vorhaben). Der Grundgedanke einer solchen Leistungsabgeltung ist, daß der Leistungsumfang des Consultants maßgeblich bestimmt wird von einer Bezugssumme, welche die kostenmäßigen Konsequenzen der Durchführung einer durch die Beratung zustandegekommenen Konzeption darstellt[9]. Diese Form der Berechnung ist regelmäßig Grundlage für eine Vergü-

---

3 Withauer, S. 106; FIDIC, Guide to the Use of Consultants, S. 36.

4 Potthoff, Handwörterbuch der Betriebswirtschaft, Sp. 4060, „Unternehmensberatungsbetriebe".

5 Vgl. das Vertragsmuster bei Hirzel, Management-Consulting, Seite 120, Ziff. 2.1.

6 IBRD, Guidelines for the Use of Consultants, S. 33.

7 IBRD, Guidelines for the Use of Consultants, S. 33; FIDIC, Guide to the Use of Consultants, S. 36.

8 Diese Form der Entgeltfestlegung findet sich häufig beim Construction Manager, vgl. auch Lambert/White, The Legal Profile of the Construction Manager, S. 2.1 C 2.

9 Withauer, S. 104.

tung nach Honorarordnungen[10]; das Honorar wird in Abhängigkeit (meist degressiv fallend) zur Bezugssumme festgelegt. Verwendung findet diese Berechnungsform vor allem im Bau- und Industriesektor[11], d. h. in den Bereichen, in denen sich der Wert des Gegenstandes, auf die sich die Tätigkeit bezieht, exakt festlegen läßt. Bei Vereinbarung dieser Berechnungsform ist eine genaue Bestimmung der vom Consultant geschuldeten Leistungen, einschließlich der Zeit in der die Leistungen zu erbringen sind, erforderlich[12].

c) Erfolgshonorar

Beim Erfolgshonorar ist die Vergütung abhängig von den durch die Consulting-Leistung erzielten Arbeitsergebnissen. Ein auf Grundlage des Arbeitserfolges berechnetes Entgelt hat allerdings im Bereich des Consulting-Geschäftes eine nur geringe Bedeutung[13].

In weiten Bereichen der Consulting-Tätigkeit scheidet ein solches System schon deshalb aus, weil feste Werte, an denen das Erfolgshonorar ausgerichtet werden kann, nicht existieren (etwa bei der Erstellung von Studien oder in der Bauüberwachung). Zumindest wird die Feststellung des Arbeitserfolges Schwierigkeiten aufwerfen. Zu Konflikten führt dies System, wenn der Consultant im Laufe seiner Tätigkeit erkennt, daß eine von ihm für ein bestimmtes Problem als richtig erkannte Lösung im Konflikt mit der angestrebten Maximierung des eigenen Gewinns gerät[14].

Verbreitet ist beim Consulting-Geschäft dagegen die Vereinbarung eines Honorars als Prozentsatz von bestimmten Kostengrößen, so z. B. in Abhängigkeit von der entstehenden Bausumme[15]. Diese Berechnungs-

---

[10] Zur Honorarordnung für Ingenieure vgl. etwa: Lewenton/Schnitzer, Verträge im Ingenieurbüro, S. 15 ff; Kirchner, BB 1971, S. 67 (68 f); Ausschuß für die Honorarordnung der Ingenieure, Leistungs- und Honorarordnung für Ingenieure (LHO), S. 14 ff; im internationalen Bereich existieren keine feststehenden und allgemein anerkannten Honorarordnungen für Consulting-Leistungen.

[11] IBRD, Guidelines for the Use of Consultants, S. 33.

[12] UNIDO, Manual on the Use of Consultants, S. 34.

[13] Withauer, S. 110.

[14] Withauer, S. 111.

[15] IBRD, Guidelines for the Use of Consultants, S. 34; UNIDO, Manual on the Use of Consultants, S. 33 f; FIDIC, Guide to the Use of Consultants, S. 39; Westring, International Procurement, A.5.7.

methode weist Parallelen zum Festpreissystem auf; unterscheidet sich aber darin, daß das Gesamthonorar nicht von vorneherein feststeht, sondern sich erst als Prozentsatz der Bezugssumme bei einer nachträglichen Abrechnung ergibt. Da hier das Consulting-Entgelt mit den Kosten eines Projektes steigt und der Consultant von einer Kostensteigerung profitiert, ist aus Sicht des Klienten dieses System nicht unproblematisch[16]. Um den entstehenden Konflikt zu vermeiden, ist es möglich, für das Honorar bei Vertragsschluß Höchstgrenzen vorzusehen oder aber dem Consultant finanzielle Anreize zu schaffen, die Kosten des Projektes zu reduzieren[17]. Dies kann etwa in der Weise ausgestaltet werden, daß das Honorar proportional zu Einsparungen von einer zuvor festgelegten Projektsumme berechnet wird.

d) Kosten-Plus-System

Ein im Regelfall den Interessen beider Seiten gerecht werdendes System bildet die Honorarabrechnung nach dem Kosten-Plus-System[18]. Der Grundgedanke des Kosten-Plus-Systems beruht darauf, daß der Consultant die einem bestimmten Projekt zuzuordnenden Kosten ermittelt und darauf einen Zuschlag für Gewinn und Risiko erhebt[19]. Die Addition der Beträge ergibt das vom Klienten zu zahlende Honorar. Von den Parteien festgelegt werden bei diesem System die Beträge, die der Consultant in seine Kostenabrechnung einbeziehen kann[20] (Gehälter, Reisekosten, Spesen, Projektauslagen, allgemeine Verwaltungsaufwendungen etc.) sowie den prozentualen Aufschlagssatz für Risiko und Gewinn. Dieses System wird insbesondere dort vereinbart, wo der Bereich und der Umfang der Arbeiten zu Beginn der Tätigkeit noch nicht exakt definiert werden kann[21], wie bei Aufgaben des Construction-Managers[22].

2. Pflicht zur Vergütung von Auslagen

Die Aufwendungen eines Consultants setzen sich zusammen aus den Personalkosten (einschließlich der Sozialabgaben) einerseits, sowie den

---

16 IBRD, Guidelines for the Use of Consultants, S. 34.

17 UNIDO, Manual on the Use of Consultants, S. 34.

18 FIDIC, Guide to the Use of Consultants, S. 39; UNIDO, Manual on the Use of Consultants, S. 33; IBRD, Guidelines for the Use of Consultants, S. 34.

19 Withauer, S. 108.

20 UNIDO, Manual on the Use of Consultants, S. 33.

21 UNIDO, Manual on the Use of Consultants, S. 33.

22 Lambert/White, The Legal Profile of the Construction Manager, S. 2.1 C. 3.

allgemeinen Verwaltungsaufwendungen (Büroräume, technische Ausstattung etc.) andererseits. Hinzukommen spezielle Ausgaben, die durch das konkrete Projekt verursacht worden sind (Reise- und Transportkosten, Unterbringung, Schreib- und Portoauslagen etc.)[23]. Soweit der Vertrag keine abweichende Regelung enthält, umfaßt das vereinbarte Honorar sämtliche Personalkosten und die Kosten für die allgemeinen Verwaltungsaufwendungen. Der Consultant kann nicht neben seinem Honorar zusätzlich die Erstattung von gezahlten Gehältern oder Kostenersatz für seinen allgemeinen Verwaltungsaufwand verlangen.

Problematisch wird die Frage, ob der Consultant neben dem Honorar Vergütung seiner Auslagen verlangen kann, bei Auslagen, die speziell durch ein konkretes Projekt veranlaßt sind und die nicht zu den Personal- oder allgemeinen Verwaltungsaufwendungen zählen. Hierzu gehören etwa:

- Ausgaben für Spezialarbeiten (Laboruntersuchungen, Modellversuche, Computerprogramme o. ä.)
- nicht vorhersehbare Reise- und Transportkosten
- Unterbringungskosten einschließlich Spesen
- Ausrüstungsgegenstände
- lokale Steuern
- Versicherungsprämien etc.[24].

Enthält der Vertrag eine Regelung darüber, wem diese Kosten und Auslagen zur Last fallen, treten keine Schwierigkeiten auf. Problematisch wird die Frage allerdings, wenn keine ausdrückliche Vereinbarung getroffen wurde.

Im allgemeinen spricht eine Vermutung dafür, daß mit der Festlegung des Consulting-Honorars eine abschließende Regelung getroffen wurde und das Honorar alle Aufwendungen abdeckt, die dem Consultant durch das Projekt entstehen[25]. Der Klient kann davon ausgehen, daß mit der Honorar-Vereinbarung alle Kosten erfaßt werden und er nicht mit zusätzlichen Beträgen rechnen muß. Dies stellt jedoch lediglich eine Auslegungsregel dar. Im Einzelfall können die Gesamtumstände eines Vertrages ergeben, daß bestimmte dem Consultant entstehende Auslagen neben dem Honorar vom Klienten zu ersetzen sind. Dabei ist Rücksicht zu nehmen auf die Frage, ob die Ausgabe von Anfang an

---

[23] UNIDO, Manual on the Use of Consultants, S. 29.

[24] FIDIC, Guide to the Use of Consultants, S. 37; UNIDO, Manual on the Use of Consultants, S. 31.

[25] UNIDO, Manual on the Use of Consultants, S. 31.

vorhersehbar war (dies spricht im allgemeinen für eine Einbeziehung in das Consulting-Honorar), welche Art von Entgeltberechnung vorgesehen wurde (Festbetrag oder Kosten-Plus-System) und speziell bei Versicherungen, in wessen Interesse die Versicherung abgeschlossen wurde (derjenige, der das Risiko ohne die Versicherung zu tragen gehabt hätte, hat auch die Kosten der Versicherung zu übernehmen). Um Schwierigkeiten zu vermeiden, empfiehlt sich eine detaillierte Regelung darüber, welche Auslagen vom Consulting-Honorar abgedeckt sein sollen und für welche Aufwendungen der Consultant eine gesonderte Vergütung verlangen kann[26].

3. Zahlungsmodalitäten

Zu den Zahlungsmodalitäten gehört eine Festlegung der Währung, in der das Honorar zu zahlen ist, der Zahlungstermine und der Frage, wer entstehende Steuern zu tragen hat. Bei einer langandauernden Zusammenarbeit findet sich zusätzlich eine Preisgleitklausel im Vertrag.

a) Währung

Bei der Beauftragung ausländischer Berater erfolgt die Vergütung häufig in zwei unterschiedlichen Währungen. Das eigentliche Honorar des Consultant wird in dessen Heimatwährung gezahlt[27]. Der Consultant ist nicht daran interessiert, bei einer Zahlung in der Währung des Gastlandes einerseits durch inflationäre Entwicklungen Einbußen zu erleiden und darüberhinaus das Kursrisiko zu tragen. Die Honorarzahlung erfolgt daher regelmäßig in der Währung des Consultants. Anders ist dies beim Ersatz von Aufwendungen des Consultants. Soweit der Consultant Ersatz für entstehende Aufwendungen verlangen kann, etwa für Transport- oder Unterbringungskosten, erfolgt die Vergütung in der Währung, in der die Aufwendungen entstanden sind[28].

b) Zahlungszeitpunkt

Die Zahlung erfolgt regelmäßig nicht in einem einmaligen Betrag, sondern in mehreren Teilbeträgen. Üblich ist eine Anzahlung, weitere Teil-

---

[26] Westring, International Procurement, A.5.7.

[27] FIDIC, Guide to the Use of Consultants, S. 37; Westring, International Procurement, A.5.7.

[28] Westring, International Procurement, A.5.7.; FIDIC, Guide to the Use of Consultants, S. 37.

zahlungen sowie nach erfolgter Abrechnung bei Beendigung der Zusammenarbeit eine Schlußzahlung[29]. Die Festlegung der Zahlungstermine hängt von der Art der übernommenen Aufgaben sowie der vereinbarten Form der Entgeltberechnung ab. So werden im Bauwesen die Teilzahlungen an den Baufortschritt gekoppelt; bei Erstellung von Plänen oder Entwürfen ist im allgemeinen neben einer Anzahlung nur eine einmalige Zahlung bei Ablieferung des Werkes vorgesehen. Bei Vereinbarung einer erfolgsabhängigen Vergütung oder des Kosten-Plus-Systems können Zahlungen erst erfolgen, wenn der Consultant eine spezifizierte Rechnung über die entstandenen Kosten bzw. über die Kostengrundlagen vorgelegt hat. Bei Vereinbarung eines Festhonorars können die einzelnen Raten nach Fälligkeit, Höhe und Anzahl bereits bei Abschluß des Vertrages festgelegt werden. Zu den Zahlungsmodalitäten gehören auch Regelungen für den Fall des Zahlungsverzuges. Festgelegt werden einmal die Höhe der bei Verzug zu zahlenden Zinsen; zum anderen wird die Frage geregelt, inwieweit sich ein Zahlungsrückstand bei einer Teilleistung auf die Fälligkeit der übrigen Teilleistungen auswirkt.

c) Kostenanpassungsklauseln

Häufig wird Vorsorge für den Fall getroffen, daß sich das bei Vertragsschluß vorausgesetzte Gleichgewicht von Leistung und Gegenleistung nachträglich ändert. Gründe hierfür können einmal in einem vermehrten Kostenaufwand auf Seiten des Consultants, insbesondere durch gestiegene Lohn- und Gehaltskosten[30], aber auch in allgemeinen inflationären Entwicklungen liegen. Bei einer Entgeltberechnung nach dem Kosten-Plus-System werden derartige Kostensteigerungen automatisch aufgefangen. Eine Anpassungsregelung ist überflüssig. Bei anderen Berechnungsmethoden erweist sich eine Anpassungsklausel[31] jedoch als notwendig.

Für die Anpassung bieten sich verschiedene Formen an. Eine Anpassung kann einmal im Hinblick auf die konkrete Kostensituation erfolgen. Soweit der Consultant den Nachweis führt, daß bestimmte Kosten gestiegen sind, kann er Ersatz dieser Kosten, soweit eine Mindestgrenze

---

[29] Vgl. etwa die Fälligkeitsregelung in dem von der KfW verwandten Mustervertrag für Consulting-Leistungen unter Art. V 2.

[30] Kirchner, BB 1971, S. 67 (69).

[31] Zur Wertsicherung im internationalen Verkehr vgl. Horn, Monetäre Probleme, S. 29 ff; ders., Internationale Anleihen, S. 269 ff; Dürkes, Wertsicherungsklauseln; Zehetner, Geldwertklauseln im grenzüberschreitenden Wirtschaftsverkehr.

(etwa 10 Prozent) überschritten ist, vom Klienten verlangen. Eine Anpassungsklausel ist auch möglich in Form der Preisgleitklausel. Die Weltbank empfiehlt bereits bei einer Vertragsdauer von mehr als einem Jahr die Aufnahme einer Preisgleitklausel in den Vertrag[32]. Als Grundlage für die Preisanpassung kommen vor allem öffentliche Indizes, wie etwa statistische Übersichten über Preissteigerungsraten oder Lohn- und Gehaltsentwicklungen in Betracht.

d) Steuerlast

Ein letzter Punkt, der bei der Vereinbarung der Zahlungsmodalitäten der Berücksichtigung bedarf, ist die Verteilung der zu erwartenden Steuern oder sonstigen öffentlich-rechtlichen Abgaben. Im Land des Consultants unterliegt das Honorar regelmäßig zum einen der staatlichen Mehrwertsteuer[33], zum anderen der Einkommensteuer. Gleichzeitig unterliegt die Vergütung häufig in dem Land, in dem die Leistung erbracht wird, einer zusätzlichen Besteuerung (Quellensteuer). So erhebt etwa Brasilien 25% Quellensteuer auf Lizenzen, Beratungsgebühren und Entgelte für technische Unterstützung[34]. In Tansania[35] und Tunesien werden ähnliche Steuern in Höhe von 20% sowie in Sambia in Höhe von 30% erhoben[36]. In Indien liegt eine 45prozentige Quellensteuer auf Entgelte aus Lizenzen und technical-assistance-Verträgen[37]. Der Vertrag muß eine Regelung darüber enthalten, von wem diese häufig nicht unerheblichen Lasten zu tragen sind; d. h. ob diese Steuern im Honorar des Consultants eingeschlossen sind, oder er sie zuzüglich zu seiner Vergütung in Rechnung stellen kann. Ohne eine ausdrückliche Vereinbarung bemißt sich die Frage, wer entstehende Steuern zu tragen hat, nach der maßgeblichen nationalen steuerrechtlichen Grundlage. Diese legt nicht nur Gegenstand und Höhe der Steuer fest, sondern bestimmt auch den Steuerschuldner. Um Schwierigkeiten zu entgehen, sollte der Vertrag neben den allgemeinen Zahlungspflichten daher eine Regelung über die Verteilung der zu erwartenden Steuern treffen.

---

32 IBRD, Guidelines for the Use of Consultants, S. 34 f.

33 Lewenton/Schnitzer, S. 24 ff.

34 Jolowicz, Auslandsinvestitionen in Brasilien, Rechtsgrundlagen und Erfahrungen, S. 60.

35 Neersö, World Development Vol 2, Nr. 2, Febr. 1974, S. 139 (143).

36 Westring, ICLF Rev. 1980, S. 399 (405).

37 Westring, aaO, S. 405.

II. Mitwirkungspflichten

Neben der Pflicht zur Honorarzahlung treffen den Klienten eine Reihe von Mitwirkungspflichten bei der Auftragsdurchführung.

1. *Informationspflichten*

Der Klient ist verpflichtet, dem Consultant die notwendigen Informationen zur Verfügung zu stellen, die dieser benötigt, um die übertragenen Aufgaben ausführen zu können[38]. Hierzu gehört die Überlassung von Plänen, gespeicherten Daten, Einblick in Geschäftsunterlagen und Bilanzen sowie andere notwendige Informationen. Eine erfolgreiche Tätigkeit des Consultants ist nur möglich, wenn er einen umfassenden Überblick über den Gegenstand hat, auf den sich die Beratungstätigkeit bezieht. Zur Informationspflicht im weiteren Sinn gehört auch die Pflicht, dem Personal des Consultants Zugang zu den Geschäftsräumen, zum Betrieb oder zur Baustelle zu verschaffen[39], damit dieser sich an Ort und Stelle unterrichten kann. Bei den Informationspflichten handelt es sich (nach der im deutschen Recht üblichen Einteilung) nicht um sog. Nebenleistungspflichten[40], die selbständig einklagbar sind, sondern um bloße Obliegenheiten.

Sie geben dem Consultant keinen Anspruch auf Offenlegung bestimmter Informationen, sondern haben nur zur Folge, daß in Fällen, in denen durch eine nicht ausreichende Mitwirkung von seiten des Klienten eine ordnungsgemäße Vertragserfüllung durch den Consultant nicht möglich ist, der Klient hieraus keine Rechte herleiten kann. Er ist weder berechtigt, Schadensersatz zu verlangen, noch kann er wegen der nicht ordnungsgemäßen Vertragserfüllung vom Vertrag zurücktreten. Soweit der Consultant nur deshalb seine Aufgaben nicht erfüllen kann, weil ihm der Klient notwendige Informationen vorenthält oder nicht die Voraussetzungen schafft, die zur Leistungserbringung notwendig sind, berührt dies nicht den Anspruch auf die vereinbarte Vergütung. Der Klient bleibt trotz fehlender Gegenleistung zur Zahlung verpflichtet (Gedanke des § 324 BGB).

---

[38] Westring, International Procurement, A.5.9. Clause 2.5.; UNIDO, Manual on the Use of Consultants, S. 23; FIDIC, IGRA 1980 PM, Clause 1.5.1.

[39] FIDIC, IGRA 1980 PM, Clause 2.5.2. II.

[40] Soergel-Siebert-Schmidt, Vor § 241, Rdn. 8, 9 mwN.

2. Unterstützungspflichten

Eine weitere Gruppe von Pflichten neben diesen Informationspflichten sind die den Klienten treffenden Unterstützungspflichten[41]. Er hat dem Consultant die zur Durchführung des Auftrags geeigneten Räumlichkeiten zu überlassen, die erforderliche Ausstattung zu stellen und ggf. auch notwendige Transportmöglichkeiten zu beschaffen. Zu den Unterstützungsaufgaben gehört auch die Verpflichtung, bei der Beschaffung von Visa und Aufenthaltserlaubnissen oder ähnlichen öffentlich-rechtlichen Genehmigungen mitzuwirken[42].

Ohne eine vertragliche Vereinbarung ergibt sich der Umfang der Unterstützungsaufgaben aus den Umständen des Einzelfalls. Hierbei spielt die Art der übernommenen Aufgabe eine maßgebliche Rolle. Eine für alle Arten von Consulting-Aufträgen gleichermaßen gültige Aussage über Umfang und Inhalt der den Klienten treffenden Mitwirkungspflichten ist nicht möglich. Eine exakte vertragliche Festlegung dieser Pflichten ist notwendig.

§ 14: Rechtliche Ausgestaltung der Zusammenarbeit

I. Einordnung der rechtlichen Beziehung

1. Abgrenzung zum Arbeitsverhältnis

Consultant und Klient stehen sich als selbständige Vertragspartner gegenüber[1]. Zwischen ihnen bestehen keine arbeitsrechtlichen Beziehungen wie zwischen Arbeitnehmer und Arbeitgeber. Wenn auch die Zusammenarbeit mit einer Zusammenarbeit im Rahmen eines Arbeitsverhältnisses vergleichbar ist und Merkmale erfüllt sind, die im Regelfall auf das Bestehen eines Arbeitsverhältnisses schließen lassen, liegen dennoch keine arbeitsrechtlichen Beziehungen vor. Der Consultant bleibt auch bei Eingliederung in den Betrieb[2] des Klienten oder umfangreichen

---

41 UNIDO, Manual on the Use of Consultants, S. 23; Westring, International Procurement, A.5.9. Clause 2.5; FIDIC, IGRA 1980 PM, 2.5.2.

42 FIDIC, IGRA 1980 PM, Clause 2.5.2; Westring, International Procurement, A.5.9. Clause 2.5.

1 Zur Einordnung des Consulting Vertrages nach deutschem Recht vgl. oben § 10, I, 3.

2 Schaub, Arbeitsrechts-Handbuch, S. 32; BAG AP Nr. 21 zu § 611 „Abhängigkeit"; Zöllner, Arbeitsrecht, S. 40.

Weisungsrechten[3] bei der Auftragsdurchführung selbständiger Vertragspartner. Es fehlt an der für ein Arbeitsverhältnis notwendigen sozialen Abhängigkeit zwischen den Vertragspartnern.

2. Abgrenzung zur Treuhand

Die Verbindung zwischen Consultant und Klient läßt sich im Regelfall auch nicht als Treuhandverhältnis charakterisieren. Insoweit besteht ein wesentlicher Unterschied zur Zusammenarbeit im Rahmen eines Management-Vertrages. Der Consultant tritt lediglich als Berater auf; er ist nicht wie der Manager Verwalter und Betreuer fremden Vermögens[4]. Die Consultant-Tätigkeit hat lediglich Unterstützungsfunktion. Der Consultant berät seinen Klienten, die Entscheidungen werden aber vom Klienten selbst getroffen und ausgeführt. Dies schließt zwar nicht aus, daß in Einzelfällen der Consultant vom Klienten zur Vornahme einzelner Geschäfte beauftragt wird[5], begründet wird jedoch keine treuhänderische Stellung.

II. Höchstpersönlichkeit der Leistungen

1. Vergabe von Unteraufträgen

In der praktischen Zusammenarbeit können Fälle auftreten, in denen der Consultant gezwungen ist, kurzfristig die geschuldeten Leistungen — oder zumindest Teile davon — an einen Nachunternehmer zu vergeben, etwa weil er vordringlich andere Aufträge bearbeiten muß, sich der vorliegende Auftrag zu einem Arbeitsumfang von nicht geplanter Dimension auswächst oder seine Kapazität ausgelastet ist. Die Übertragung von Aufgaben an Subunternehmer entspricht aber im Regelfall nicht den Interessen des Klienten. Dieser hat seinen Vertragspartner (Consultant) ausgewählt aufgrund der Art der von ihm angebotenen Dienstleistungen, seiner Erfahrung und dem ihm zur Verfügung stehenden Personal[6]. Ihm kommt es auf eine höchstpersönliche Leistungserbringung an. Er geht davon aus, daß die versprochenen Leistungen auch von seinem Vertragspartner erbracht werden.

---

3 Zöllner, S. 38 mwN; s. auch oben § 4, I, 1.

4 Vgl. dazu oben § 4, I, 2.

5 S. sogleich unter III.

6 FIDIC, Guide to the Use of Consultants, S. 21.

Die Höchstpersönlichkeit der Leistungen ist daher regelmäßig stillschweigender Bestandteil des Consultant-Vertrages[7]; d. h., der Consultant ist zur Vergabe von Unteraufträgen nicht befugt. Dennoch empfiehlt sich die Aufnahme einer entsprechenden Vereinbarung, die eine Aufgabenübertragung an Dritte ausdrücklich verbietet. Dies ist bei vielen internationalen Musterverträgen für das Consulting-Geschäft geschehen[8]. So enthalten sämtliche FIDIC-Verträge die Klausel:

2.2.8 *Sub-Contracts*

> Any sub-contract or modification or termination there of relating to the performance of the Services by the Consulting Engineer shall be made only with the advance written agreement of the Client[9].

Eine Vergabe von Tätigkeiten an Dritte ist nur in engen Grenzen zulässig. Dies ist einmal der Fall, wenn, wie in der oben zitierten Klausel vorgesehen, eine Genehmigung des Klienten vorliegt. Die Auftragsvergabe an Dritte ist weiter zulässig, wenn bereits bei Beginn der Zusammenarbeit feststeht, daß einzelne Aufgaben nicht vom Consultant wahrgenommen werden und Teilfunktionen an Spezialisten übertragen werden müssen[10]. Eine ausdrückliche Genehmigung des Klienten ist hier nicht erforderlich.

2. *Haftung bei Unteraufträgen*

Die Zulässigkeit einer Leistungserbringung durch Dritte ändert nichts an der Haftung des Consultants[11]. Alleiniger Vertragspartner des Klienten ist der Consultant, nicht der die Leistung erbringende Subunternehmer. Zwischen dem Dritten und dem Auftraggeber bestehen keine vertraglichen Beziehungen. Die Verantwortlichkeit gegenüber dem Klienten liegt allein beim Consultant[12]. Er haftet für fremde Vertragserfüllung wie für eigene Leistungen (§ 278 BGB).

---

7 Für den Ingenieur-Vertrag vgl. Lewenton/Schnitzer, S. 34.

8 Vgl. etwa FIDIC, IGRA 1980 PM, Clause 2.2.5; KfW, Consulting-Agreement, Art. I, 3.

9 FIDIC, IGRA 1979 P. I., Clause 2.2.8.; FIDIC, IGRA 1979 D + S, Clause 2.2.8.; FIDIC, IGRA 1980 PM, Clause 2.2.8.

10 FIDIC, Guide to the Use of Consultants, S. 21.

11 Wallace, I. N., The International Civil Engineering Contract, S. 30 f.

12 Wallace, I. N., aaO, S. 30.

3. Abtretung von Ansprüchen

Eine bei der Zulässigkeit von Leistungserbringungen durch Dritte mitgeregelte Frage ist die nach der Zulässigkeit von Abtretungen der sich aus dem Vertrag ergebenden Rechte. Häufig wird die Abtretbarkeit von Forderungen und Rechten aus dem Vertrag generell ausgeschlossen[13]. Soweit eine Regelung nicht getroffen wird, beurteilt sich die Zulässigkeit einer Abtretung von Ansprüchen aus dem Vertrag nach dem (Schuld-) Statut der abzutretenden Forderung[14]. Für eine dem deutschen Recht unterliegenden Forderung ist damit eine Abtretung generell zulässig, wenn nicht mit der Abtretung eine Inhaltsänderung verbunden ist oder die Abtretung durch Vertrag ausgeschlossen wurde (§ 399 BGB).

III. Bevollmächtigung des Klienten

1. Notwendigkeit einer Vollmachtserteilung

Im Gegensatz zur Zusammenarbeit im Rahmen eines Management-Vertrages ist es für die Tätigkeit des Consultants nicht notwendig, daß der Klient Vollmachten erteilt, die den Consultant ermächtigen, im Namen und für Rechnung des Klienten nach außen tätig zu werden. Der Manager kann seine vertraglichen Pflichten (Leitung eines Unternehmens) nur erfüllen, wenn er vom Auftraggeber mit den entsprechenden Vollmachten ausgestattet wird. Die rein beratende Tätigkeit des Consultants ist im Regelfall von einer Bevollmächtigung unabhängig. Dennoch treten in der praktischen Zusammenarbeit Fälle auf, in denen ein Handeln des Consultants im Namen und für Rechnung seines Auftraggebers notwendig wird[15].

Hierzu gehören Fälle, die bei Vertragsschluß nicht voraussehbar waren[16], nachträglich aber ein Handeln des Consultants im Namen seines Auftraggebers notwendig machen. So etwa, wenn während der Bauüberwachung[17] im Projekt die zwingende Notwendigkeit auftritt,

---

13 Vgl. etwa FIDIC, IGRA 1979, P. I., Clause 2.2.5; KfW, Consulting-Agreement, Art. I, 3.

14 BGH, AWD 1962, 81; RG IPRspr. 1930 Nr. 30; REITHMANN, Rdn. 168 f; ZWEIGERT, RabelsZ 23 (1958), S. 653; RÜEGSEGGER, Die Abtretung im internationalen Privatrecht auf rechtsvergleichender Grundlage, S. 59.

15 WESTRING in: Steadman/Glenn, Vol II, 2.1. D 1.

16 Vgl. FIDIC, IGRA 1979 D + S, Clause 2.3.5. und dazu FIDIC, Guide to the Use of Consultants, S. 24.

17 Dazu WESTRING in: Steadman/Glenn, Vol II 2.1. D 1 ff.

einzelne Unternehmer für nicht voraussehbare Aufgaben oder auftretende Schwierigkeiten hinzuziehen, ohne daß es möglich wäre, vorab eine Entscheidung des Klienten herbeizuführen. Hier wird im Consulting-Vertrag vorsorglich eine Vollmacht für diese Fälle vorgesehen.

In vielen Bereichen sind die Aufgaben des Consultants von Beginn an auf eine Tätigkeit als Vertreter des Klienten angelegt. Bei Mitwirkung eines Consultants im Ausschreibungs- und Vertragsvergabeverfahren ist der Consultant nicht nur Berater seines Klienten, sondern wird von diesem mit der Führung der Verhandlungen sowie dem Abschluß der Verträge in seinem Namen und für seine Rechnung beauftragt. Auch im Bereich des Projekt-Management ist eine Bevollmächtigung notwendig, damit der Consultant seine Tätigkeit aufnehmen kann[18]. Die Stellung des Consultants ist hier weitgehend mit der des Managers in der Vorbereitungsphase identisch[19].

2. *Umfang der Vollmacht*

Besondere Bedeutung bei der Vertragsgestaltung hat die Festlegung des Umfangs der Vertretungsbefugnisse. Es ist darauf zu achten, daß einerseits durch eine zu weitgehende Beschränkung der Handlungsspielraum des Consultants nicht unnötig eingeengt, andererseits aber das Risiko des Klienten, das mit einer Vollmachterteilung verbunden ist, nicht übermäßig erweitert wird[20]. In der angloamerikanischen Praxis ist eine umfassende Einräumung von Vollmachten an den Consultant zumindest im Bereich der Bauüberwachung weit verbreitet, während in anderen Ländern die Bevollmächtigung von Consultants zurückhaltend gehandhabt wird. Insgesamt findet sich jedoch immer mehr eine umfassende Beauftragung der ansonsten nur beratend tätigen Consultants[21].

In dem von der FIDIC herausgegebenen Mustervertrag IGRA 1980 – Project Management – hat die erteilte Vollmacht folgenden Umfang:

2.3.5 *Authority to award Contracts*

The Project Manager, when performing procurement services for and on behalf of (and at the expense of) the Client, shall have authority to enter into such Contracts for equipment, materials, services and labour as requested by the

[18] Zum Umfang der Vollmacht im Projekt Management nach dem FIDIC-Vertrag s. sogleich 2.

[19] Dazu oben § 5,I und zur Vollmachtserteilung § 4, II, 6.

[20] LEWENTON/SCHNITZER, S. 35.

[21] WESTRING in: Steadman/Glenn, Vol II 2.1. D 1.

Client, but he shall obtain prior written approval of such Contracts from the Client.

2.3.6 *Alterations to Contracts*

The Project Manager shall have authority to make minor alterations to Contracts as may be necessary or expedient, but he shall obtain prior written approval of the Client to any substantial alterations and costs of the said Contracts and any instruction to a Contractor or Supplier which constitutes a major variation, omission or addition to the respective Contracts.

In the event of any emergency, however, which in the opinion of the Project Manager requires immediate action in the Client's interest, the Project Manager shall have authority to issue such orders as required on behalf of and at the expense of the Client.

The Project Manager must inform the Client immediately of any orders issued without prior consent which will result in additional cost to the Client and follow up such advice as soon as possible with an estimate of the probable cost.

The Project Manager shall maintain and keep proper documentation of all such Contracts and shall make these available at all reasonable times to the Client.

Nach diesen Bestimmungen hat der Consultant die Vollmacht, im Namen und für Rechnung seines Klienten solche Verträge abzuschließen, die für den Projektaufbau notwendig sind. Das gleiche gilt für nachträgliche Vertragsänderungen. Der Consultant ist jedoch verpflichtet, vor Abschluß der Verträge die Genehmigung seines Klienten einzuholen. In Eilfällen, in denen eine Genehmigung des Klienten nicht rechtzeitig eingeholt werden kann, ist die Genehmigung entbehrlich. Soweit der Consultant von seiner Vertretungsbefugnis Gebrauch gemacht hat, muß er seinen Klienten so bald wie möglich informieren[22].

Problematisch ist allerdings, ob die hiernach notwendige vorherige schriftliche Genehmigung des Klienten sich auf den Bestand der Vollmacht auswirkt oder nur eine im Innenverhältnis wirkende Pflicht des Consultants begründet, eine Zustimmung seines Auftraggebers einzuholen, im übrigen aber die Wirksamkeit der erteilten Vollmacht im Außenverhältnis unberührt läßt. Hier gilt das gleiche wie für die Bevollmächtigung im Rahmen eines Management-Vertrages[23], d.h. die Nichteinho-

---

22 FIDIC, Guide to the Use of Consultants, S. 24.

23 Für die bei der Bevollmächtigung auftauchenden Fragen nach der Trennung von rechtlichen Möglichkeiten des Vertreters im Außenverhältnis sowie der international-privatrechtlichen Anknüpfung wird auf die Ausführungen zum Management-Vertrag verwiesen, s. oben § 4, II, 5.

lung der im Innenverhältnis notwendigen Genehmigung berührt nicht die Wirksamkeit der im Außenverhältnis abgeschlossenen Verträge, stellt aber einen Fall des Vertragsbruches dar, der u. U. zum Schadenersatz, bzw. zur Kündigung des Vertrages berechtigt.

IV. Kontrollrechte des Klienten

Die oben dargestellte Einschränkung der dem Consultant erteilten Vollmacht durch Vereinbarung eines Genehmigungsvorbehaltes beim Abschluß von Geschäften mit Dritten sowie die Begründung von Unterrichtungspflichten bei Ausübung der Vollmacht ist eine Form der Kontrolle des Klienten über die Tätigkeit des Consultants. Im übrigen besteht in der Zusammenarbeit zwischen Consultant und Klient kein so stark ausgeprägtes Kontrollbedürfnis wie bei der Zusammenarbeit im Rahmen eines Management-Vertrages. Der Consultant verfügt nicht über so weitreichende Vollmachten wie der Manager; er ist nicht in der Lage, in gleicher Weise wie der Manager ohne Mitwirkung seines Auftraggebers bindende Entscheidungen zu treffen und er wird nicht unmittelbar als Betreuer und Verwalter fremden Vermögens tätig. Die sich aus der umfassenden Übertragung von Geschäftsführungsbefugnissen ergebenden Konfliktfelder[24] tauchen hier nicht in gleicher Weise auf. Der Consultant wird nur als Berater seines Klienten tätig. Seine Entscheidungen entfalten keine unmittelbare Wirkung nach außen. Sie bedürfen einer Umsetzung durch den Klienten. Ein abgestufter Katalog von Kontrollrechten ist nicht notwendig.

V. Ausgestaltung der Zusammenarbeit

1. Bildung von „Counterparts“

Eine Kontrolle kann dadurch erreicht werden, daß zwischen Klient und Consultant eine möglichst enge Zusammenarbeit stattfindet. In der internationalen Praxis hat sich hier eine besondere Form der Kooperation herausgebildet. Die Zusammenarbeit erfolgt, indem dem Personal des Consultants für die Dauer der Tätigkeit Personal des Klienten zugeordnet wird. Die Aufgabe dieses Personals besteht darin, möglichst engen Kontakt mit dem Consultant und dessen Mitarbeitern zu halten (sog.

---

[24] Zu den Konfliktmöglichkeiten im Rahmen eines Management-Vertrages s. u. a. § 5, V, 1 und § 7, I, 2.

Counterparts)[25]. Als optimal wird es angesehen, wenn jedem Mitarbeiter des Consultants ein Angestellter des Klienten zugeordnet wird[26]. Die Einsetzung derartiger „Counterparts“ verfolgt im wesentlichen drei Zwecke[27].

- Die enge Verbindung zwischen Klient und Consultant ermöglicht einen optimalen und umfassenden Informationsaustausch zwischen den Vertragsparteien. Der Consultant erhält die zur Auftragsdurchführung notwendigen Informationen und hat ständige Ansprechpartner im beratenen Unternehmen.
- Die enge Zusammenarbeit hat auf seiten des Klienten den Effekt eines Know-how-Transfers. Durch den Kontakt werden die Mitarbeiter des Klienten in der betreffenden Branche oder Unternehmenssparte ausgebildet und können langfristig die Aufgaben des Consultant selbst übernehmen[28].
- Die Zusammenarbeit ist ein Forum, in dem zwischen Consultant und Klient der Projektfortschritt und die weitere Arbeit ständig überprüft und weiterentwickelt werden kann. Eine an den Bedürfnissen des Klienten vorbeigehende Beratungstätigkeit ist weitgehend ausgeschlossen.

Soweit die Counterparts auch später im Unternehmen die vom Consultant gefundenen Lösungen und ausgearbeiteten Vorschläge in die Praxis umsetzen, ist durch diese Form der Kooperation die Grundlage für einen möglichst effizienten Einsatz des Consultants gelegt[29].

2. *„Support Staff“*

Von der Tätigkeit der „counterparts“ ist in der praktischen Zusammenarbeit die Tätigkeit des sog. „support Staff“[30] abzugrenzen. Der Klient wird verpflichtet, dem Consultant für die Dauer der Zusammenarbeit einen näher bestimmten Mitarbeiter-Stab zu stellen. Es sind Angestellte des Klienten, die dem Consultant direkt unterstellt werden und für diesen

---

25 International Labour Office, Management Consulting, S. 105; UNIDO, Guidelines for Contracting, S. 14f; WESTRING, International Procurement, A.5.6.

26 UNIDO, Guidelines for Contracting, S. 14.

27 UNIDO, Guidelines for Contracting, S. 14.

28 Dazu auch IBRD, Guidelines for the Use of Consultants, S. 22f; WESTRING, International Procurement, A.5.6.

29 UNIDO, Guidelines for Contracting, S. 15.

30 UNIDO, Guidelines for Contracting, S. 14f.

Hilfstätigkeiten ausführen (Facharbeiter, Programmierer, Sekretärinnen etc.). Die Überlassung von Personal für Hilfstätigkeiten (support staff) erfolgt aus Gründen der Kostenreduktion, nicht um auf diese Weise einen Ausbildungserfolg beim Personal des „support staff" zu erzielen oder den gegenseitigen Informationsfluß zu fördern.

3. Konsultations- und Berichtspflichten

Wichtig für eine erfolgreiche Zusammenarbeit ist ein möglichst umfassender Informationsaustausch. Die Regeln hierfür werden bereits im Vertrag festgelegt. Dazu gehören Bestimmungen darüber:

- in welchem zeitlichen Umfang Konsultationen stattfinden,
- welche Personen daran beteiligt sind,
- ob der Consultant verpflichtet ist, Zwischenberichte zu erstellen,
- welche Ausführlichkeiten sie aufweisen müssen[31].

Für die vom Consultant geschuldeten laufenden Berichts- und Informationspflichten enthält der Consulting-Vertrag der Kreditanstalt für Wiederaufbau eine Regelung, in der neben einer Verpflichtung des Consultants zur Erstellung regelmäßiger Berichte ein zusätzliches Auskunftsrecht des Klienten begründet wird:

4. *Reports and Information*

The Consultant shall submit to KfW monthly/quarterly reports on the progress of services. The reports will show ... Special consideration shall be given to the fact ... The Consultant will inform KfW without delay about extraordinary circumstances arising during the performance of the services and about all matters requiring the consent of KfW.
Besides, the Consultant shall furnish to the Client such information related to the services as the Client reasonably may from time to time request[32].

§ 15: Vertragsbeendigung und Kündigung

I. Vertragsdauer

Die Dauer der Zusammenarbeit ergibt sich aus der von den Parteien getroffenen Vereinbarung. Ist eine ausdrückliche Regelung nicht vorhan-

[31] UNIDO, Manual on the Use of Consultants, S. 40.
[32] KfW, Consulting-Agreement, Art. III 4.

den, richtet sich der zeitliche Umfang der Zusammenarbeit nach der vom Consultant übernommenen Aufgabe. Wird der Consultant beispielsweise mit der Durchführung eines Ausschreibungsverfahrens oder der Bauüberwachung beauftragt, endet die Zusammenarbeit mit der Vertragsvergabe an die am Ausschreibungsverfahren beteiligten Unternehmen bzw. mit der Baufertigstellung. Die Dauer des Vertrages ergibt sich hier aus dem Wesen der übernommenen Verpflichtung. Sie ist im Regelfall wesentlich kürzer als im Rahmen eines Management-Vertrages[1].

Eine Regelung über die Vertragsbeendigung ist nur bei langandauernder Zusammenarbeit notwendig. Hierfür wird in der Regel von einer dauernden Zusammenarbeit ausgegangen und ein abgestuftes System von Kündigungsmöglichkeiten vereinbart.

II. Kündigung des Vertrages

Die vorzeitige Beendigung eines befristeten Consulting-Vertrages oder die Beendigung eines Vertrages, der auf unbestimmte Zeit geschlossen wurde (dauernde Beratung), erfolgt durch Kündigung. Ohne eine vertragliche Vereinbarung bestimmt sich die Frage, ob und in welcher Form eine Kündigung zulässig ist, nach dem anwendbaren nationalen Recht.

Für das deutsche Recht gilt folgendes:[2]

Soweit der Vertrag als Werkvertrag einzuordnen ist, ist er gem. § 649 BGB jederzeit kündbar, verbunden mit der Vergütungsverpflichtung des Bestellers (Klienten) aus § 649 Satz 2 BGB. Soweit der Vertrag als Dienstvertrag einzuordnen ist, ergibt sich ein Kündigungsrecht aus § 621 BGB (ordentliche Kündigung) und § 626 BGB (fristlose Kündigung). Handelt es sich beim Consulting-Vertrag um ein Dauerschuldverhältnis, tritt daneben das für alle Arten von Dauerschuldverhältnissen bestehende Kündigungsrecht aus wichtigem Grund[3]. Ein Dauerschuldverhältnis liegt vor, wenn die vertragliche (Beratungs-)Leistung während eines

---

[1] Bei 50% aller von deutschen Consulting-Firmen im Ausland durchgeführten Consulting-Aufträgen lag die Bearbeitungsdauer unter einem Jahr. Bei nur 9% betrug die Bearbeitungsdauer mehr als 3 Jahre, vgl. Gluch, Die Auslandstätigkeit deutscher Consulting Firmen in den letzten 10 Jahren, S. 13; demgegenüber liegt die durchschnittliche Laufzeit eines Management-Vertrages deutlich höher, dazu § 7, I.

[2] Dazu Leweton/Schnitzer, S. 66 ff; Kirchner, BB 1971, S. 67 (70) für den Ingenieur-Vertrag.

[3] Hierzu Horn, in: Gutachten und Vorschläge zur Überarbeitung des Schuldrechts, Bd. I, S. 571 ff; MüKo-Kramer, Rdn. 88 Vor § 241.

(befristeten oder unbefristeten) Zeitraums ständig erbracht werden soll, so daß im Zeitablauf ständig neue Leistungspflichten entstehen und einzelne Beratungsleistungen die Schuld nicht gänzlich tilgen, solange das Schuldverhältnis besteht[4]. Zusätzlich können sich beim Consulting-Vertrag Kündigungsrechte aus den allgemeinen Regeln ergeben (etwa § 326 BGB).

Üblich ist in der internationalen Vertragspraxis die Aufnahme einer vertraglichen Vereinbarung, aus der sich die Voraussetzungen und Wirkungen einer einseitigen Vertragsbeendigung ergeben[5]. Ein Kündigungsrecht wird in drei verschiedenen Fallgruppen vorgesehen:[6]

a) Kündigung ohne Angabe von Gründen durch einseitige Erklärung,
b) Kündigung bei Vertragsverletzungen der anderen Partei und
c) Kündigung in Fällen höherer Gewalt (Force-majeure).

1. Ordentliche Kündigung

Eine Kündigungsmöglichkeit ohne Angabe von Gründen ist in den von der FIDIC verwendeten Verträgen vorgesehen:

2.2.9 *Postponement and Termination*

2.2.9.1 *By Notice of Client*

> The Client may by written notice to the Consulting Engineer at any time give prior notice of his intention to abandon the Services, in whole or in part, or terminate this Agreement. The effective date of termination of this Agreement shall not be less than sixty (60) days after receipt of such notice, or such other shorter or longer period as may be agreed between the Parties. Upon receipt of such notice the Consulting Engineer shall take immediate steps to bring the Services to a close and to reduce expenditures to a minimum[7].

Eine entsprechende Regelung findet sich im Vertragsmuster der Kreditanstalt für Wiederaufbau[8].

Damit der Consultant bei einer ordentlichen Kündigung durch den Klienten nicht völlig schutzlos gestellt ist, werden die Folgen einer

---

[4] Zum Begriff des Dauerschuldverhältnisses vgl. Horn, in: Gutachten und Vorschläge zur Überarbeitung des Schuldrechts, Bd. I, S. 561 mwN.

[5] Vgl. die Vertragsmuster FIDIC, IGRA 1979 P. I., Clause 2.2.9; FIDIC, IGRA 1979 D + S, Clause 2.2.9; KfW-Vertrag, Consulting Agreement, Art. X; IBRD, Consulting Contract, Art. VI.

[6] Guttmann, The international Consultant, S. 171 f.

[7] FIDIC, IGRA 1979 P. I., Clause 2.2.9.1; FIDIC, IGRA 1979 D + S, Clause 2.2.9.1.

[8] KfW-Vertrag, Consulting Agreement, Art. X.

einseitigen Vertragsbeendigung zugunsten des Consultants in zwei Richtungen abgemildert. Zum einen tritt die Wirkung der Kündigung nicht mit Zugang der Erklärung, sondern erst mit Ablauf bestimmter Fristen ein (60 Tage bei den von der FIDIC verwendeten Verträgen, 30 Tage im Vertragsmuster der KfW). Zum anderen geht mit Kündigung nicht automatisch der Vergütungsanspruch des Consultants unter[9]. Entsprechend der Regelung in § 649 Satz 2 BGB wird vereinbart, daß der Consultant die festgelegte Vergütung verlangen kann. Er muß sich nur seine ersparten Aufwendungen anrechnen lassen. Zumindest hat er einen Anspruch auf Vergütung der bis zum Zeitpunkt der Vertragsbeendigung erbrachten Leistungen und darüber hinaus einen Anspruch auf Ersatz der Kosten und des entgangenen Gewinns, die durch die vorzeitige Vertragsbeendigung verursacht sind. Im Vertrag der KfW hat diese Kostenersatzklausel folgenden Inhalt:

> 3. *Consequence of Termination*
>
> a. If termination ist not due to a default of the Consultant, the Consultant shall be entitled to receive the remuneration due up to the date of termination and reimbursement for such cost incurred prior to the date of termination and reimbursement for any loss and damage incidental to the termination[10].

2. *Kündigung bei Vertragsbruch*

Kündigungsrechte werden weiter vorgesehen in Fällen einer Vertragsverletzung der anderen Partei[11]. Insoweit tritt die Möglichkeit, sich vom Vertrag zu lösen, neben oder anstelle der Möglichkeit, für die Vertragsverletzung Schadensersatz zu verlangen. Gründe, die ein Kündigungsrecht auslösen können, sind auf seiten des Consultants die Nichterfüllung seiner Verpflichtungen, die zu späte und die nicht ordnungsgemäße Vertragserfüllung. Auf seiten des Klienten kommen als Anknüpfungspunkte die nicht gehörige Erfüllung der Zahlungsverpflichtungen oder die Verletzung von Mitwirkungspflichten in Betracht. Die FIDIC-Verträge geben dem Consultant ein Kündigungsrecht in folgenden Fällen:

> 2.2.9.3 *Default by the Client*
>
> The Consulting-Engineer may by written notice to the Client terminate this Agreement:

---

[9] Guttmann, The International Consultant, S. 171 f; FIDIC, Guide to the Use of Consultants, S. 22 f; FIDIC, IGRA 1979 P. I., Clause 2.2.9.4.

[10] KfW-Vertrag, Consulting Agreement, Art. X 3.

[11] Guttmann, S. 171 f; Lewenton/Schnitzer, S. 66 f.

(i) if he has not received payment of that part of any invoice which ist not contested within sixty (60) days of submission thereof;

(ii) if the Services have been postponed as provided for in Clause 2.2.9.2 and the period of postponement has exceeded sic (6) months[12].

Besondere Bedeutung hat in der vertraglichen Praxis die genaue Festlegung der Voraussetzungen einer Kündigung wegen Vertragsbruchs. Zusätzlich ist auch hier eine Vereinbarung über die Folgen einer vorzeitigen Vertragsauflösung infolge Kündigung zu treffen. Im allgemeinen werden auch bei einer Kündigung aufgrund einer Vertragsverletzung die Wirkungen der Kündigung hinsichtlich der Kündigungsfrist und der bei Vertragsbeendigung noch zu zahlenden Vergütung abgemildert. Im Gegensatz zur Kündigung ohne Angabe von Gründen werden hier aber weitaus kürzere Fristen vereinbart und weniger weitreichende Vergütungsregelungen getroffen:

2.2.9.6 *Default by the Consulting Engineer*

The Client shall notify the Consulting Engineer, in writing, if he considers that the Consulting Engineer ist not discharging his obligations under this Agreement, stating the reasons therefor. In the event that the Consulting Engineer does not respond to such notice within fifteen (15) days the Client may deem the Agreement terminated. In this event the Consulting Engineer shall be entitled to recieve the remuneration due for services rendered up to the date of notification of default and reimbursement in full for such of the costs specified in Appendix D as shall have been property incurred prior to the date of notification of default[13].

3. Kündigung in Fällen höherer Gewalt

Eine dritte Gruppe von Kündigungsrechten findet sich in Fällen höherer Gewalt (Force-Majeure)[14]. Es wird zwar häufig versucht, durch eine vertragliche Anpassungsregelung am Vertrag festzuhalten[15]; soweit jedoch durch die eingetretenen Umstände die Vertragsdurchführung unmöglich ist, oder aber zumindest in absehbarer Zeit nicht möglich

---

[12] FIDIC, IGRA 1979 P. I., Clause 2.2.9.6; dazu FIDIC, Guide to the Use of Consultants, S. 22.

[13] FIDIC, IGRA 1979 P. I., Clause 2.2.9.6; dazu FIDIC, Guide to the Use of Consultants, S. 23.

[14] Zur Def. der „Force-Majeure" vgl. HORN, Anpassung langfristiger Verträge, S. 27, mwN.

[15] Dazu HORN, Anpassung langfristiger Verträge, S. 16 mwN; DERS., NJW 1985, 1118 f.

wird, kommt als eine den Interessen beider Parteien gerecht werdende Rechtsfolge nur die Festlegung eines Kündigungsrechtes in Betracht. Der KfW-Vertrag enthält hierzu folgende Regelung:

3. If Force Majeure continues longer than 90 days, either party may terminate this agreement by a written notice given within 30 days[16].

§ 16: Vertragsgestaltung

I. Musterverträge

1. Internationaler Bereich

Im Gegensatz zu Management-Dienstleistungen existieren für das Consulting-Geschäft im internationalen Bereich eine Reihe von Musterverträgen[1]. Vor allem die International Federation of Consulting Engineers (FIDIC) hat sich um die Erarbeitung einheitlicher Vertragsmuster bemüht. Die FIDIC ist ein internationaler Zusammenschluß von nationalen Consulting- und Ingenieurverbänden[2] (Mitgliedsverband in der Bundesrepublik ist der VBI, Verband Beratender Ingenieure). Zur Zeit existieren drei FIDIC-Vertragsmuster für das Consulting-Geschäft[3]:

- International Model Form of Agreement between Client and Consulting Engineer and International General Rules of Agreement between Client and Consulting Engineer for Pre-Investment Studies (IGRA 1979 P. I:);
- International Model Form of Agreement between Client and Consulting Engineer and International General Rules of Agreement between Client and Consulting-Engineer for Design and Supervision of Construction of Works (IGRA 1979 D + S);
- International Model Form of Agreement between Client and Consulting Engineer and International General Rules of Agreement between Client and Consulting Engineer for Project Management (IGRA 1980 PM)[4].

---

16 KfW-Vertrag, Consulting Agreement, Art. IX 3.

1 IBRD, Contract for Consultants Services in: UNIDO, Guidelines for Contracting; The Association of Consulting Engineers, London, Modell Form of Agreement, in: UNIDO, Manual on the Use of Consultants, S. 130 ff.

2 FIDIC, Guide to the Use of Consultants, S. 6.

3 Kurzkommentierungen zu diesen Verträgen sind abgedruckt bei: Westring, International Procurement, A.5.9. und FIDIC, Guide to the Use of Consultants, S. 19 ff.

4 Zu beziehen über FIDIC, P. O. Box, CH Lausanne.

Der erste Vertrag regelt Aufgaben in der Vorbereitungsphase (Pre-Investment Studies), der zweite Aufgaben in der Planungs- und Bauphase (Design and Supervision) und der dritte beschäftigt sich mit Aufgaben der unternehmerischen Führung eines Projektes (Project-Management). Die Verträge gliedern sich jeweils in zwei Teile. Der erste beinhaltet allgemeine Regeln, die jedem Vertrag zugrundegelegt werden können; hierzu gehören die Rechte und Pflichten der Parteien aus dem Vertrag, Haftungsfragen und Kündigungsrechte etc. Der zweite Teil beinhaltet Regelungen, bei denen eine generalisierende Festlegung nicht möglich ist und die einer Konkretisierung im Einzelfall bedürfen. Dies sind insbesondere Fragen der Vergütung (einschließlich der zugrundeliegenden Berechnungsmethode), der Währung und sonstigen Zahlungsmodalitäten sowie eine Auflistung der vom Consultant geschuldeten Arbeitsergebnisse und des einzusetzenden Personals. Die FIDIC-Vertragsmuster basieren auf den von der FIDIC und ihren Mitgliedsfirmen und Mitgliedsverbänden gewonnenen praktischen Erfahrungen[5] und werden ständig überarbeitet[6].

2. *Deutsche Kautelarpraxis*

In der deutschen Kautelarpraxis existiert kein für das internationale Consulting-Geschäft vorgesehenes Vertragsmuster. Es gibt zwar für den nationalen Bereich Musterverträge, die typische Consulting-Dienstleistungen zum Gegenstand haben[7]. Für die internationale Vertragspraxis sind diese Verträge allerdings nur eingeschränkt verwendungsfähig. Sie nehmen keine Rücksicht auf die sich aus der Grenzüberschreitung ergebenden Komplikationen und damit verbundenen Notwendigkeiten für die Vertragsgestaltung. Ihre mangelnde Verwendungsfähigkeit im internationalen Bereich liegt nicht zuletzt auch daran, daß diese Verträge in deutscher Sprache abgefaßt sind, in der internationalen Praxis die regelmäßige Vertragssprache aber Englisch oder Französisch ist.

In der internationalen Vertragspraxis verwendbare Musterverträge werden von einigen im internationalen Consulting-Geschäft tätigen Institutionen herausgegeben; so etwa der Vertrag „Consulting Agreement"

---

5 FIDIC, Guide to the Use of Consultants, S. 18.

6 Die letzten Fassungen stammen aus dem Jahr 1979 (IGRA 1979 P. I. und IGRA 1979 D + S) sowie 1980 (IGRA 1980 P. M.).

7 Vgl. etwa die Vertragsmuster bei LEWENTON/SCHNITZER, Anhang; GOLDBECK, Handbuch Wirtschaftsberatung, § 13 S. 4 ff; für das schweizerische Recht: HIRZEL, S. 116 ff.

der Kreditanstalt für Wiederaufbau oder die „Allgemeinen Vertragsbedingungen (AVB) für Consulting-Aufträge der Deutschen Gesellschaft für Technische Zusammenarbeit (GTZ) GmbH für Projekte der deutschen technischen Zusammenarbeit". Diese Verträge sind von den jeweiligen Organisationen speziell für die Bedürfnisse und Besonderheiten ihrer spezifischen Tätigkeitsbereiche (bei der GTZ die Durchführung von Projekten der deutschen technischen Zusammenarbeit mit Entwicklungsländern)[8] entwickelt und ausgestaltet. Sie werden wie die FIDIC-Verträge regelmäßig überarbeitet und neuen Entwicklungen angepaßt.

II. Checkliste für Vertragsbestandteile

Die folgende Übersicht enthält eine Liste der Punkte, die bei Verhandlungen zum Abschluß eines Consulting-Vertrages zu beachten sind. Die Auflistung bedeutet nicht, daß sämtliche Punkte zum Gegenstand der vertraglichen Einigung gemacht werden müssen; sie hat nur den Charakter einer Checkliste für die Verhandlungen:[9]

Vorvertrag
(über Geheimhaltungspflichten im Verhandlungsstadium)

Allgemeine Bestimmungen
- Parteien
- Vertragsgegenstand (Projekt- oder Aufgabenbeschreibung)
- Vertragsbeginn

Aufgaben des Consultants
- Art der Tätigkeit
- Arbeitsergebnisse (Pläne, Entwürfe, Studien, etc.)
- Zeitplan für den Arbeitseinsatz
- Einzusetzendes Personal
- Berichtspflichten
- Geheimhaltungspflichten
- Know-how-Überlassung

Aufgaben des Klienten
- Information
- Unterstützungsaufgaben (Büros, Ausstattung, personelle Unterstützung etc.)

---

[8] Vgl. Art. 1.1. des Vertrages.
[9] Vgl. auch die Checklisten für Consulting Verträge bei UNIDO, Manual on the Use of Consultants, S. 25 ff; UNIDO, Guidelines for Contracting, S. 67 ff.

- Entgeltzahlung
  - Grundvergütung
  - Berechnungsverfahren
  - Berechnungsgrundlagen
  - Vergütung für zusätzliche Leistungen
  - Auslagenersatz
  - Zahlungen bei vorzeitiger Vertragsbeendigung
  - Zahlungszeitpunkt
  - Zahlungsmodalitäten
  - Währung
  - Zinsen
  - Steuerlast

Haftung
- Haftungsvoraussetzungen
- Haftungsfolgen
  - Nachbesserung
  - Schadensersatz (ggf. pauschaliert)
  - Vertragsstrafe
  - Kündigungsrechte
- Haftungsbegrenzungen
  - Verschuldensmaßstab
  - Ausschluß von Folgeschäden
  - Verjährung
  - Versicherungen
    - Art der Versicherung
    - Pflicht zum Abschluß
    - Kostentragung

Ausgestaltung der Zusammenarbeit
- Verantwortliches Personal
- Informationsaustausch (Form, Zeitpunkt, Inhalte)
- Übertragung von Befugnissen (Vollmachten)
  - Umfang
  - Dauer
  - Informationspflichten

Geheimnisschutz
- Geheimhaltungspflichten
- Folgen bei Verletzung

Leistungserbringung durch Dritte
- Zulässigkeit
- Anzeigepflichten

Abtretung von Ansprüchen

Vertragsdauer und Kündigung

- Dauer der Zusammenarbeit
- Optionsrechte
- Kündigung
  - Recht zur Kündigung
  - Kündigungsfristen
  - Folgen der Kündigung (Zahlungsansprüche)
- Verlängerungsmöglichkeiten
- Force-Majeure-Klausel

Bürgschaften und Garantien

- Art der Garantie
- Höhe der Garantie
- Voraussetzungen der Inanspruchnahme

Sonstige Vereinbarungen

- Anwendbares Recht
- Schiedsvereinbarungen
- Gerichtsstand und Erfüllungsort
- Nebenabreden über Patente, Lizenzen, Warenzeichen etc.
- Steuerklauseln
- Vertragssprache
- salvatorische Klauseln

3. Teil: Gemeinsame Probleme der Management- und Consulting-Verträge

Gegenstand der folgenden Untersuchung bilden Fragen, die bei Management- und Consulting-Verträgen gleichermaßen auftreten. Hierzu gehören Fragen der Haftung (§ 17), der vertraglichen Sicherungsformen (§ 18), des Geheimnisschutzes (§ 19), der Schiedsvereinbarungen (§ 20) sowie des auf den Vertrag anwendbaren Rechts (§ 21).

§ 17: Haftung des Managers/Consultants

Die Haftung des Managers/Consultants richtet sich in erster Linie danach, ob eine vertragliche Regelung über Inhalt und Umfang der Haftung getroffen wurde. Ohne eine Haftungsregelung im Vertrag ist Ausgangspunkt für die Frage der Verantwortlichkeit des Managers/Consultants das anwendbare nationale Recht (dazu unten I). Die meisten Verträge überlassen Haftungsfragen nicht dem nationalen Recht, sondern treffen eine eigene Haftungsregelung (dazu unten II). Da sich aus der Zusammenarbeit erhebliche Haftungsrisiken für den Manager/Consultant ergeben, werden weitreichende Haftungsfreizeichnungen vereinbart (dazu unten III).

I. Haftung nach nationalem Recht

1. International-privatrechtliche Anknüpfung

Ohne eine vertragliche Haftungsvereinbarung bestimmt sich die Verantwortlichkeit des Managers/Consultants nach dem maßgeblichen nationalen Recht. Das anwendbare Recht kann sich aus einer Rechtswahl der Parteien ergeben[1]; fehlt eine Rechtswahlvereinbarung, ist das maßgeb-

---

[1] Dazu unten § 21, I.

liche nationale Recht nach international-privatrechtlichen Grundsätzen zu bestimmen[2]. Im allgemeinen begründen fast alle Rechtssysteme eine Verantwortlichkeit des Managers/Consultants für Vertragsverletzungen, die auf seiten des Klienten einen Schaden auslösen[3].

2. *Deutsches materielles Recht*

Für das deutsche Recht gilt folgendes:

Soweit der Vertrag als der Werkvertrag im Sinne der §§ 631 ff BGB einzuordnen ist, unterliegt er als gegenseitiger Vertrag zunächst den allgemeinen Regeln über Leistungsstörungen (§§ 275 ff, §§ 320 ff BGB).[4] Die §§ 631 ff BGB enthalten jedoch wichtige Sonderregelungen. Leistet der Unternehmer (Consultant) nicht oder nur mangelhaft, stehen dem Vertragspartner zunächst Ansprüche auf Erfüllung zu, die auf Neuherstellung (§ 631 Abs. 1 BGB) oder Nachbesserung (§ 634 Abs. 2 S. 1 BGB) gerichtet sind[5]. Als sekundäre Ansprüche sieht das Gesetz die Wandlung oder Minderung (§ 634 Abs. 3 BGB) und unter Umständen einen Anspruch auf Schadensersatz vor. Der Schadensersatzanspruch erfaßt jedoch nur den Ersatz sog. Mangelschäden; nicht dagegen den von Mangelfolgeschäden[6]. Hier kann sich ein Anspruch aus positiver Forderungsverletzung ergeben.

Soweit der Vertrag als Dienstvertrag zu qualifizieren ist (dies gilt regelmäßig für den Management-Vertrag)[7], hat der Auftraggeber nach deutschem Recht bei Verletzung der vertraglichen durch den Dienstverpflichteten nur die Rechte aus den §§ 275 ff, §§ 320 ff BGB. Daneben treten Ansprüche aus positiver Forderungsverletzung.

---

[2] Dazu unten § 21, IV.

[3] SRINIVASAN/SASSON, International Contracting and Procurement for Development Projects, Vol I, 2.1.3; zum Werkvertrag in rechtsvergleichender Darstellung vgl. RIEZLER, RabelsZ 17 (1952), S. 522 ff; LORENZ, FS v. Caemmerer, S. 907 ff.

[4] Für deutsche Ingenieurverträge vgl. LEWENTON/SCHNITZER, S. 50 ff und 57 ff.

[5] Zur Möglichkeit einer Neuherstellung oder Nachbesserung bei Management/Consulting-Leistungen s. unten § 18, II. 4. a.

[6] Zur Abgrenzung von Mangel- und Mangelfolgeschäden im Werkvertragsrecht vgl. BGHZ 58, S. 305 ff; 67, 1 ff; 72, 257 ff; MEDICUS, Unmittelbarer und mittelbarer Schaden, S. 21 ff; DERS. Bürgerliches Recht, Rdn. 354 ff.

[7] Dazu oben § 3, III, 2.

3. Anglo-amerikanisches Recht

Eine Kodifikation des Management/Consulting-Vertrages im anglo-amerikanischen Recht existiert nicht. Die Schadensersatzansprüche des Klienten gegen den Vertragspartner im Falle einer Vertragsverletzung richten sich nach den zum „breach of contract" entwickelten Grundsätzen[8]. Ausgangspunkt ist dabei die Unterteilung der Vertragsbestimmungen in wesentliche und unwesentliche, d. h. „conditions" und „warranties"[9]. Entscheidend für die Frage, ob eine Vereinbarung wesentlichen oder unwesentlichen Charakter hat und damit die Verletzung dieser Vereinbarung eine Breach of Condition oder Breach of Warranty darstellt, ist der Parteiwille[10]. Dieser ist im Einzelfall durch Auslegung zu ermitteln.

Im Falle eines Breach of Contract kann der Vertragspartner Schadensersatz in Geld verlangen[11]. Handelt es sich um die Verletzung einer wesentlichen Vertragsbestimmung, d. h. um Verletzung einer Condition, kann der Klient zusätzlich den Vertrag als beendet ansehen[12]. Er ist zur Kündigung berechtigt. Das Recht auf Schadenersatz bleibt bestehen.

Soweit dem Klienten ein Anspruch auf Schadenersatz zusteht, ist dieser nach anglo-amerikanischen Recht auf den Ersatz bestimmter Folgeschäden begrenzt. Der Vertragspartner kann nur Ersatz verlangen für die Schäden, die (a) nach dem gewöhnlichen Lauf der Dinge als auf dem Vertragsbruch beruhend angesehen werden können oder die (b) von den Parteien bei Vertragsschluß vernünftigerweise als wahrscheinliches Ergebnis eines Vertragsbruchs voraussehbar waren[13].

4. Probleme der Schadensberechnung bei fehlerhaften Beratungsleistungen

In den meisten Rechtssystemen tauchen Schwierigkeiten auf bei Ermittlung der Frage, für welche Folgeschäden der Vertragspartner einstehen muß, die aufgrund der Befolgung eines unrichtigen Gutachtens oder

[8] Dazu etwa Chitty on contracts, Vol I, Rdn. 1671 ff; Anson's Law of Contract, S. 549 ff; Treibel, S. 46 ff; Marsh/Soulsby, Outlines of English Law, S. 186 ff.

[9] Wallis v. Pratt and Haynes (1910), 2 K. B. 1003; Marsh/Soulsby, S. 187.

[10] Vgl. Schuler AG v. Wickmann Machine Tool Sales Ltd. (1974) A. C. 235.

[11] Chitty on contracts, Vol I, Rdn. 1671 ff; Cheshire/Fifoot, Law of Contract, S. 537 ff.

[12] Marsh/Soulsby, S. 186 f; Anson's Law of Contract, S. 532 ff; Chitty on Contracts, Vol I, Rdn. 1591 ff; Cheshire/Fifoot, S. 537 ff.

[13] Leitentscheidung ist hier Hadley v. Baxendale (1854) 9 Exch. 341; vgl. auch Victoria Laundry Ltd. v. Newman Industries Ltd. (1949) 2 K. B. 528; The Heron II (1969) 1 A. C. 350 (Lord Upjohn).

einer falschen Beratung auftreten. Die Problematik einer solchen Haftung ist offensichtlich, denn Mängel der Beratungsleistung (unrichtiges Gutachten oder fehlerhafter Plan) verursachen für sich genommen noch keinen Schaden. Ein Vermögensschaden tritt erst ein, wenn der Beratene im Vertrauen auf den Rat, das Gutachten oder den Plan eine Entscheidung getroffen hat, die sich später als nachteilig herausstellt.

Besonders deutlich stellt sich dieses Problem beim Consulting-Vertrag. Der Consultant nimmt dem Klienten keine Entscheidung ab; die Freiheit und die Pflicht zur Entscheidung bleibt allein dem Beratenen (d. h. dem Klienten) vorbehalten. Die Tatsache, daß der Schaden nicht durch die falsche Beratungsleistung allein, sondern erst durch Umsetzen der Beratung durch den Klienten erfolgt, hat im Hinblick auf die Haftung zwei Konsequenzen:

Zum einen führt ein grobes Selbstverschulden des Klienten bei der Schadensentstehung zur Unterbrechung des Kausalverlaufs[14]. In diesen Fällen ist mangels Adäquanz keine Haftung des Consultants gegeben. In Fällen, in denen zwar kein grobes Selbstverschulden vorliegt, der Klient aber bei sorgfältiger Überprüfung den Schaden hätte erkennen können, führt dies dazu, daß sein Schadensersatzanspruch in Höhe seines Mitverschuldens begrenzt ist. Für das deutsche Recht ergibt sich diese Rechtsfolge aus § 254 BGB; ähnliche Regelungen finden sich in anderen Rechten, etwa dem amerikanischen[15] oder dem schweizerischen Recht[16].

Gleiche Probleme tauchen beim Management-Vertrag zumindest insoweit auf, als der Manager neben seinen Geschäftsführungs- und Ausbildungspflichten zusätzlich Beratungsaufgaben übernimmt[17]. Die Umsetzung der vorgeschlagenen Entscheidung in eine konkrete Maßnahme bedarf bei einer rein beratenden Funktion des Managers zusätzlich einer Entscheidung des Management-Nehmers. Auch hier kann ein (grobes) Mitverschulden des Management-Nehmers an der Schadensentstehung vorliegen, das den Anspruch auf Ersatz des aus der fehlerhaften Beratung resultierenden Schadens ausschließt oder mindert. Für Management-Leistungen ist jedoch zu berücksichtigen, daß dem Management-Nehmer im Regelfall die Möglichkeit fehlt, die vom Manager vorgeschlagene Maßnahme auf ihre Konsequenzen zu überprüfen. Ein Mitverschulden wird hier nur in seltenen Fällen zu begründen sein. Dies gilt auch für

---

[14] Für das Schweizer Recht: Hirzel, S. 94.
[15] Anson's Law of Contract, S. 570.
[16] Hirzel, S. 93 ff.
[17] Zeiger, Management-Vertrag, S. 39, 43.

Schäden, die aus einer Schlechterfüllung der Geschäftsführungspflichten resultieren. Der Management-Nehmer ist nicht verpflichtet, die Geschäftsführung des Managers ständig auf einen möglichen Schadenseintritt zu kontrollieren.

Entscheidend für die Frage, in welchen Fällen ein Mitverschulden des Klienten an der Schadensentstehung vorliegt und in welcher Höhe es den Schadensersatzanspruch mindert oder ausschließt sind:

- Die Sachkenntnis auf Seiten des Klienten,
- die Frage, inwieweit der Manager/Consultant damit rechnen konnte, eine vorgeschlagene Maßnahme werde vor ihrer Umsetzung einer Kontrolle durch den Auftraggeber unterzogen,
- der dem Manager/Consultant übertragene Entscheidungsfreiraum,
- die Voraussehbarkeit eines Schadenseintritts für den Klienten.

II. Vertragliche Haftungsregelung

Üblich ist in der vertraglichen Praxis die Aufnahme einer ausdrücklichen Haftungsvereinbarung[18]. Die Parteien überlassen die Frage nach dem Verantwortungsbereich des Managers/Consultants nicht dem im Einzelfall zu ermittelnden nationalen Recht, sondern treffen eine eigene Regelung über Haftungsvoraussetzungen und Haftungsfolgen.

1. Zurechnungssubjekt der Haftung

Zurechnungssubjekt der vertraglichen Haftungsregelung ist nur die Management/Consulting-Gesellschaft, nicht dagegen einzelne Personen, die für den Manager/Consultant im Projekt tätig werden[19]. Allein die Management/Consulting-Gesellschaft ist Vertragspartner des Klienten. Die einzelnen Beschäftigten stehen in keinen vertraglichen Beziehungen zum Auftraggeber (Klienten). Ihr Arbeitgeber und Vertragspartner ist allein die Management/Consulting-Gesellschaft. Durch den Vertrag wird keine Haftung einzelner Arbeitnehmer gegenüber dem Klienten begründet.

---

[18] IBRD, Guidelines for the Use of Consultants, S. 38; zu einzelnen Klauseln vgl.: KfW, Consulting Agreement, Art. VI; FIDIC, IGRA 1979 D + S, IGRA 1979 P. I., jew. Clause 2.4.; dazu WESTRING, International Procurement, A.5.9.

[19] WESTRING, ICLF Rev. Sept. 1980, S. 399 (403); DERS. in: Horn/Schmitthoff, Transnational Law, S. 175 (187).

Dies würde einem im deutschen wie auch anglo-amerikanischen Recht unzulässigen Vertrag zu Lasten Dritter darstellen[20].

Dies schließt nicht aus, daß im Einzelfall auch die im Projekt tätigen Arbeitnehmer eine eigene Verantwortlichkeit treffen kann. Mangels vertraglicher Beziehungen kann sich eine Haftung aber nur aus allgemeinem Deliktsrecht, nicht aus Vertrag ergeben.

Eine vertragliche Haftungsregelung mit Wirkung für einzelne Arbeitnehmer ist nur insoweit zulässig, als deren Rechtsposition verbessert wird[21]. Zur Absicherung von den sich möglicherweise ergebenden Risiken sehen viele Verträge hier eine Haftungsfreizeichnung zugunsten der im Projekt tätigen Personen vor.

2. *Haftungsvoraussetzungen*

Ausgangspunkt der Haftungsregelung ist der Maßstab der vom Manager/Consultant geschuldeten Sorgfalt. Die Verträge enthalten in der Regel eine Generalklausel[22], die den Pflichtenumfang der Vertragsparteien beschreibt:

> „Manager undertakes to perform its obligations under this Agreement in a prudent and sound manner and to apply the same degree of deligence it would apply if it were the sole Owner of the property ... and to be mindful of the interests of Owner",
>
> oder
>
> „The Consultant shall use its skill and knowledge in carrying out its responsibilities ... efficiently and in a proper and businesslike manner to the best of its abilities in the best interests of the Enterprise"[23]

Während die zweite Klausel auf die auch dem deutschen Recht geläufige Sorgfalt eines ordentlichen Kaufmanns[24] abstellt, bezieht sich die erste Klausel auf die vom Manager in eigenen Angelegenheiten geübte Sorgfalt (diligentia quam in suis)[25]. Verstößt der Manager/Consultant bei Erfüllung seiner Vertragspflichten gegen den festgelegten Sorgfaltsmaßstab,

---

20 RGZ 154, 361; ERMAN-H. P. WESTERMANN, Rdn. 10 Vor § 328; CHESIRE/FIFOOT, S. 414 ff mwN.

21 ERMAN-H. P. WESTERMANN, Rdn. 15 zu § 328.

22 ZEIGER, Management Vertrag, S. 56; UN-Centre on Transnational Corporations, Management Contracts, S. 102 f.

23 UN-Centre on Transnational Corporations, Management Contracts, S. 102 f.

24 Vgl. § 429 HGB, § 43 GmbHG, § 32 a GmbHG.

25 Vgl. etwa §§ 690, 708 BGB.

stellt dies einen Fall des Vertragsbruches (breach of contract) dar, der die dafür vorgesehenen Sanktionen (Schadensersatz, Kündigungsrecht, Vertragsstrafe etc.) auslöst[26].

Neben einer abstrakten Festlegung des Vertragsbruches, finden sich in vielen Verträgen Aufzählungen von Fällen, die zwischen den Parteien als Vertragsbruch gelten:

Article 24: *Events of default*

The Following shall constitute events of default:

1) The Failure of ...... to pay the payment to ...... provided for herein for a period of ...... days after such payment is due and payable;
2) The filling of a voluntary petition in bankruptcy or insolvency or a petition for reorganization under any bankruptcy law by either party to this agreement;
3) The consent to an involuntary petition in bankruptcy or the failure to vacate within ...... days from the date of entry thereof of any order approving an involuntary petition by either party to this agreement;
4) The appointment of a receiver for all or any substantial portion of the assets of either party to this agreement;
5) The entering of an order, judgement or decree by any court of competent jurisdiction on the application of a creditor, adjudicating either party bankrupt or insolvency or approving a petition seeking reorganization or appointing a receiver, trustee or liquidator of all or a substantial part of either party's assets, or if such order, judgment or decree shall continue unstayed and in effect for any period of ... consecutive days;
6) The failure by either party to perform, keep or fulfull any of the other covenants, undertakings, obligations or conditions set forth in this agreement, and the continuance of any such default for a period of ... days after notice of said failure[27].

Diese festgelegten Fälle des Vertragsbruches müssen nicht unter die allgemeine Definition fallen; sie lösen aber die gleichen Rechtsfolgen aus. „Default"-Klauseln sind damit das Gegenstück zu „Force-Majeure" und „hardship"-Klauseln[28], die regelmäßig von der vertraglichen Verantwortlichkeit (zumindest vorübergehend) befreien[29]. „Default"-Klauseln legen ausdrücklich fest, was in den Haftungsbereich einer Partei fällt.

---

[26] Zu den Haftungsfolgen i. e. unten 4.

[27] Klausel aus einem Hotel-Management-Vertrag.

[28] Horn, Adaptation, S. 139.

[29] Zu Force-Majeure-Klauseln s. oben § 7, II, 3.

3. *Verantwortungsbereich des Managers/Consultants*

Im Zusammenhang mit der Haftungsvereinbarung sind für den Umfang der Haftung zwei Fragen von besonderer Bedeutung. Dies ist einmal die Frage, ob der Consultant/Manager durch seine Tätigkeit auch die Garantie für bestimmte Projekt-(Arbeits-)erfolge (Funktionieren einer Anlage, Erhöhung des Umsatzes, Erreichung bestimmter Kapazitäten etc.) übernimmt; zum anderen die Frage, inwieweit er im Rahmen seiner Tätigkeit für das Verhalten Dritter verantwortlich ist.

a) Verantwortlichkeit für Dritte

Im allgemeinen ist der Consultant/Manager nur für den Bereich verantwortlich, den er selber kontrolliert[30]. Für Arbeitsleistungen Dritter, auf die er keinen Einfluß hat, kann er nicht haftbar gemacht werden. Die Begründung einer Schadensverpflichtung bei Verletzung vertraglicher Pflichten dient nicht nur dem nachträglichen Ausgleich eingetretener Schäden, sondern ist gleichzeitig ein vorheriger Anreiz zur ordentlichen und sorgfältigen Vertragserfüllung[31]. Ein solcher Anreiz entfaltet aber nur dort seine Wirkung, wo der Consultant/Manager die ordentliche Vertragserfüllung selbst beeinflussen kann. Dies gilt regelmäßig nicht für Leistungen, die von Dritten erbracht werden.

Eine Verantwortlichkeit für das Verhalten Dritter kommt nur in Ausnahmefällen in Betracht. Dies sind die Bereiche, in denen der Consultant/Manager entweder mit der Auswahl oder der Überwachung dritter Vertragspartner des Klienten beauftragt wird[32]. Wird er im Ausschreibungs- und Vertragsvergabeverfahren beteiligt, so trifft ihn die Pflicht, die späteren Vertragspartner sorgfältig auszusuchen. Eine Verletzung dieser Auswahlpflichten begründet Schadensersatzansprüche, wenn die Auswahl nicht sorgfältig erfolgt; das gleiche gilt für Überwachungspflichten. Kommt es infolge einer mangelnden Bauüberwachung zu einem Mangel des Werkes oder wird ein bestehender Mangel nicht rechtzeitig erkannt, haftet der Manager/Consultant gegenüber seinem Klienten gesamtschuldnerisch neben dem jeweils verantwortlichen Un-

---

30 FIDIC, Guide to the Use of Consultants, S. 53.

31 FIDIC, Guide to the Use of Consultants, S. 53.

32 Kirchner, BB 1971, S. 67 (69); FIDIC, Guide to the Use of Consultants, S. 53f.

ternehmer[33]. Er ist zwar möglicherweise berechtigt, im Verhältnis zum Unternehmer Rückgriff zu nehmen. Diese Rückgriffsansprüche sind aber nicht Gegenstand des Vertrages zwischen Klient und Consultant/ Manager (Vertrag zu Lasten Dritter!). Sie unterliegen dem jeweiligen nationalen Recht. Im deutschen Recht richten sich derartige Rückgriffsansprüche nach Rechtsprechung des BGH[34] grundsätzlich nach den Regeln der §§ 421, 426 Abs. 1 BGB. Soweit nach den Gegebenheiten „nichts anderes bestimmt ist", haften hier Bauunternehmer und der mit der Bauüberwachung Beauftragte zu gleichen Teilen[35].

Neben der Verletzung von Auswahl- und Überwachungspflichten ist der Consultant/Manager für ein Fehlverhalten Dritter, soweit er nicht eine ausdrückliche Garantie übernimmt, grundsätzlich nicht verantwortlich. Eine Ausnahme gilt für die Einschaltung von Subunternehmern[36].

b) Erfolgsgarantien

Eine zweite im Zusammenhang mit der Haftungsregelung zu beachtende Frage ist, ob der Consultant/Manager für die Erreichung bzw. Nichterreichung bestimmter Ergebnisse seiner Arbeitsleistungen einzustehen hat. Diese Frage taucht auf, wenn im Projekt Umsätze, Gewinne oder Ergebnisse ausbleiben, die sich der Klient von der Zusammenarbeit versprochen hat.

Management- und Consulting-Verträge haben Dienstleistungspflichten zum Inhalt. Der Management/Consultant ist zur Betriebsführung bzw. Beratung verpflichtet. Ein bestimmter Erfolg der Arbeitsleistung wird nicht geschuldet, soweit dies nicht ausdrücklich im Vertrag festgelegt wird. Bei Erbringung der Dienstleistung hat der Manager/Consultant mit der geschuldeten Sorgfalt vorzugehen. Soweit er seine Pflichten verletzt, macht er sich schadenersatzpflichtig. Im übrigen ist er für einzelne Ergebnisse seiner Arbeit, die sich der Klient von der Zusammenarbeit verspricht, grundsätzlich nicht verantwortlich[37].

---

33 Für die gesamtschuldnerische Haftung zwischen bauleitendem Ingenieur bzw. Architekt und Bauunternehmer vgl. etwa BGH VersR 1971, 667; Schmalzl, Haftung des Architekten, S. 230 ff; Locher, Das private Baurecht, § 26, BGHZ 43, 227; BGH Baurecht 1971, 265.

34 Grundlegend: BGHZ 43, 227.

35 Schmalzl, S. 233 f; BGH NJW 76, 1975; VersR 1974, 888; VersR 1965, 805.

36 Dazu oben § 14, II. 2.

37 Srinivasan/Sasson, International Contracting and Procurement for Development Projects, Vol I, 2.1.3.

Soweit er die Verantwortung für einzelne Arbeitserfolge übernehmen will, die über seine eigentliche Betriebsführungs- und Beratungsleistung hinausgehen und von ihm nicht beeinflußbar sind, muß dies zum Gegenstand einer gesonderten Vereinbarung gemacht werden[38]. Eine derartige zusätzliche Garantieabrede (d. h. das Versprechen, für den Eintritt bzw. Nichteintritt näher festgelegter Umstände ohne Rücksicht auf ein Verschulden einzustehen) bringt aber nicht unerhebliche Risiken. Sie ist in der vertraglichen Praxis nur wenig anzutreffen.

4. *Haftungsfolgen*

Neben den Haftungsgrundlagen, d. h. der Frage, wofür der Manager/Consultant verantwortlich ist, werden die sich ergebenden Rechtsfolgen einer Vertragsverletzung zum Gegenstand der vertraglichen Vereinbarung gemacht. Als grundsätzliche Haftungsfolgen kommen in Betracht:

- Anspruch auf Neuherstellung bzw. Nachbesserung,
- Schadenersatzverpflichtungen oder
- die Begründung von Kündigungsrechten[39].

a) Nachbesserungsrechte

Beim Management-Vertrag scheidet ein Nachbesserungs- oder Neuherstellungsanspruch wegen der Art der übertragenen Aufgaben (Geschäftsführungs- und Ausbildungsfunktionen) von vornherein aus. Es handelt sich bei den Betriebsführungsaufgaben um reine Dienstleistungen. Eine Nachbesserung oder Neuherstellung (der Dienstleistung!) ist nicht möglich.

Grundsätzlich möglich ist eine Nachbesserung oder Neuherstellung nur dort, wo ein Arbeitserfolg geschuldet wird, so in einigen Bereichen des Consulting-Geschäftes bei der Erstellung von Entwürfen oder Plänen (z. B. feasibility studies). Hier kann eine vertragliche Regelung vorsehen, daß dem Klienten neben Schadenersatzansprüchen das Recht zusteht, Neuherstellung bzw. Nachbesserung der geschuldeten Leistungen zu verlangen.

---

38 FIDIC, Guide to the Use of Consultants, S. 54 f; Hirzel, S. 111 f.

39 Zu den Kündigungsrechten bei Vertragsverletzungen vgl. oben § 7, II, 2, u. § 15, II, 2.

b) Schadenersatz

Regelmäßige Folge einer Vertragsverletzung ist die Verpflichtung zur Leistung von Schadensersatz. Der Manager/Consultant hat die Schäden zu ersetzen, die auf der Vertragsverletzung beruhen.

Ein derart weiter Haftungsbereich birgt allerdings wegen der bei einer Fehlentscheidung in der Projektführung oder einer falschen Beratungsleistung drohenden Schäden nicht unerhebliche, häufig nicht kalkulierbare Risiken. Die zu erwartenden Schäden können das vereinbarte Entgelt um ein Vielfaches überschreiten. In der internationalen Praxis hat sich daher eine vertragliche Beschränkung der dem Manager/Consultant zurechenbaren Schadensfolgen herausgebildet[40]. Der Manager/Consultant ist nur verantwortlich für direkte Schäden („direct damages") nicht dagegen für indirekte Schäden („consequential" oder „indirect damages"):

> „The liability in any event of manager and its seconded staff shall be limited to the compensation of any direct damage suffered by owner. Indirect damage (e. g., loss of profit or other consequential damage) shall not be compensated"[41].

Insbesondere übernimmt der Manager/Consultant keine Haftung für Gewinnausfall, der auf einer Vertragsverletzung beruht[42]. Problematisch ist allerdings die Differenzierung zwischen „direct" und „indirect damages". Die FIDIC definiert „direct damages" als solche Schäden, die bei Vertragsschluß vernünftigerweise vorhersehbar („reasonably foreseeable") waren; „consequential damages" sind dagegen solche Folgeschäden, die nicht vorhergesehen werden konnten[43]. Obwohl die Notwendigkeit einer derartigen Haftungsbegrenzung aus Sicht des Managers/Consultant in vielen Fällen nicht zu leugnen ist, darf nicht übersehen werden, welche praktischen Schwierigkeiten eine derartige Haftungsbeschränkung mit sich bringt. Im deutschen Recht ist die Frage, welche Schäden aus § 635 BGB, § 463 BGB ersatzfähig sind (Abgrenzung zwischen

---

[40] Westring, International Procurement, A.5.9. Clause 2.4, unter Hinweis auf die FIDIC-Verträge IGRA 1979 P.I. und IGRA 1979 D + S; FIDIC, Guide to the Use of Consultants, S. 56 f; Srinivasan/Sasson, International Contracting and Procurement for Development Projects, Vol I, 2.1.4.

[41] UN-Centre on Transnational Corporations, Management Contracts, S. 103.

[42] Westring, ICLF Rev. Sept. 1980, S. 399 (403); ders. in: Horn/Schmitthoff, Transnational Law, S. 175 (187).

[43] FIDIC, Guide to the Use of Consultants, S. 56; Westring, International Procurement, A.5.9, Clause 2.4.

Mangel- und Mangelfolgeschäden)[44] trotz der umfangreichen dazu ergangenen Rechtsprechung nicht immer zweifelsfrei zu beantworten. Gleiche Schwierigkeiten tauchen auf bei der Frage, welche Schäden „direct damages" oder nur „consequential damages" darstellen. Auch die Unterscheidung zwischen vorhersehbaren und nicht vorhersehbaren Folgen einer Vertragsverletzung ist nicht leicht zu treffen und wird nicht in allen Fällen weiterhelfen.

c) Schadenspauschalierung und Vertragsstrafe

Hier hilft vielfach eine Vereinfachung der Schadensberechnung durch eine Pauschalierung von Schadensersatzansprüchen. Sie bietet sich besonders dort an, wo nicht eindeutig feststellbar ist, ob ein Schaden entstanden ist und welche Höhe er erreicht; etwa im Bereich der Geheimnisverletzung oder unbefugten Benutzung während der Zusammenarbeit gewonnener Informationen[45].

Für einzelne Vertragsverletzungen (Fristüberschreitungen etc.) können zusätzlich ohne den Nachweis eines Schadens Vertragsstrafen vorgesehen werden[46]. Zu beachten ist aber, daß Vertragsstrafeversprechen nach nationalem Recht Einschränkungen unterliegen[47] bzw. unzulässig sind. So ist im englischen Recht die Vereinbarung einer Vertragsstrafe nicht möglich[48]. Zulässig ist hier nur die Pauschalierung des Schadensersatzes. Die Abgrenzung zwischen beiden Formen ist im Einzelfall schwierig, doch hat das englische Recht Unterscheidungskriterien herausgearbeitet. Entscheidend ist danach, ob die Parteien bei Vertragsschluß den möglichen Schaden zu schätzen versuchten (pauschalierter Schadensersatz) oder die Klausel nur zur Abschreckung vor Vertragsbruch in den Vertrag eingefügt wurde (Vertragsstrafe)[49].

III. Haftungsbeschränkungen

Neben der Beschränkung der Schadensersatzansprüche auf Ersatz von „direct damages" unter Ausschluß der „consequential damages" finden

---

[44] Dazu etwa BGHZ 58, 305; 59, 303 (309); 60, 319; 67, 1; 72, 257; 77, 215 (217); REINICKE/TIEDTKE, Kaufrecht, S. 111 ff; MEDICUS, Unmittelbarer und mittelbarer Schaden, S. 21 ff; DERS. Bürgerliches Recht, Rdn. 354 ff.

[45] Zum Geheimnisschutz s. unten § 19.

[46] Vgl. Art. III 3 des Consulting-Vertrages der KfW.

[47] Vgl. etwa § 343 BGB (Herabsetzung bei unverhältnismäßiger Höhe der Strafe).

[48] HORN, Bürgschaften und Garantien, S. 31; TREIBEL, S. 49.

[49] Dunlop Pneumatic Tyre Co Ltd. v. New Garage and Motor Co Ltd. (1915) A. C. 79.

sich in der internationalen Vertragspraxis eine Reihe weiterer Haftungsbeschränkungen. Sie haben teilweise den Zweck, den Manager/Consultant von bestimmten Risiken zu entlasten; teilweise dienen sie dazu, die praktische Durchführung des Vertrages zu erleichtern und Streitigkeiten zu vermeiden.

1. *Haftungshöchstbetrag*

Eine weitverbreitete Haftungsbeschränkung ist die Vereinbarung eines Haftungshöchstbetrages[50]. Die Schadensersatzverpflichtung wird summenmäßig begrenzt. Als Höchstgrenze wird auf das zu zahlende Entgelt oder ein näher bezeichnetes Vielfaches abgestellt. Grund für eine derartige Regelung ist in erster Linie eine Risikoentlastung[51]. Sie birgt aber für den Klienten nicht unerhebliche Gefahren. Eine derartige Regelung sollte daher im Allgemeinen nur dann getroffen werden, wenn für Schäden, die über den Haftungsbetrag hinausgehen, gleichzeitig eine entsprechende Versicherung abgeschlossen wird[52].

2. *Verschuldensmaßstab*

Für den Verschuldensmaßstab findet sich häufig eine Beschränkung der Haftung auf Fälle grober Fahrlässigkeit („gross negligence“)[53]. Eine Eingrenzung der Haftung auf grobe Fahrlässigkeit wird insbesondere in den von der FIDIC verwendeten Vertragsmustern vorgesehen[54]. Da für eine derartige umfangreiche Begrenzung der Haftung durch einen Ausschluß der Verantwortlichkeit für Fälle leichter und mittlerer Fahrlässigkeit im Allgemeinen keine zwingende wirtschaftliche Notwendigkeit besteht, sollte der Klient möglichst versuchen, eine derartige Regelung zu vermeiden[55]. Ohne eine solche Einschränkung haftet der Manager/Consultant für alle Formen von Fahrlässigkeit.

---

50 UNIDO, Guidelines for Contracting, S. 15; FIDIC, Guide to the Use of Consultants, S. 55, 26; Srinivasan/Sasson, International Contracting and Procurement for Development Projects, Vol I. 2.1 B.

51 FIDIC, Guide to the Use of Consultants, S. 55.

52 Zum Abschluß von Versicherungen s. sogleich § 18, I.

53 Srinivasan/Sasson, International Contracting and Procurement for Development Projects, Vol I, 2.1.4; Westring, International Procurement, A.5.9 Clause 2.4.

54 Vgl. FIDIC, IGRA 1979 D + S, Clause 2.4.; FIDIC, IGRA 1979, P. I. Clause 2.4.

55 Westring, International Procurement, A.3.9. Clause 2.4.

Bei der vertraglichen Begrenzung einer Haftung für einzelne Schuldformen (einfache Fahrlässigkeit, grobe Fahrlässigkeit und Vorsatz) ist Rücksicht zu nehmen auf die sich aus dem jeweils anwendbaren nationalen Recht ergebenden Beschränkungen. So ist nach deutschem Recht (§ 276 Abs. 2 BGB) der Ausschluß einer Haftung für vorsätzliches Verhalten unzulässig. Eine noch weitergehende Einschränkung der Haftungsfreizeichnungsmöglichkeiten kennt das französische Recht. Der code civil enthält zwar kein ausdrückliches Verbot für bestimmte Freizeichnungsklauseln; die Grenze ergibt sich aber aus dem „ordre public" des Art. 6 CC[56]. Danach ist der vertragliche Haftungsausschluß für dolose, d. h. absichtliche Schadenszufügungen unzulässig. Nach französischer Rechtsprechung verstößt eine Freizeichnung für eine „faute lourde" gegen den „ordre public" und ist unzulässig[57]. „Faute lourde" entspricht im deutschen Recht in etwa dem Begriff der bewußten Fahrlässigkeit oder des bedingten Vorsatzes[58].

3. Ausschluß- und Unterrichtsfristen

Der Rechtsklarheit und der Vermeidung von Streitigkeiten dient eine Klausel, die für die Inanspruchnahme des Vertragspartners bestimmte Fristen vorsieht[59]. Der Manager/Consultant soll damit rechnen können, nicht unbefristet aus einem abgeschlossenen Projekt in Anspruch genommen zu werden; darüber hinaus lassen sich bestimmte Haftungsfragen nach längerem Zeitablauf nur schwer klären. Es werden daher relativ kurz bemessene Verjährungsfristen für die Haftung in den Vertrag aufgenommen. Anknüpfungspunkt für den Fristbeginn ist regelmäßig die Erbringung der vertraglichen Leistung. Es kann aber auch die Abnahme der Leistung durch den Klienten sein[60].

Weitere Haftungsbeschränkungen können darin liegen, daß die Haftung des Managers/Consultant daran geknüpft wird, daß bei Schadenseintritt der Klient seinen Vertragspartner innerhalb bestimmter Fristen unterrichtet. Erfolgt die Unterrichtung nicht rechtzeitig, so ist eine Haftung ausgeschlossen.

---

[56] Fuhrmann, AWD 1970, S. 397 ff.

[57] Cass. civ. 17. 11. 1934, D. H. 1935, S. 51; Cass. civ. 07. 06. 1952, p. S. 651; Fuhrmann, AWD 1970, S. 397 (298) mwN.

[58] Ferid, Das französische Zivilrecht, 1 Bd. 2 C 34.

[59] FIDIC, Guide to the Use of Consultants, S. 57.

[60] Dazu Art VI. 3. des Consulting-Vertrages der KfW.

4. Haftungssubsidiarität

Der Haftungsbegrenzung dient schließlich eine Subsidiaritätsklausel. Danach ist die Haftung des Managers/Consultants ausgeschlossen, soweit der Klient gleichzeitig für den eingetretenen Schaden Dritte in Anspruch nehmen kann (etwa im Baubereich die an der Baudurchführung beteiligten Unternehmen). Der Manager/Consultant haftet in diesen Fällen nur subsidiär, d. h. nur dann, wenn der Klient zuvor vergeblich versucht hat, den neben dem Consultant/Manager haftenden Dritten in Anspruch zu nehmen.

§ 18: Vertragliche Sicherungsformen

Im Vertragsrecht des internationalen Wirtschaftsverkehrs besteht ein gesteigertes Bedürfnis an einer Absicherung der gegenseitigen Verpflichtungen aus dem Vertragsverhältnis. Dies liegt zum einen daran, daß in vielen Fällen die Vertragspartner erstmals miteinander in vertragliche Beziehungen treten und im Umgang miteinander wenig Erfahrung haben. Zum anderen ist dies Sicherungsbedürfnis auf die Befürchtung der Parteien zurückzuführen, im Konfliktfall ihre Rechtsposition gegenüber dem ausländischen Vertragspartner nicht in erfolgreicher Weise (durch Klage am Sitz des ausländischen Vertragspartners) durchsetzen zu können. Für den Klienten kommt hinzu, daß durch weitreichende Haftungsfreizeichnungen ein großer Teil der sich aus einer Vertragsverletzung durch den Manager/Consultant ergebenden Risiken auf ihn abgewältzt werden. Ein abgestuftes System vertraglicher Sicherungen ist hier erforderlich.

Die Absicherung der sich aus der Vertragsdurchführung ergebenden Risiken geschieht einmal durch den Abschluß entsprechender Versicherungen (unten I.), zum anderen durch die Stellung von Bürgschaften und Garantien (unten II.).

I. Abschluß von Versicherungen

Um die auf beiden Seiten auftretenden Risiken zu begrenzen, wird es in der internationalen Praxis immer mehr üblich, für mögliche Schadensfälle Versicherungen abzuschließen[1]. Teilweise geschieht dies einseitig, indem

---

[1] FIDIC, Guide to the Use of Consultants, S. 26; Srinivasan/Sasson in: Steadman/Glenn Vol I, 2.1 3 f; Guttmann, S. 179 ff.

jeder Vertragspartner versucht, die ihn in der Zusammenarbeit treffenden Risiken durch Abschluß einer Versicherung abzudecken (etwa der Consultant/Manager das Haftungsrisiko durch den Abschluß einer entsprechenden Versicherung)[2]. Überwiegend wird die Pflicht zum Abschluß von Versicherungen jedoch zum Gegenstand der vertraglichen Einigung gemacht. Der Vertrag enthält eine Regelung darüber,

- welche Versicherungen abgeschlossen werden sollen (versichertes Risiko, Versicherungssumme etc.),
- wen die Pflicht zum Abschluß der Versicherung trifft und
- wer die Kosten zu tragen hat.

1. Versicherte Risiken

Die Parteien legen zunächst fest, für welche Arten von Risiken Versicherungen abgeschlossen werden. Neben einer Versicherung, die die sich aus einer Vertragsverletzung durch den Consultant/Manager ergebenden Schäden deckt, finden sich in der internationalen Praxis Versicherungen über alle Risiken, die während der Zusammenarbeit auftreten können. Dazu gehören:

- Haftpflichtversicherungen
- Versicherungen zugunsten der am Projekt beteiligten Arbeitnehmer (auf seiten des Klienten und des Consultants/Managers)
- Transport- und Kfz.-Versicherungen
- Sachversicherungen[3]

Im Consulting-Vertrag der Kreditanstalt für Wiederaufbau findet sich über den Inhalt der abzuschließenden Versicherungen folgende Regelung:

Insurance

1. *Insurance provided by the Consultant*

During the performance of the services, the Consultant will take out, carry and maintain the following insurances, insuring himself with the limits shown for the respective items:

a) Workmen's Compensation Insurance or similar insurance to cover his expatriate and — as the case may be — local personnel engaged in the performance of the services, in accordance with applicable laws and regulations;

---

[2] LEWENTON/SCHNITZER, S. 41 ff; WESTRING, International Procurement, A.5.8.
[3] Vgl. zu den Versicherungsarten im einzelnen: GUTTMANN, S. 179 ff.

b) Equipment Insurance – if not agreed to be taken out by the Client – covering loss or physical damage to all equipment, office furniture and equipment owned by the Consultant and insuring under „All Risks“ conditions with a limit not to exceed the actual value of the equipment.

The Client will be furnished with satisfactory evidence that the foregoing insurance is in effect and such evidence shall provide that the Client will be given written notice thirty (30) days prior to cancellation of such insurance. The cost of such insurance shall be borne by the Consultant.

2. *Insurance provided by the Client*

The Client, by himself, will provide and maintain at his own expense during the period of the performance of services

a) All Risk Insurance against loss or damage to the works or to the equipment arising from any cause whatsoever;

b) Third Party Liability Insurance;

c) Motor Vehicle Comprehensive Liability Insurance covering motor vehicles used by the Consultant and insurance against liability arising from injuries or death to persons and damage to property of others as required by law.[4]

Die Weltbank verpflichtet die von ihr beauftragten Consultants zum Abschluß folgender Versicherungen:

Section 2.09.

a) The Consultants shall take out and maintain insurance against loss of or damage to equipment purchases in whole or in part with founds provided under this Contract and against loss of or damage to their property, including papers and documents, necessary to the Services.

b) The Consultant shall take out and maintain full insurance against claims by third parties out of the Services[5].

In der Praxis können nahezu alle Risiken zum Gegenstand einer Versicherung gemacht werden. Der Abschluß von Versicherungen wird nur dort ausscheiden, wo ein Versicherungsschutz entweder überhaupt nicht zu erhalten oder mit unverhältnismäßig hohen Kosten verbunden ist. Dies ist der Fall, wo die auftretenden möglichen Risiken unkalkulierbar sind oder durch die Zusammenarbeit neue bislang unbekannte, vom Risiko nicht einschätzbare Technologien eingeführt werden sollen[6].

---

[4] KfW-Vertrag, Consulting Agreement, Art. VII.

[5] Vgl. IBRD, Contract for Consultant Services in: Steadman/Glenn, Vol II, 2.1 I 1 ff, Sec. 2.09.

[6] Srinivasan/Sasson in: Steadman/Glenn Vol I, 2.1 4.

2. *Abschlußpflicht und Kostentragung*

Neben der Festlegung der Versicherungsart enthält der Vertrag eine Regelung über die Frage, wer zum Abschluß der Versicherung verpflichtet ist und wer die Kosten (d. h. die Versicherungsprämien) zu tragen hat.

Ohne eine vertragliche Regelung der Kostentragung fallen die Versicherungsaufwendungen demjenigen zur Last, der das versicherte Risiko ohne den Abschluß einer Versicherung zu tragen hätte. Der Manager/Consultant trägt danach die Kosten für eine Versicherung seiner Haftungsrisiken; der Klient dagegen die Kosten für eine Sachversicherung des Projektes (z. B. gegen Feuer etc.).

Für den Fall, daß eine Partei ihrer Verpflichtung zum Abschluß einer Versicherung nicht nachkommt, wird zusätzlich die Vereinbarung in den Vertrag aufgenommen, nach der die nunmehr unversicherten Risiken die Partei treffen, die den Abschluß der entsprechenden Versicherung pflichtwidrig unterlassen hat[7]; so kann bei einer Haftungsfreizeichnung zugunsten des Managers/Consultants[8] die ursprüngliche Haftung wieder aufleben, wenn dieser es versäumt, entgegen der vertraglichen Vereinbarung für den Bereich der Haftungsfreizeichnung entsprechende Versicherungen abzuschließen (z. B. Haftung für Folgeschäden, Haftung über einen festgelegten Höchstbetrag).

II. Bürgschaften und Garantien

Eine weitere, in der Praxis des internationalen Wirtschaftsverkehrs weit verbreitete Form der Sicherung gegenseitiger Verpflichtungen aus dem Vertrag ist die Stellung von Bürgschaften und Garantien[9] (in Form der Bietungsgarantie, Liefer- oder Leistungsgarantie oder der Zahlungsgarantie)[10].

Verwandt werden derartige Garantien jedoch vorwiegend in Lieferverträgen oder im Anlagenbau[11], nicht dagegen bei der Erbringung geistiger Dienstleistungen wie dem Management- oder Consulting-Geschäft[12].

---

[7] UN-Centre of Transnational Corporations, Management Contracts, S. 103 ff.

[8] Dazu oben § 17, III.

[9] Dazu allg. HORN, Bürgschaften und Garantien.

[10] Zu den einzelnen Formen vgl.: v. WESTPHALEN, S. 31—50; PLEYER, WM Beilage Nr. 2/1973, S. 6.

[11] Zu Garantien im Rahmen eines Anlagenvertrages s. DÜNNWEBER, S. 87 ff, 94 f mwN.

[12] IBRD, Guidelines for the Use of Consultants, S. 37 f; GUTTMANN, S. 182.

Für Bietungsgarantien besteht kein Bedürfnis, da nicht ernst gemeinte Angebote in diesem Bereich wenig verbreitet sind[13]. Auch Performance-Garantien (Leistungsgarantien) sind wenig üblich, da das Vertrauen des Klienten in die ordnungsgemäße Leistungserbringung duch den Manager/Consultant in erster Linie durch dessen fachliche Qualifikation, nicht so sehr durch eine finanzielle Absicherung für den Fall der Nicht- oder Schlechterfüllung begründet wird. Darüber hinaus stellt die Stellung von Garantien durch den Manager/Consultant einen Kostenfaktor dar, der in die Entgeltberechnung einfließt und damit im Ergebnis vom Klienten zu tragen ist[14].

Dennoch sind in letzter Zeit in immer größerem Umfang besonders verhandlungsstarke Nachfrager nach Betriebsführungs- und Unternehmensberatungs-Dienstleistungen dazu übergegangen, den Vertragsschluß von der Erbringung einer Garantie für die Rückzahlung geleisteter Anzahlungen oder die ordnungsgemäße Vertragserfüllung abhängig zu machen[15].

Auch der Consulting-Vertrag der Kreditanstalt für Wiederaufbau sieht die Stellung einer „Advance Payment Guarantee" vor[16]. Der Klient hat eine Anzahlung zu leisten, zu deren Sicherung sich der Consultant verpflichtet, eine Garantie in entsprechender Höhe (bzw. eines bestimmten Prozentsatzes seiner Gesamtvergütung) zu stellen, die der Klient bei Ausbleiben der Leistung oder nicht ordnungsgemäßer Erfüllung in Anspruch nehmen kann.

Die Stellung von Garantien stellt für beide Parteien ein nicht unerhebliches Risiko dar. Dies gilt insbesondere für die Performance-Guaranty. Beim Management-/Consulting-Geschäft handelt es sich um intellektuelle Dienstleistungen. Deren Qualität und die Frage der ordnungsgemäßen Leistungserbringung ist häufig nur schwer zu beurteilen. Gerade bei Vertragspartnern aus der Dritten Welt fehlt vielfach die Möglichkeit, die Qualität dieser Dienstleistungen zu kontrollieren[17].

Die fehlende eigene Sachkompetenz fördert in nicht unerheblichem Umfang die Gefahr einer unbegründeten Inanspruchnahme und erhöht damit das finanzielle Risiko des Vertragspartners[18]. Im Interesse des

---

13 IBRD, Guidelines for the Use of Consultants, S. 37.

14 IBRD, Guidelines for the Use of Consultants, S. 38.

15 Guttmann, S. 182.

16 Vgl. den Consulting-Vertrag der KfW Annex E.

17 Guttmann, S. 182.

18 Die rechtlichen Verteidigungsmöglichkeiten gegen eine unberechtigte Inanspruchnahme sind nicht sehr umfangreich, vgl. Horn, IPrax 1981, S. 149 ff.

Managers/Consultants liegt daher eine Regelung, nach der eine Inanspruchnahme nicht auf bloßes erstes Anfordern[19] (on call) erfolgen kann, sondern von weiteren Voraussetzungen abhängig gemacht wird[20]. Ein relativ zuverlässiges Mittel, das die Gefahr einer unbegründeten Inanspruchnahme verringert, ist die Notwendigkeit der Beibringung eines Schiedsgutachtens oder Schiedsspruchs[21]. Zumindest ist aber eine Einschränkung der Möglichkeit einer Inanspruchnahme in der Weise zu empfehlen, daß vor Auszahlung des Betrages der Begünstigte eine Erklärung abzugeben hat, daß der Schaden eingetreten sei oder daß näher bezeichnete Voraussetzungen für den Eintritt der Garantie verpflichtung (Nichterfüllung oder nicht ordnungsgemäße Erfüllung) glaubhaft gemacht werden[22].

§ 19: Geheimnisschutz und Verwertungsrechte

Innerhalb der Beziehung zwischen Consultant/Klient bzw. Manager/Management-Nehmer kommt es zu einem umfangreichen Informationsaustausch. Hierbei handelt es sich um Informationen, bei denen beide Partner ein Interesse daran haben, daß der Vertragspartner die im Rahmen der Zusammenarbeit gewonnenen Informationen nicht an Dritte weitergibt oder die Informationen (Pläne, Entwürfe, EDV-Programme etc.) in unzulässiger Weise, d. h. in einer über den Vertragszweck hinausgehenden und von der vertraglichen Vereinbarung nicht gedeckten Form, verwertet und ausnutzt. Dies wirft in der Vertragspraxis Probleme des Geheimnisschutzes auf. Geheimhaltungsfragen tauchen in zwei Richtungen auf. Zum einen erlangt der Klient/Management-Nehmer im Rahmen der Zusammenarbeit spezifisches Know-how des Manager/Consultants. Hat dieser ein Interesse daran, daß sein Klient die erlangten Informationen nicht über die konkrete Zusammenarbeit hinaus verwertet, indem er die von ihm erarbeiteten Pläne oder Entwürfe gegen Entgelt weitergibt, muß er eine vertragliche Absicherung für diese Fälle vorsehen.

Das gleiche Schutzbedürfnis besteht in der anderen Richtung. Im Rahmen der Vertragsdurchführung gewinnt der Manager/Consultant

---

19 Dazu Horn, NJW 1980, 2153 ff; ders., Bürgschaften und Garantien, III, 3.
20 IBRD, Guidelines for the Use of Consultants, S. 38.
21 Zu Schiedsvereinbarungen s. unten, § 19 IV.
22 Horn, Bürgschaften und Garantien, III. 4.2.

Einblick in die Geschäftsgeheimnisse und Geschäftsunterlagen seines Klienten. Auch dieser muß sich vor einer unbefugten Weitergabe und Verwertung dieser Unterlagen durch seinen Vertragspartner absichern.

I. Know-how und Lizenzvereinbarungen

Stellt der Manager/Consultant seinem Klienten in der Zusammenarbeit geschütztes oder geheimhaltungsbedürftiges Wissen zur Verfügung, kann dies zum Gegenstand eines gesonderten Vertrages neben dem eigentlichen (Management- oder Consulting-) Vertrag gemacht werden[1].

In der internationalen Praxis haben sich für derartige Schutzrechts- oder Informationsüberlassungsverträge zwei besondere Vertragstypen herausgebildet. Dies sind der (Patent-) Lizenzvertrag[2] und der Know-how-Vertrag[3]. Sie unterscheiden sich hinsichtlich des Vertragsgegenstandes. Gegenstand des (Patent-) Lizenzvertrages ist die Einräumung von Benutzungs-, Herstellungs-, und/oder Vertriebsrechten an einem Patent, einem Gebrauchs- oder Geschmacksmuster oder an einem Warenzeichen[4]. Gegenstand des Lizenzvertrages sind alle Rechte, die nach dem jeweils maßgeblichen nationalen Recht Ausschließlichkeitscharakter haben, d. h. dem Inhaber des Rechts eine gegenüber jedermann wirkende Rechtsposition einräumen. Im Gegensatz dazu regelt der Know-how-Vertrag[5] nicht die Überlassung von Schutzrechten, die mit Ausschließlichkeitscharakter ausgestattet sind[6], sondern lediglich die Überlassung von betriebsinternen geheimhaltungsbedürftigen Daten und Unterlagen[7], die eines gegenüber jedem Dritten wirkenden absoluten Schutzes nicht fähig sind.

---

[1] UNIDO, Manual on the Use of Consultants, S. 27 f.

[2] Dazu etwa: Henn, Internationaler Patentlizenzvertrag; Langen, Lizenzverträge; Haver/Mailänder, Lizenzvergabe durch deutsche Unternehmen in das Ausland; Reithmann, S. 408 ff; Pfaff, in: Horn/Schmitthoff, Transnational Law, S. 199 ff.

[3] Für das deutsche Recht grundlegend dazu: Stumpf, Der Know-How-Vertrag, 1977; für den internationalen Bereich vgl.: Becker, Verträge der Exportwirtschaft, S. 200 ff; Denim, Le Contract de Know How, 1968; Kreuzer, Know-How-Verträge im deutschen internationalen Privatrecht, FS v. Caemmerer, S. 705 ff.

[4] Becker, S. 171 f.

[5] Zur Definition des Know-how s. Stumpf, S. 27.

[6] Böhme, S. 19 f.

[7] Stumpf, S. 25.

Ein solcher gesonderter Lizenz- oder Know-how-Vertrag neben dem eigentlichen Management-/Consulting-Vertrag, in dem nur die Form der Zusammenarbeit, das Ausmaß der beratenden Tätigkeit, die Vergütung und die Dauer des Einsatzes geregelt ist, enthält in der Regel eine Vereinbarung über den Gegenstand der Know-how- oder Schutzrechtsüberlassung, die für die Lizenz oder das Know-how zu zahlende Gebühr, den Umfang der Verwertungsrechte und die Dauer des Vertrages. Daneben werden Regelungen getroffen über eine Benutzungsverpflichtung, den gegenseitigen Informationsaustausch im Hinblick auf die mit der Verwertung gemachter Erfahrungen, Haftungsfragen sowie Kündigungsrechte[8]. Die gegenseitigen Rechte und Pflichten, die sich aus der Know-how- oder Schutzrechtsüberlassung ergeben, richten sich in diesen Fällen nach dem insoweit gesondert geschlossenen Vertrag. Auf eine ausführliche Darstellung dieser Verträge wird verzichtet. Es wird auf die hierzu umfangreich vorhandene Spezialliteratur verwiesen[9].

II. Vertragliche Geheimhaltungspflichten

1. *Geheimhaltungspflichten zu Lasten des Klienten*

Wird ein gesonderter Vertrag nicht geschlossen, sollte in den Management-/Consulting-Vertrag eine Geheimhaltungsbestimmung aufgenommen werden, soweit in der Zusammenarbeit Fragen von Verwertungsrechten und Geheimhaltungspflichten auftauchen können. Dies gilt insbesondere für das während der Zusammenarbeit durch den Manager/Consultant offenbarte Geheimwissen über das eingebrachte und dem Klienten offengelegte Know-how. Eine Geheimhaltungsklausel, die die Frage regelt, inwieweit der Vertragspartner zur Weitergabe der erlangten Informationen und Unterlagen befugt ist, kann etwa folgenden Wortlaut haben:

> The grantee undertakes to take all appropriate steps to prevent disclosure of the secret part of the Know-how. All documents received shall be treated by him as strictly confidential. He shall take all proper steps to prevent unauthorized use of the same by his personnel. Without the prior consent of the grantor,

---

[8] Becker, S. 199 f und 227.

[9] Stumpf, Der Know-how-Vertrag; Hawer/Mailänder, Lizenzvergabe durch Deutsche Unternehmen in das Ausland; Henn, Internationaler Patent-Lizenzvertrag.

he is not entitled to communicate the said documents, whether in their original form or in the form of copies or reproductions of any kind, to third parties, including subcontractors[10].

2. *Folgen einer Geheimnisverletzung*

Neben der Festlegung des Gegenstandes der Geheimhaltungspflichten ist eine Vereinbarung zu treffen über die Folgen, die sich aus einer Verletzung der Geheimhaltungspflicht ergeben. Ohne eine Vereinbarung richtet sich die Frage nach den Schadensersatzansprüchen oder sonstigen Möglichkeiten bei einer Verletzung von Geheimhaltungspflichten nach dem anwendbaren nationalen Recht[11]. Dies bietet nicht immer ausreichenden Schutz. Nach deutschem Recht ist Ausgangspunkt für die Frage, welche Folgen sich aus einer Verletzung von Geschäftsgeheimnissen ergeben, die Regelung der §§ 17, 19 UWG. Sie gewähren, ebenso wie Ansprüche aus positiver Vertragsverletzung oder §§ 823 ff BGB, Ersatz nur bei Nachweis eines konkreten Schadens. Dieser Nachweis ist in der Praxis nicht leicht zu führen. Wenn auch im deutschen Recht § 287 ZPO (Schadensschätzung) und die Rechtsprechung zur Schadensberechnung nach einer angemessenen Lizenzgebühr[12] beim Schadensnachweis Erleichterung bieten, ist in der vertraglichen Ausgestaltung die vorsorgliche Vereinbarung eines pauschalierten Schadensersatzes angebracht, um späteren Streitigkeiten oder beweisrechtlichen Schwierigkeiten zu entgehen. Da gleiche Probleme (ausreichende rechtliche Sanktionen für Geheimnisverletzungen und Probleme des Schadensnachweises) auch in anderen nationalen Rechten auftauchen, sollte der Vertrag, soweit eine oder beide Parteien ein Interesse an einer Geheimhaltung einzelner Informationen haben, eine Regelung über die Folgen einer Geheimnisverletzung enthalten (pauschalierter Schadensersatz bzw. Vertragsstrafe).

3. *Geheimhaltungspflichten zu Lasten des Managers/Consultants*

Ein Geheimhaltungsbedürfnis besteht nicht nur zugunsten des Managers/ Consultants, der das von ihm in die Zusammenarbeit eingebrachte Know-how vor einer Weitergabe an Dritte schützen will. Auch im umgekehrten Verhältnis besteht ein Intersse des Klienten, sicherzustellen,

---

10 Becker, S. 213.

11 Zum Schuldstatut des Lizenzvertrages: Reithmann, Rdn. 485; zum Know-how-Vertrag: Stumpf, Rdn. 12 ff.

12 BGHZ 20, 345 ff; Däubler, JUS 1969, S. 49 ff; vgl. auch § 97 I 2 UrhG.

daß sein Vertragspartner die bei der Zusammenarbeit gewonnenen Informationen, insbesondere Betriebs- und Geschäftsgeheimnisse, nicht unbefugt ausnutzt oder an Dritte weitergibt[13]. Dies gilt auch für eine Weitergabe steuerrechtlich oder sonst öffentlich-rechtlich relevanter Informationen an staatliche Stellen, deren Bekanntwerden den Klienten in nicht unerheblichem Umfang belasten könnte.

Eine Geheimhaltungspflicht zu Lasten des Managers/Consultants ergibt sich im Regelfall bereits aus dem Wesen des (Beratungs-)Vertrages. Zusätzlich kann der Manager/Consultant als Berater ebenso wie andere beratende Berufsgruppen (Rechtsanwälte, Steuerberater etc.) aufgrund der für ihn geltenden Standesrichtlinien ohne besondere Vereinbarung zur Geheimniswahrung verpflichtet sein[14]. Eine Geheimhaltungspflicht sollte aber zur Klarstellung in den Vertrag aufgenommen werden. Darüber hinaus empfiehlt sich für eine mögliche Verletzung von Geheimhaltungspflichten auch im Verhältnis vom Klienten zum Manager/Consultant die Vereinbarung einer Schadensersatzregelung. Hierbei ist zur Vermeidung späterer Zweifelsfragen eine Pauschalierung der Schadensberechnung angebracht.

4. *Exkurs: Vertragliche Verwertungsrechte*

Eine mit dem Problem des Geheimnisschutzes eng zusammenhängende Frage ist die der Verwertungsrechte für die während der Zusammenarbeit erbrachten Arbeitsergebnisse. Hierzu gehören Pläne, Entwürfe, Studien, EDV-Programme oder ähnliche Leistungen. Soweit sie keiner besonderen Geheimhaltungspflicht unterliegen, taucht die Frage auf, welcher der Vertragspartner berechtigt ist, sie über den konkreten Vertragszweck hinaus zu verwerten[15]. Dies kann der Fall sein, wenn der Klient in seinem Auftrag erarbeitete Computer-Software an andere Unternehmen verkaufen oder vom Manager/Consultant vorgelegte Pläne oder Entwürfe anderen Unternehmen gegen Entgelt zugänglich machen will.

Ohne eine ausdrückliche vertragliche Vereinbarung hängt die Zulässigkeit der weiteren Benutzung davon ab, wem nach Vertragsbeendigung die Verwertungsrechte an den erbrachten Leistungen[16] zustehen. Handelt es sich bei den erbrachten Arbeitsergebnissen um urheberrechtlich ge-

---

[13] International Labour Office, Management Consulting, S. 48.

[14] Zur Bedeutung von Standesrichtlinien in der vertraglichen Zusammenarbeit vgl. oben § 12, VI.

[15] LEWENTON/SCHNITZER, S. 77 ff.

[16] KIRCHNER, BB 1971, S. 67 (68); LEWENTON/SCHNITZER, S. 77 f.

schützte Leistungen, wie bei Plänen eines Architekten, steht das weitere Verwertungsrecht dem Hersteller dieser Pläne als Urheberrecht zu. Dies bedeutet, daß eine weitere, d. h. über den Vertragszweck hinausgehende Verwertung durch den Vertragspartner unzulässig ist; zumindest aber einen zusätzlichen Vergütungsanspruch auslöst. Ist die Leistung des Managers/Consultants urheberrechtlich nicht geschützt, weil ihr wie bei technischen Zeichnungen, Berechnungen usw. häufig, nicht die hierfür notwendige Eigenschaft als persönlich-geistige Schöpfung zugebilligt werden kann[17] steht das weitere Verwertungsrecht dem Klienten zu. Er ist ohne eine zusätzliche Vergütung zur Weitergabe der erbrachten Leistungen (Pläne, Studien, Programme etc.) und zur weiteren Verwertung für eigene Zwecke berechtigt. Er kann nach Beendigung der Zusammenarbeit die erbrachten Leistungen an Dritte gegen Entgelt weitergeben. Eine vertragliche Vereinbarung im Hinblick auf die Verwertungsrechte ist jedoch angebracht. Dies besonders deshalb, weil die Frage, ob eine Leistung urheberrechtlich geschützt ist oft nur schwer zu beantworten ist und darüber hinaus einzelne Rechtsordnungen hier erhebliche Unterschiede aufweisen.

Eine Vereinbarung, die dem Manager/Consultant alle Rechte an den von ihm erbrachten Leistungen vorbehält, kann etwa folgenden Inhalt haben:

> The documents and materials drafted by the grantor remain the exclusive property of the grantor. The grantee shall not, without the prior consent of the grantor, transfer them of any other person, and the grantee's successors and assigns shall have no rights whatsoever over the said documents. These shall be returned to the grantor on the expiration of this Agreement, and the grantee shall not be entitled to keep copies or other reproductions of them.

Umgekehrt ist eine entsprechende Regelung möglich, nach der bei Vertragsbeendigung alle während der Zusammenarbeit erstellten Pläne, Unterlagen etc. dem Klienten zustehen und seiner weiteren Verfügung unterliegen.

III. Vorvertrag

Häufig ist es bereits im Verhandlungsstadium der Management-/Consulting-Verträge notwendig, geheimhaltungsbedürftige Fakten und schutzwürdiges Wissen offenzulegen. Ohne eine solche Offenlegung können

---

17 FROMM/NORDEMANN, Urheberrecht, § 2 Anm. 16; KIRCHNER, BB 1971, S. 67 (68).

sinnvolle Verhandlungen nicht geführt werden. In diesen Fällen ist es notwendig, vor Beginn der Vertragsverhandlungen einen Vorvertrag zu schließen. Gegenstand dieses Vertrages ist die Verpflichtung der Parteien, die im Rahmen der Verhandlungen erlangten Kenntnisse über den Geschäftspartner weder an Dritte weiterzugeben noch für eigene Zwecke auszunutzen. Angebracht ist dabei gleichzeitig eine Regelung der Folgen einer Verletzung dieser Geheimhaltungspflichten — in Form von pauschalierten Schadensersatzansprüchen oder Vertragsstrafeversprechen.

§ 20: Vertragsanpassung und Konfliktbeilegung

I. Flexibilität der Vertragsbeziehungen

Management- und Consulting-Vereinbarungen sind langfristige Verträge (Long term contracts, contracts á long terme)[1]. Dies gilt uneingeschränkt für den Management-Vertrag: trifft aber meist auch auf den Consulting-Vertrag zu. Der Consulting-Vertrag hat zwar im Gegensatz zum Management-Vertrag keine dauernde Zusammenarbeit, sondern nur eine einmalige Beratungs-, Unterstützungs- oder Ausbildungsaufgabe zum Inhalt. Zeiträume einer vertraglichen Zusammenarbeit von mehr als einem Jahr sind aber auch im Consulting-Geschäft keine Seltenheit. Aus dieser Eigenart der Verträge ergeben sich spezifische Probleme für ihre Abwicklung. Häufig kann die Vertragsdurchführung nicht in allen Einzelheiten vorausbestimmt werden[2]. Die Parteien sind gezwungen, einzelne regelungsbedürftige Fragen bei Abschluß des Vertrages offen zu lassen.

Ein weiteres Problem ist die im Verhältnis zu kurzfristigen Lieferverträgen wesentlich höhere Störanfälligkeit. Die besondere Störanfälligkeit ergibt sich einmal zeitproportional aus der Laufzeit der Verträge, aus der Komplexität des Vertragsgegenstandes und schließlich aus der im internationalen Verkehr gesteigerten Anfälligkeit gegenüber einer Veränderung äußerer Umstände, etwa einer Fluktuation der Weltmarktpreise, Wechselkursschwankungen oder auch politischen Krisen[3]. Hinzu kommen Probleme, die sich aus einer Änderung der technischen Möglichkeiten und allgemeinen politischen und wirtschaftlichen Rahmenbedingun-

---

[1] Zur typischen Vertragsdauer vgl. oben § 7 I u. § 15 I; NIKLISCH, RIW 1978, S. 634; OPPETIT, Rev. Arb. 1976, S. 91 ff.

[2] WEICK, FS Coing, Bd II, S. 543 f.

[3] HORN, Anpassung langfristiger Verträge, S. 9.

gen ergeben können[4]. Da die Vertragspartner im Rahmen eines Managements-/Consulting-Vertrages oft so stark miteinander verbunden sind, daß ein Scheitern der Zusammenarbeit für beide Seiten mit erheblichen wirtschaftlichen Nachteilen verbunden wäre, vereinbaren sie von vornherein ein System von Anpassungs- und Konfliktvermeidungs- bzw. Konfliktbeilegungsregeln[5].

Anpassungsregeln dienen der Ausfüllung offengelassener Punkte bzw. der Berücksichtigung sich ändernder äußerer Umstände (unten II.). Ist eine Anpassung nicht möglich und scheitern auch Versuche einer Neuverhandlung (unten III.), bleibt nur die Anrufung eines (Schieds-) Gerichts (unten IV.).

II. Vertragliche Anpassungsklauseln

1. Gegenstand der Anpassungsregelung

Können die Parteien wegen des Umfangs oder der Komplexität des geführten Unternehmens bzw. der übernommenen Aufgaben, aber auch wegen nicht voraussehbarer Entwicklungen nicht alle Einzelheiten der vertraglichen Leistungspflichten bei Vertragsschluß vorhersehen, lassen sie diese Fragen offen und überlassen die spätere Leistungsbestimmung einer Anpassungsregelung.

In den untersuchten Verträgen finden sich diese Klauseltypen besonders häufig bei der Festlegung der zu zahlenden Vergütung, des Personaleinsatzes und der Ausbildungsleistungen. Zu Beginn der Zusammenarbeit läßt sich nicht genau bestimmen, welche Kapazitäten ein in Aussicht genommenes Projekt erreicht. Damit ist auch der Personalbedarf nicht exakt planbar. Die Entscheidung hierüber kann bei Vertragsabschluß nur offen gelassen werden und der späteren Konkretisierung überlassen bleiben. Gleiches gilt für die Ausbildungsaufgaben; insbesondere bei einem allgemein niedrigen Ausbildungsniveau, wie es in Ländern der Dritten Welt häufig ist, läßt sich nur schwer voraussagen, welche Ausbildungsmaßnahmen im einzelnen erforderlich sind. Eine exakte Festlegung ist nicht möglich und es können nur Rahmenvereinbarungen getroffen werden. Die spätere Festlegung muß aufgrund der konkreten Notwendigkeiten erfolgen.

---

[4] Weick, FS Coing, Bd II, S. 544.

[5] Zeiger, Management-Vertrag, S. 64; Von den vom UN-Centre on Transnational Corporations untersuchten Verträgen enthalten nur 2 von über 30 Verträgen keine Regelungen über eine Konfliktbeilegung; zum System von Anpassung- und Konfliktbeilegungsregeln s. Weick, FS Coing, Bd II, S. 557 f.

2. *Klauseltypen*

Eine vertraglich vorgesehene Anpassung des Vertrages an geänderte äußere Umstände wird ermöglicht durch eine Automatikklausel[6] oder durch eine Anpassung aufgrund von Leistungsbestimmungsrechten einer Partei[7]. Bei einer Automatikklausel werden die gegenseitigen Verpflichtungen aus dem Vertrag den geänderten äußeren Umständen angepaßt, ohne daß es einer zusätzlichen Handlung der Parteien bedarf. Das Anpassungsprogramm ist im Vertrag vollständig festgelegt[8] (beispielsweise in einer Kostenelementsklausel, nach der das zu zahlende Entgelt abhängig ist von den dem Manager/Consultant entstehenden Personalkosten). Zu den Automatikklauseln gehören etwa Sicherungs-(Preis-)klauseln, bei denen die Höhe einer Geldleistungspflicht ohne weitere Verhandlungen an festgesetzte Maßstäbe (Inflationsrate, Lohnkostenniveau, Goldpreis, etc.) geknüpft ist.

In vielen Bereichen ist eine automatische Anpassung der Leistungsverpflichtungen nicht möglich. Dies gilt insbesondere im Bereich des Personaleinsatzes und der Ausbildungsleistungen. Objektive Maßstäbe, die eine Anpassung ermöglichen, existieren nicht. Hier kann die Leistungsbestimmung nur den Parteien überlassen bleiben. Bei der Festlegung des Ausbildungsprogramms kommt hierfür aufgrund der größeren Sachkunde nur der Manager/Consultant in Betracht.

Von besonderer Bedeutung für die Vertragsanpassung ist das nach Kollisionsrecht auf den Vertrag anwendbare nationale Recht. Zum einen entscheidet dies Recht über die Zulässigkeit und Auslegung der Anpassungsklausel. Darüber hinaus haben die Gerichte in den einzelnen Rechtsordnungen Auslegungsmaßstäbe und Anforderungen an die Präzision solcher Klauseln entwickelt und schließlich entscheidet das anwendbare Recht für die Bestimmung der Rechtsfolgen der Klausel[9].

III. Neuverhandlungsklauseln[10]

Betrachtet es eine Partei als zu risikoreich, die Leistungsbestimmung dem Ermessen des Vertragspartners zu überlassen, bleibt nur die Begrün-

---

[6] Horn, Anpassung langfristiger Verträge, S. 16 f.

[7] Zu Standardanpassungsklauseln in internationalen Verträgen s. Horn, Adaptation, S. 111 ff.

[8] Horn, NJW 1985, S. 1118 (1119).

[9] Zum Vorstehenden vgl. Horn, Anpassung langfristiger Verträge, S. 37 f.

[10] UN-Centre on Transnational Corporations, Management Contracts, S. 131 f; Zur Neuverhandlungspflicht allgemein vgl. Horn, AcP 181 (1981), S. 255 ff.

dung einer Neuverhandlungspflicht. Neuverhandlungspflichten tauchen in zwei verschiedenen Richtungen auf. Zum einen werden Neuverhandlungspflichten vorgesehen zur Vertragsanpassung. Die Leistungsbestimmung kann in diesen Fällen nicht durch eine Partei erfolgen; es ist ein gegenseitiges Einvernehmen erforderlich. Eine weitere Gruppe von Klauseln macht die Neuverhandlung zur Voraussetzung der Anrufung eines Gerichtes oder Schiedsgerichts. Ohne den vorherigen Versuch einer gütlichen Einigung ist die Anrufung des (Schieds-)Gerichtes unzulässig.

1. Neuverhandlung zur Vertragsanpassung

Neuverhandlungsklauseln zur Vertragsanpassung haben zwei Anwendungsbereiche. Sie beziehen sich zum einen auf eine Veränderung äußerer Umstände, die sich auf das vertraglich vorausgesetzte Äquivalent von Leistung und Gegenleistung auswirken[11]. Dies sind etwa eine nachhaltige Änderung von Rohstoffpreisen, Wechselkursschwankungen oder nicht voraussehbare Zinsentwicklungen oder Inflationsraten. Die Neuverhandlungspflicht betrifft hier die Neufestsetzung einer Geldleistung, die fortlaufend geschuldet wird[12]. Eine derartige Klausel empfiehlt sich für die Berechnung des vom Klienten zu zahlenden Entgeltes. Soweit nicht eine Berechnung der Vergütung nach dem Kosten-Plus-System[13] vereinbart ist, kann sich eine Änderung der Wechselkurse oder eine nicht vorausgesehene Inflationsrate nachhaltig auf die Gewinnsituation des Managers/Consultants auswirken.

Veränderte Umstände können nicht nur die Leistungsäquivalenz beeinflussen, sondern auch in anderer Weise das vorgesehene Programm der Zusammenarbeit so verändern, daß die Vertragsdurchführung in der ursprünglich vorgesehenen Form nicht mehr möglich oder zumindest erheblich erschwert ist[14]. Gerade bei Großprojekten, die eine Laufzeit über mehrere Jahre haben, ist dies vielfach der Fall. Um hier ein Scheitern der Zusammenarbeit zu vermeiden, sind die Parteien gezwungen, ein Programm zu vereinbaren, das einer Änderung äußerer Umstände Rechnung trägt.

---

[11] Horn, AcP 181 (1981), S. 255 (257).

[12] Bilda, Anpassungklauseln in Verträgen, S. 99 ff; Horn, Anpassung langfristiger Verträge, S. 68 ff.

[13] Dazu oben 6 I 2 u. § 13 I 1 d.

[14] Häufig sind diese Probleme Inhalt einer sog. „Hardship"-Klausel, dazu Horn, AcP 181 (1981), S. 261; Böckstiegel in: Horn, Adaptation, S. 159 ff.

2. *Inhalt und Durchsetzung*[15]

Eine schlichte Klausel, nach der die Parteien zur Neuverhandlung verpflichtet sind, ohne daß eine Regelung über den Inhalt der Neuverhandlungspflicht getroffen wird, ist nicht ausreichend[16]. Eine Neuverhandlungsklausel muß Regelungen über das Anpassungsziel und den Anpassungsmaßstab enthalten. Vielfach kann zwar eine Konkretisierung der Anpassungsklausel schon aus dem bestehenden Vertrag selbst, aus den relevanten Ereignissen und schließlich aus den internationalen Rechtsanschauungen über eine faire Risikoverteilung gewonnen werden[17]; die Festlegung eines Anpassungsprogramms bietet jedoch eher die Gewähr, daß die Neuverhandlungen zu einem für beide Parteien annehmbaren Ergebnis führen. Regelungsbedürftig ist zusätzlich die Durchsetzung der Neuverhandlungspflicht. Es fehlt im Regelfall an ausreichenden Sanktionen im Falle ihrer Verletzung. Wirkungsvollste Möglichkeit ist häufig nur die Vereinbarung, daß bei einem Scheitern der Verhandlungen ein Dritter (Schiedsrichter) die Vertragsanpassung vorzunehmen hat.

3. *Verhandlungspflicht vor Anrufung eines Schiedsgerichts*

Neben der Vertragsanpassung werden Neuverhandlungen als Voraussetzung für die Durchführung eines gerichtlichen (meist schiedsgerichtlichen) Verfahrens vorgesehen. Ein Drittel der vom United Nation Centre on Transnational Corporations untersuchten Management-Verträge enthalten eine derartige Vereinbarung[18]. Gleiches gilt für Consulting-Verträge[19]. Bevor ein zeitaufwendiges, kostspieliges und mit unge-

---

[15] Für die Durchführung wird häufig eine internationale Verfahrensordnung zugrunde gelegt; vgl. etwa Mezger, The ICC Rules for the Adaptation of Contracts, S. 203 ff; Herrmann, The UNCITRAL Conciliation Rules: An Aid also in Contract Adaptation and Performance Facilitation, S. 217 ff; Marcantonio, ICSID as a Forum for the Renegotiation and Adaptation of Contracts, S. 235 ff; alle in: Horn, Adaptation.

[16] Zu weiteren, im Rahmen der Neuverhandlungspflicht auftauchenden Fragen, etwa der Frage nach der Durchführung der Neuverhandlung oder den Sanktionen bei ihrer Verletzung, auf die hier nicht näher eingegangen wird, vgl. Horn, AcP 181 (1981) S. 282 ff; ders., Anpassung langfristiger Verträge, S. 68 ff.

[17] Horn, Anpassung langfristiger Verträge, S. 69.

[18] UN-Centre on Transnational Corporations, Management Contracts, S. 131.

[19] Vgl. etwa KfW Consulting Agreement, Art. VIII; IBRD, Contract for Consultants Services, Art. VI, Sec. 8.01.

wissem Ausgang verbundenes schiedsgerichtliches Verfahren durchgeführt wird, sind die Parteien verpflichtet, den Versuch einer gütlichen Einigung zu unternehmen. Wie auch bei Neuverhandlungsklauseln zur Vertragsanpassung besteht die Schwierigkeit in der Festlegung des Inhaltes der Neuverhandlungspflicht. Die meisten Verträge sind vage formuliert und sprechen nur von „mutual confidence" oder „good Faith endeavor", bzw. beschränken die Zulässigkeit eines schiedsgerichtlichen Verfahrens auf Fälle „which the parties have not been able to settle amicably"[20]. Um diese Klauseln nicht leerlaufen zu lassen, wird neben der Pflicht zur Neuverhandlung eine Frist festgelegt, vor deren Ablauf die Anrufung eines Schiedsgerichtes unzulässig ist. Eine solche Klausel hat etwa folgenden Inhalt:

> „If within one month following the day on which either party shall have formaly given notice of the dispute in writing the attempt at conciliation has not produced the desired result, then the dispute shall be settled by arbitration"[21].

IV. Schiedsverfahren

Scheitern sämtliche Versuche einer einvernehmlichen Konfliktbeseitigung, bleibt nur die Durchführung eines Schiedsverfahrens. Schiedsklauseln sind im Bereich der hier untersuchten Management- und Consulting-Verträge weit verbreitet[22]. Als Schiedsverfahren in einem weiteren Sinn sind alle Verfahren zu verstehen, in denen die Parteien die für ihr Rechtsverhältnis entscheidenden Fragen dritten Personen übertragen, die nicht staatliche Gerichtsbarkeit ausüben[23].

Es ist zwischen zwei grundsätzlichen Formen des Schiedsverfahrens zu differenzieren. Das eine ist das schiedsgerichtliche Verfahren im engeren Sinne, das dem Prozeßrecht unterstellt ist; das andere ist das Schiedsgutachterverfahren, das allein durch den Vertrag der Parteien geregelt und inhaltlich bestimmt wird[24]. Im deutschen Recht ergibt sich

---

20 Vgl. dazu UN-Centre on Transnational Corporations, Management Contracts, S. 131.

21 UN-Centre on Transnational Corporations, Management Contracts, S. 132.

22 UN-Centre on Transnational Corporations, Management Contracts, S. 127; UNIDO, Manual on the Use of Consultants, S. 41.

23 Horn, Anpassung langfristiger Verträge, S. 53; Nicklisch, RIW 1976, S. 636 f; vgl. auch Schütze/Tscherning/Wais, Handbuch des Schiedsverfahrens, Rdn. 35 ff mwN.

24 Horn, Anpassung langfristiger Verträge, S. 53.

diese Unterscheidung aus einer Gegenüberstellung §§ 317 bis 319 BGB einerseits und den §§ 1025 ff ZPO anderseits. Vergleichbare Differenzierungen finden sich auch im englischen[25] und französischen[26] Recht.

1. Schiedsgutachter

Das Schiedsgutachten kann der Vertragsgestaltung dienen (Schiedsgutachten im weiteren Sinne); es kann auch eine Feststellung von Tatsachen betreffen (Schiedsgutachten im eigentlichen Sinn)[27].

Das vertragsgestaltende Gutachten dient der Lückenausfüllung, Vertragsergänzung und Vertragsanpassung an veränderte Umstände. Rechtsdogmatisch handelt es sich um eine Leistungsbestimmung durch einen Dritten i. S. d. §§ 317 ff BGB[28]. Im Management-/Consulting Vertrag bietet sich eine Einschaltung von Schiedsgutachtern zur Vertragsgestaltung insbesondere dort an, wo eine exakte Leistungsbestimmung bei Vertragsschluß nicht getroffen werden kann, die Parteien aber davor zögern, die Regelung der offenen Frage in die Hand nur einer Partei zu legen. Dies gilt bei der Vergütungsfestlegung, der inhaltlichen Bestimmung der Ausbildungsaufgaben oder der Frage des Personaleinsatzes und insbesondere beim Management-Vertrag für den Zeitpunkt der Rückübertragung der Geschäftsführungsbefugnisse.

Von der Leistungsbestimmung durch einen Dritten läßt sich (dogmatisch) die Aufgabe eines Dritten unterscheiden, objektiv gegebene Leistungsinhalte aufgrund bestimmter Sachkunde festzustellen (feststellendes Schiesgutachten). In der Praxis ist die Differenzierung zwischen feststellendem und gestaltendem Gutachten jedoch fließend[29]. Ob der Schiedsgutachter die zu zahlende Vergütung festlegt, indem er aufgrund einer eigenen Kostenberechnung die Höhe bestimmt (gestaltendes Gutachten in Form der Leistungsbestimmung) oder er nur die für die

---

[25] BGHZ 6, 335 (338); 48, 25 (27); Weick, FS Coing, Bd II, S. 551; Glossner, Das Schiedsgericht in der Praxis, S. 117; Schwab, Schiedsgerichtsbarkeit, S. 6.

[26] Arenson v. Canon Beckmann, Rathey & Co. (1975) 3 W. L. R. 815; Halsbury, Laws of England, 4th ed. „Arbitration" No. 504; Russel-Walton, Law of Arbitration, 19th ed., S. 58 ff.

[27] Zu dieser Differenzierung vgl. Nicklisch, RIW 1978, S. 636 ff mwN; zur Differenzierung im Rahmen eines Anlagenlieferungsvertrages s. auch Dünnweber, S. 155.

[28] Verwandte Rechtsinstitute finden sich auch in anderen Rechten, vgl. etwa Art. 1592 franz. Code Cicil; Art. 1349 ital. CC.

[29] Nicklisch, RIW 1978, S. 637 f.

Kostenberechnung zulässigen Kostenfaktoren ermittelt (feststellendes Gutachten) und den Parteien auf Grundlage der ermittelten Kostenfaktoren die Berechnung der Entgelthöhe selbst überläßt, bedeutet in der Wirkung des Gutachtens keinen Unterschied.

Große Bedeutung gewinnt das Schiedsgutachten zur Tatsachenermittlung im Bereich der vertraglichen Haftungsregelung[30]. Hier wird vielfach die Feststellung der Frage, in welcher Höhe ein Schaden entstanden ist und inwieweit er auf eine Vertragsverletzung einer der Parteien zurückzuführen ist, der Bestimmung durch einen Dritten überlassen. Gerade im Baubereich kann eine schnelle Entscheidung notwendig sein, wenn mit zunehmendem Baufortschritt die Grundlagen für eine etwaige Haftung nicht mehr zu ermitteln sind.

2. *Schiedsgerichte*

Scheitern alle Versuche einer einvernehmlichen Konfliktbeteiligung, bleibt nur die Streitentscheidung durch ein Gericht. Fast alle Management-Verträge enthalten hier die Vereinbarung, daß für eine Streitentscheidung ein näher bezeichnetes Schiedsgericht zuständig sein soll. Bei einer Auswahl von 32 Verträgen, die einer Untersuchung der United Nations zugrunde lagen, enthielten nur zwei der Verträge keine Schiedsklausel[31]. Das gleiche gilt für das Consulting-Geschäft. Die internationalen Vertragsmuster sehen für die Konfliktbeilegung durchweg die Einschaltung eines Schiedsgerichtes vor[32].

Die Vorteile, die in der Einschaltung eines Schiedsgerichts im Gegensatz zur Streitentscheidung durch staatliche Gerichte liegen, sind vor allem folgende:

- Schnelligkeit[33]
- geringe Kosten[34]

---

[30] Dazu oben § 17 II.

[31] UN-Centre on Transnational Corporations, Management Contracts, S. 127.

[32] Vgl. etwa IBRD, Contract for Consultant Services, Art. VI, Sec. 6.02; KfW, Consulting Agreement, Art. VIII; FIDIC, IGRA 1980 PM, IGRA 1979 D + S, IGRA 1979 P. I., Clause 2.6.1.

[33] Ehrenhaft, Law & Policy Int. Bus. 1977, 1191 (1192); Zeiger, Management Vertrag, S. 64; Schütze/Tscherning/Wais, Rdn. 4.

[34] Nicklisch, RIW 1978, S. 633; Glossner, S. 18f; Rosenberg/Schwab, § 173 II 1; Schütze/Tscherning/Wais, Rdn. 9ff.

– größere Sachkunde[35]
– fehlende Öffentlichkeit[36]
– Vertrauen in unabhängige Schiedsgerichte[37].

3. Arten von Schiedsverfahren

Die Art und Weise der Bildung des Schiedsgerichts wird durch die vertragliche Schiedsklausel festgelegt. Der internationale Wirtschaftsverkehr differenziert zwischen zwei Arten von Schiedsgerichten; den sogenannten ständigen (institutionellen) und den ad hoc-Schiedsgerichten[38]. Die Unterschiede liegen in zwei Kriterien.

Dies ist zum einen die Bestellung der Schiedsrichter[39]. Beim ad hoc-Schiedsgericht werden die Schiedsrichter für einen konkreten Streitfall von den Parteien bestimmt bzw. nach einem vorher festgelegten Verfahren ermittelt. Institutionelle (= ständige) Schiedsgerichte sind dagegen „vorfabrizierte"[40] Gerichte, d. h. Gerichte mit einer festen Organisation (Sekretariat, Verwaltung, etc.).

Der zweite Unterschied liegt im Einfluß der Parteien auf die Verfahrensordnung. Während beim ständigen Schiedsgericht diese Ordnung festliegt, unterliegt beim ad hoc Schiedsgericht der Verfahrensablauf der Parteidisposition[41]. Dies schließt nicht aus, daß sich die Parteien einer internationalen Musterschiedsordnung, wie der Schiedsordnung der Wirtschaftskommission der Vereinten Nationen für Europa (ECE-Schiedsordnung)[42] oder der UNCITRAL-Schiedsordnung[43] unterwer-

---

35 Böckstiegel, NJW 1981, S. 1862 (1863); Nicklisch, RIW 1978, S. 633; Schütze/Tscherning/Wais, Rdn. 3.

36 Dünnweber, S. 159; Nicklisch, RIW 1978, S. 633; Schütze/Tscherning/Wais, Rdn. 17.

37 Böckstiegel, RIW 1979, S. 161; Zeiger, Management Vertrag, S. 64; Rosenberg/Schwab, § 173, II, 1.

38 Zur Unterscheidung zwischen ad hoc und institutionellem Schiedsgericht vgl. Schütze/Tscherning/Wais, Rdn. 25 ff.

39 Schütze/Tscherning/Wais, Rdn. 26.

40 So der Ausdruck von Gentinetta, Die lex fori internationaler Handelsschiedsgerichte, S. 36.

41 Schütze/Tscherning/Wais, Rdn. 26 f.

42 Dazu u. a. Arnold, AWD 1967, S. 179 ff; Cohn, I. Comp. L. Q. (1967), S. 946 ff; Hellwig, RIW 1984, S. 421 (425).

43 Text abgedruckt bei: Bundesstelle für Außenhandelsinformationen, Rechtsinformationen Nr. 100; vgl. auch Glossner, RiW 1978, S. 141 ff; Pirrung,

fen. Diese Schiedsordnungen legen lediglich den Verfahrensablauf fest, schaffen aber kein institutionelles Schiedsgericht.

Zu den Schiedsgerichten, deren Schiedsgerichtsbarkeit in der Praxis am meisten vereinbart wird[44], gehört das Schiedsgericht der internationalen Handelskammer (ICC) in Paris[45]. Das Schiedsgericht der ICC verfügt über eine Verfahrensordnung, die von den Parteien vereinbart werden kann. Auf Wunsch der Parteien schlägt die ICC die Schiedsrichter für ein Verfahren aus einer Liste vor. In den vom United Nations-Centre on Transnational Corporations untersuchten Management-Verträgen enthalten über die Hälfte der Verträge eine Zuständigkeitsvereinbarung zugunsten dieses Gerichts[46]. Auch im Bereich des Consulting-Geschäftes verweisen viele Musterverträge auf diese Schiedsordnung[47]. Zu weiteren häufig vereinbarten Schiedsordnungen gehören das

- „Übereinkommen zur Beilegung von Investitionsstreitigkeiten zwischen Staaten und Angehörigen anderer Staaten" der Weltbank (ICSID),[48]
- die Schiedsordnung der American Arbitration Association (AAA),[49]
- die Schiedsordnung des Schiedsgerichts der Züricher Handelskammer,[50]

RIW 1977, S. 513 ff; Rauh, Die Schieds- und Schlichtungsordnungen der UNCITRAL, 1983.

[44] Zeiger, Der Management Vertrag, S. 65; UN-Centre on Transnational Corporations, Management Contracts, S. 127.

[45] Text bei Schlosser, Das Recht der internationalen privaten Schiedsgerichtsbarkeit, Bd II, S. 163 ff; vgl. auch Cohn/Domke/Eisemann (Hrsg.), Handbook of Institutional Arbitration in international Trade, S. 17—31; Böckstiegel, NJW 1977, S. 463 ff; Glossner, FS Luther, S. 85 ff.

[46] UN-Centre on Transnational Corporations, Management Contracts, S. 127.

[47] IBRD, Contract for Consultants Services, Art. VI, Sec. 6.01; KfW, Consulting Agreement, Art. VIII; vgl. auch UNIDO, Manual on the Use of Consultants, S. 41.

[48] Text bei: Delaume, Transnational Contracts — Applicable Law and Settlement of Disputes, Bd 4 App. II, S. 23 ff; vgl. auch Langer, AWD 1972, S. 321 ff; Fischer, VRÜ 1968, S. 262 ff.

[49] Text bei: Schütze/Tscherning/Wais, S. 650 ff; vgl. auch Holtzmann, Länderbericht United States, in: Yearbook Commercial Arbitration, II (1977), S. 116—140 u. IX (1984), S. 60—63; Cohn/Domke/Eisemann, S. 249—271; Schütze/Tscherning/Wais, Rdn. 874 ff.

[50] Text bei: Schütze/Tscherning/Wais, S. 624 ff; vgl. auch Bachmann in: Cohn/Domke/Eisemann, aaO, S. 203—223; Bucher in: Böckstiegel (Hrsg.), Die internationale Schiedsgerichtsbarkeit in der Schweiz, S. 1—32; Schütze/Tscherning/Wais, Rdn. 829 ff.

– die Schiedsordnung des Schiedsgerichts der Stockholmer Handelskammer,[51]
– die Schiedsgerichtsbarkeit des London Court of International Arbitration.[52]

4. *Inhalt der Schiedsklausel*

Mit der Festlegung eines Schiedsgerichts oder der maßgeblichen Schiedsordnung ist die Schiedsklausel nicht vollständig. Nahezu alle Schiedsordnungen enthalten eine Reihe offener Punkte, über die die Parteien eine ausdrückliche Regelung treffen müssen. Dazu gehören die Anzahl der Schiedsrichter, der Ort an dem das Verfahren stattfinden soll, die Gerichtssprache sowie das anzuwendende Recht (Verfahrensrecht und materielles Recht)[53]. Insbesondere der Auswahl der Schiedsrichter kommt eine besondere Bedeutung zu, da von der Besetzung des Schiedsgerichts in vielen Fällen auch die materielle Entscheidung abhängig ist. Gerade bei der Vereinbarung eines „ad hoc"-Schiedsgerichts messen die Parteien diesem Punkt besonderes Gewicht bei[54]. Um eine möglichst sachgerechte Entscheidung zu erreichen, wird vielfach die Abrede getroffen, daß der/die Schiedsrichter bestimmte Anforderungen erfüllen müssen (z. B. über Kenntnisse in der betreffenden Branche verfügen muß). Häufig wird vorgesehen, daß bestimmte Personen vom Richteramt ausgeschlossen sind; etwa diejenigen, die ein eigenes wirtschaftliches Interesse am Ausgang des Verfahrens haben, in der betreffenden Branche wirtschaftliche Interessen verfolgen oder die gleiche Nationalität besitzen wie einer der Verfahrensbeteiligten[55].

---

51 Text bei Schütze/Tscherning/Wais, S. 632 ff; vgl. dazu Hjerner in: Cohn/Domke/Eisemann, S. 187–201; Stockholm Chamber of Commerce, (Hrsg.), Arbitration in Sweden; Schütze/Tscherning/Wais, Rdn. 829 ff.

52 Text bei Schütze/Tscherning/Wais, S. 644 ff; vgl. dazu Goltz, RIW 1983, S. 257 ff; Mann, NJW 1979, S. 1745 ff; Schütze/Tscherning/Wais, Rdn. 862 ff.

53 Zu den Wahlmöglichkeiten im Rahmen der Schiedsgerichtsbarkeit der ICC vgl. etwa Schütze/Tscherning/Wais, Rdn. 818 ff.

54 UN-Centre on Transnational Corporations, Management Contracts, S. 136.

55 So enthalten etwa die FIDIC-Verträge IGRA 1980 P. M., IGRA 1979 D + S und IGRA 1979 P. I. jeweils in Clause 2.6.1. die Bestimmung, daß die Schiedsrichter nicht die gleiche Nationalität haben dürfen wie eine der Vertragsparteien.

§ 21: Anwendbares Recht

Das auf den Vertrag anwendbare Recht bestimmt sich nach der von den Parteien getroffenen Rechtswahl. Diese kann ausdrücklich (dazu unten I, 1) oder stillschweigend (dazu unten I, 2) erfolgen. Versagt eine subjektive Anknüpfung, weil die Parteien keine Regelung getroffen haben, muß auf eine objektiv ausgerichtete Anknüpfung zurückgegriffen werden (dazu unten IV).

I. Rechtswahlvereinbarungen

1. Ausdrückliche Rechtswahl

Im internationalen Vertragsrecht herrscht das Prinzip der Privatautonomie. Es liegt in der Macht der Vertragspartner, das anwendbare Recht zu bestimmen, dem der Vertrag unterstehen soll. Für das Recht der Bundesrepublik Deutschland ist dies seit langem in höchstrichterlicher Rechtsprechung anerkannt[1]; es kann bereits von einer gewohnheitsrechtlichen Zulässigkeit der Rechtswahlvereinbarung gesprochen werden. De lege ferenda ergibt sich die Zulässigkeit der Rechtswahl aus Artikel 27 Abs. 1 Satz 1 des Entwurfes eines Gesetzes zur Neuregelung des internationalen Privatrechts[2]. Die Zulässigkeit einer Rechtswahlvereinbarung gilt auch für andere nationale Rechte[3].

a) Zulässigkeitsschranken der Rechtswahl

Welches Recht gewählt wird, steht in der Entscheidungsfreiheit der Parteien[4]. Ein anerkennenswertes Interesse für das gewählte Recht ist nicht erforderlich[5]. Es besteht kein Zwang, eine Rechtsordnung zu wählen, zu der die Parteien oder das Schuldverhältnis eine vorgegebene

---

1 BGHZ 9, 34; 80, 199; 73, 391; BGH NJW 1961, 1061; 1977, 1011.

2 Text bei JAYME/HAUSMANN, Internationales Privat- und Verfahrensrecht, Nr. 125, S. 396 ff; vgl. auch BT-Drucks. 222/83 v. 20.05.83 und 10/504 v. 20.10.83.

3 Vgl. etwa § 35 Abs. 1 des österreichischen IPR-Gesetzes (BGBL 1978 Nr. 304); Art. 113 Abs. 1 IPR-Gesetz-Entwurf der Schweiz (BBL 1983 I Nr. 4, S. 263–519); für das englische Recht vgl. etwa GRAVESON, The Conflict of Laws, S. 14, 19; s. auch die Auflistung bei VISCHER, S. 39 ff.

4 KEGEL, S. 290, 292; LANDFERMANN, RIW 1977, 447.

5 Vgl. auch § 10 Nr. 8 AGBG.

Beziehung hat. Es ist statthaft, das Recht eines Staates zugrundezulegen, mit der die Vertragsdurchführung nichts zu tun hat. Die Wahl eines solchen „neutralen“ Rechts ist in der Praxis sogar weit verbreitet. Häufig werden die Rechte der Schweiz, Österreichs oder Schwedens dem Vertrag zugrundegelegt, obwohl die Vertragsabwicklung mit diesen Rechten in keiner Beziehung steht. Dies hat mehrere Gründe. Einerseits sind Klienten (insbesondere aus Ländern der Dritten Welt) häufig nicht bereit, sich den „kolonialen“ Rechten der Industrieländer zu unterwerfen; andererseits schrecken Manager/Consultants davor zurück, sich einem unterentwickelten Recht des Vertragspartners aus Entwicklungsländern zu unterwerfen, das für komplizierte Fragen des Technologie- und Know-how-Transfers keine ausreichende Regelung bereithält.

Die Zweckmäßigkeit spielt für die Zulässigkeit einer Rechtswahl ebenfalls keine Rolle. Es ist sogar möglich, religiöses (staatliches) Recht, wie etwa das Shariatsrecht in Saudi-Arabien dem Vertrag zugrundezulegen[6]. Die Wahl einer den Parteien nicht bekannten oder zumindest weitgehend unbekannten Rechtsordnung ist jedoch aus praktischen Gesichtspunkten wenig empfehlenswert.

Eine Zulässigkeitsschranke hinsichtlich der gewählten Rechtsordnung besteht nur dort, wo die Rechtswahl als rechtmißbräuchlich erscheint[7]. Dies ist jedoch auf wenige enge Ausnahmefälle begrenzt. Die deutsche Rechtsprechung ist in dieser Frage sehr großzügig[8].

b) Teilrechtswahl

Die Rechtswahl kann sich auf bestimmte Teile der vertraglichen Zusammenarbeit beschränken (sog. Teilrechtswahl)[9]. Damit besteht die Möglichkeit, ein Vertragswerk gleichzeitig mehreren Rechtsordnungen zu unterstellen. In der Regel ist eine solche Anwendung verschiedener Rechte auf Teilbereiche des Management/Consulting-Vertrages jedoch unzweckmäßig. Durch die Kumulation geht die Einheit der Rechtsordnung verloren und es wird in Einzelfällen notwendig, entstehende Widersprüche zu beseitigen.

---

6 Schröder, S. 10.

7 Reithmann, Rdn. 10.

8 vgl. etwa BGH WM 1969, 772; OLG Hamburg, IPRspr. 1964/65, Nr. 46; nach BGH WM 1956, 1432 ist es sogar zulässig, das anwendbare Recht durch Los zu bestimmen.

9 Reithmann, Rdn. 11; Rabel, The Conflict of Laws, Bd. II, S. 390.

In Teilbereichen kann sich eine Trennung allerdings als sinnvoll erweisen. Soweit der Manager/Consultant seinem Klienten Lizenzen zur Verfügung stellt oder geheimhaltungsbedürftiges Know How offenbart, ist er daran interessiert, dies möglichst weitgehend und umfassend zu schützen[10]. Bietet das anwendbare Recht keinen hinreichenden Schutz, ist es aus Sicht des Managers/Consultants zweckmäßig, für diesen Teilbereich der vertraglichen Zusammenarbeit eine Rechtsordnung zu wählen, die seinem Schutzinteresse ausreichend Rechnung trägt.

2. *Stillschweigende Rechtswahl*

Eine Rechtswahl kann auch stillschweigend erfolgen[11]. Rechtsprechung und Literatur haben eine Reihe von Indizien herausgearbeitet, bei deren Vorliegen auf eine konkludente (stillschweigende) Rechtswahl geschlossen werden kann. Besonders starke Indizwirkung kommt einer gerichtlichen Zuständigkeitsvereinbarung oder einer Schiedsabrede zu[12]. Aus der Tatsache, daß ein bestimmtes Gericht für zuständig erklärt wird, kann geschlossen werden, daß das am Sitz des Gerichts geltende Recht auf den Vertrag anzuwenden ist. Diese Indizwirkung entfällt nur bei ad hoc-Schiedsgerichten, die keinen festen Sitz haben, oder bei internationalen (ständigen) Schiedsgerichten, wie etwa dem Schiedsgericht der ICC, die nicht nach ihren Sitzrechten zu entscheiden pflegen[13]. Indizielle Wirkung hat auch die Vereinbarung eines Erfüllungsortes[14], die Bezugnahme auf ein Legalsystem (etwa durch Gebrauch bestimmter juristischer Termini)[15], die Berücksichtigung materiell-rechtlicher Erfordernisse einer einzelnen Rechtsordnung (z. B. Notariatsbeurkundung)[16], die Vertragssprache[17] oder die Vertragswährung[18]. Den letzten beiden Kriterien

---

10 Zu Fragen des Geheimnisschutzes und vertraglichen Verwertungsrechten s. oben § 19.

11 Reithmann, Rdn. 16 ff.

12 BGHZ 52, 239; 73, 391; BGH WM 1964, 1023, OLG Frankfurt RIW 1983, 785.

13 OLG Stuttgart AWD 1960, 246; Schröder, S. 41 f; Zeiger, Management-Vertrag, S. 86 f; Vischer, S. 71 f; Reithmann, Rdn. 47; Lüthge, Die Kollisionsrechtliche Funktion der Schiedsvereinbarung, S. 156 ff.

14 BGHZ 52, 239; 73, 391; Reithmann, Rdn. 51 f.

15 Schröder, S. 44; Reithmann, Rdn. 53; OLG Hamburg, IPRspr. 1962/63, Nr. 28.

16 BGHZ 53, 189.

17 BGH, IPRspr. 1954/55, Nr. 17; BGHZ 19, 110.

18 BAG AWD 1975, 521; Schröder, S. 46.

kommt allerdings nur eine eingeschränkte Indizwirkung zu. Häufig werden Englisch als Vertragssprache und der US-Dollar als maßgebliche Währung aus reinen Zweckmäßigkeitserwägungen vereinbart, ohne daß damit eine Regelung hinsichtlich des anwendbaren Rechts beabsichtigt ist.

Auf die Möglichkeit der Ermittlung einer stillschweigenden Rechtswahl haben die Parteien bei der Abfassung der Verträge zu achten. Sie müssen sich bewußt sein, daß sie durch die Bestimmung eines Schiedsgerichtes oder die Vereinbarung eines Erfüllungsortes gleichzeitig auch das auf den Vertrag anwendbare Recht festlegen. Um Zweifelsfragen zu vermeiden, sollte statt einer derartigen stillschweigenden Bestimmung des maßgeblichen Rechts eine ausdrückliche Rechtswahl erfolgen. Dies erspart das Risiko, daß in Abhängigkeit von dem entscheidenden Gericht unterschiedliche Rechtsordnungen für den Vertrag maßgeblich sein können.

II. Exkurs: Staatliche Vertragspartner

Ein großer Teil der Management-/Consulting-Verträge wird mit staatlichen Vertragspartnern geschlossen[19]; dies wirft im Hinblick auf das anwendbare Recht besondere Probleme auf.

1. Staatliche Immunität

Zunächst ergibt sich das Problem der staatlichen Immunität. Es betrifft die Frage, ob sich ein Staat als Vertragspartner gegenüber seinem Kontrahenten auf seine Immunität berufen und damit einer Verantwortlichkeit entziehen kann. Insbesondere die sozialistischen Länder ziehen sich häufig auf diese Position zurück[20].

Eine Berufung auf Immunität ist jedoch nicht uneingeschränkt möglich. Nach der im Völkerrechtsverkehr herrschenden Auffassung ist zu differenzieren zwischen den „acta iure imperii" (Staatshoheitstätigkeit) und dem „acta iure gestiones" (Staatshandelstätigkeit)[21]. Im Bereich der Staatshandelstätigkeit ist eine Berufung auf staatliche Immunität nicht möglich. Die Abgrenzung zwischen Staatshandels- und Staatshoheitstä-

---

19 ZEIGER, Management Vertrag, S. 66.

20 VERDROSS/SIMMA, Universelles Völkerrecht, S. 556; BORUSLAVSKIJ, Staatliche Immunität, S. 10 ff; ARNOLD, RIW/AWD 1969, S. 356.

21 Statt vieler: VERDROSS/SIMMA, S. 565 ff mwN; aus der Rspr. vgl. BVerfGE 15, 25; 16, 27; 46, 342; BVerfG, RIW 1983, 613.

tigkeit richtet sich nicht nach der Bezeichnung, sondern nach der Natur des Rechtsgeschäftes[22]. Management- und Consulting-Verträge fallen grundsätzlich in die Kategorie der Staatshandelstätigkeit. Im Rahmen eines Management-/Consulting-Vertrages kann sich ein Staat als Vertragspartner damit nicht auf seine Immunität berufen. Zweifelsfragen können jedoch auftauchen, wenn das betreffende Projekt, für das der Management/Consultant verantwortlich ist, sich mit öffentlichen (hoheitlichen) Aufgaben befaßt, so bei Projekten im Bereich des Verkehrswesens (Bahnlinien), der Energieversorgung oder des Gesundheitswesens.

Um Streitigkeiten zu vermeiden, inwieweit der staatliche Vertragspartner aufgrund seiner Immunität die Vertragsabwicklung beeinflussen kann, empfiehlt es sich, in den Vertrag eine (im Interesse des nichtstaatlichen Vertragspartners möglichst unwiderrufliche) Erklärung aufzunehmen, in der der staatliche Vertragspartner auf eine Berufung auf seine Immunität verzichtet[23]. Eine solche Verzichtserklärung kann auch stillschweigend erfolgen. Sie ist insbesondere dort anzunehmen, wo sich der Staat einer Schiedsgerichtsbarkeit unterwirft[24].

2. *Stabilisierungsklauseln*

Ein weiteres, im Zusammenhang mit der Rechtswahl in Verträgen mit staatlichen Vertragspartnern auftauchendes Problem ist das einer möglichen nachträglichen Änderung des maßgeblichen Rechts. Die Rechtswahl zugunsten des Rechts eines ausländischen staatlichen Vertragspartners birgt insoweit einen gewissen Unsicherheitsfaktor, als durch eine Änderung des maßgeblichen Rechts Verschiebungen in den ursprünglichen Leistungsbeziehungen eintreten können. Der ausländische Vertragspartner muß sich dagegen sichern, daß der Staat nach Vertragsschluß durch gesetzgeberische oder administrative Maßnahmen die Rechtslage zu seinen Gunsten ändert. Management/Consulting-Verträge enthalten daher teilweise die Klausel, daß der Staat als Vertragspartner sich verpflichtet, keine der anderen Parteien nachteilige Gesetzesänderungen vorzuneh-

---

22 LG Frankfurt NJW 1976, 1044; BVerfGE 16, 27 unter Hinweis auf die gleiche oder ähnliche Rechtsprechung der Gerichte Italiens, Belgiens, der Schweiz, Österreichs und Ägypten; vgl. auch Trendex Trading Corporation v. Central Bank of Nigeria (1977) 2 W. L. R. 356 (C. A.).

23 Ein solcher Verzicht ist rechtlich möglich, vgl. Habscheid, BerGesVR 1968, S. 216 ff.

24 Böckstiegel, NJW 1975, 1577 (1582); Schaumann, BerGesVR 1968, S. 1 (26 ff).

men; die Rechtslage bleibt insoweit stabil (daher Stabilisierungsklausel)[25]. Vielfach anzutreffen ist zwar der Einwand, eine solche Klausel greife in unzulässiger Weise in die Souveränitätsrechte des betroffenen Staates ein[26]: die Zulässigkeit dieser Klauseln wird aber zumindest mit der Einschränkung zu bejahen sein, daß der Staat nicht an nachträglichen gesetzgeberischen oder administrativen Maßnahmen gehindert ist, er aber gleichzeitig, soweit sein Vertragspartner hierdurch Nachteile erleidet, einen entsprechenden Ausgleich zu gewähren hat[27].

3. Wahl des Völkerrechts

Verträge mit staatlichen Vertragspartnern werden häufig den Regeln des Völkerrechts unterstellt. Ob hierfür notwendig ist, daß beide Vertragspartner Völkerrechtssubjekte sind, ober ob eine Vereinbarung des Völkerrechts auch zulässig ist, wenn es sich bei einer oder beiden Parteien des Vertrages um einen Privaten handelt, ist umstritten. Mit Recht wird man es als zulässig ansehen müssen, daß auch Private ihren Vertrag den Regeln des Völkerrechts unterstellen[28]. Aus der für die Rechtswahl geltenden Privatautonomie ergibt sich die Möglichkeit, die Regeln zu bestimmen, denen der Vertrag unterworfen sein soll. Dies können nationale Rechte, eine Kombination verschiedener nationaler Rechte aber auch von den Parteien selbst geschaffene Regeln sein. Es besteht kein Grund, warum die Parteien nicht auch wirksam vereinbaren können, daß ihr Vertrag völkerrechtlichen Regeln unterliegt. Für die Praxis von Management-/Consulting-Verträgen ist eine solche Vereinbarung indes wenig empfehlenswert. Außer dem allgemein anerkannten Grundsatz „pacta sunt servanda" bietet das Völkerrecht nur wenige für die Lösung schuldrechtlicher Fragen geeignete Regeln[29].

III. Umfang der Rechtswahl

Das von den Parteien gewählte Recht (Vertragsstatut) erfaßt alle materiell-rechtlichen Fragen, die für die Begründung und Abwicklung des

---

25 Vgl. dazu MENGEL, RIW 1983, S. 739 ff; DELAUME, Bd. I, Booklet 6, S. 25 ff; HORN, Anpassung lanfristiger Verträge, S. 22 f, mwN; STOLL, Vereinbarungen zwischen Staat und ausländischem Investor, S. 94 ff.

26 SCHRÖDER, S. 31.

27 So auch HORN, Anpassung langfristiger Verträge, S. 23; WÄLDE, Contract Stability in: Legal and Institutional Arrangements in Mineral Development, S. 167.

28 So auch BÖCKSTIEGEL, FS Beitzke, 1979, S. 443 (455).

29 BÖCKSTIEGEL, FS Beitzke, S. 443 (455); DROBNIG, FS Riesenfeld, 1983, S. 31 ff.

Vertrages von Bedeutung sind. Hierzu gehören insbesondere Regeln über das Zustandekommen, die Auslegung, die Erfüllung und Folgen einer Nichterfüllung, der Verjährung, der Nichtigkeitsfolgen, der Forderungsübertragung, des Erlöschens des Schuldvertrages und darüber hinaus der materiell-rechtlichen Beweislastregeln[30]. Das Vertragsstatut ist insoweit global, d. h. allumfassend.
Es gibt jedoch eine Reihe für die Zusammenarbeit bedeutsamer Fragen, deren Regelung im Hinblick auf die Möglichkeit einer Rechtswahl nicht der Parteidisposition untersteht, sondern deren Anknüpfung eigenen Regeln unterliegt (sog. depecage)[31]. Hierzu gehören Fragen der Rechts- und Geschäftsfähigkeit[32] sowie Formerfordernisse (insbesondere bei Grundstücksgeschäften)[33]. Von besonderer Bedeutung für internationale Management-/Consulting-Verträge ist die eigenständige Anknüpfung von Vollmachtsfragen und der gesellschaftsrechtlichen Anforderungen bzw. Beschränkungen, die einige nationale Rechte aufstellen[34].

IV. Objektive Anknüpfung

Soweit eine subjektiv bestimmte Anknüpfung versagt, weil die Parteien weder ausdrücklich noch stillschweigend eine Rechtswahl getroffen haben, muß die international-privatrechtliche Anknüpfung auf objektiver Grundlage erfolgen.

1. Deutsches Recht

a) Hypothetischer Parteiwille

Die deutsche Rechtsprechung ermittelt das maßgebliche Recht bei Fehlen einer Rechtswahl auf Grundlagen des sog. hypothetischen Parteiwillens[35]. Die Bestimmung aufgrund des hypothetischen Parteiwillens hat nichts zu tun mit einer wirklich beabsichtigten Rechtswahlvereinbarung,

---

30 Zum Umfang des Schuldstatuts vgl. im einzelnen REITHMANN, Rdn. 90 ff.

31 SCHRÖDER, S. 86 ff.

32 Vgl. Art. 7 III EGBGB.

33 Vgl. etwa die Entscheidungen BGHZ 57, 337; Brinkibon Ltd. v. Stalag Stahl und Warenhandelsgesellschaft mbH (1982) 2 W. L. R. 264.

34 Dazu u. a. oben § 4 II, § 14 III.

35 St. Rspr., vgl. BGH NJW 52, 540; BGHZ 7, 231 (234); 9, 221 (223); 17, 89 (92); 19, 110 (112); 53, 332, (337); 57, 72 (75); 61, 221 (223); BGH IPRspr. 1952/53 Nr. 41; 1954/55 Nr. 17; 1958/59 Nr. 37; 1962/63 Nr. 41; 1962/63 Nr. 18; 1964/65 Nr. 180; 1966/67 Nr. 28; 1968/69 Nr. 31; 1977 Nr. 17.

sondern ist eine Abwägung der beiderseitigen Interessen auf objektiver Grundlage. Es ist eine Ermittlung der Frage, ob der Schwerpunkt des Vertragsverhältnisses objektiv auf eine bestimmte Rechtsordnung für das gesamte Vertragsverhältnis hinweist[36].

Für die danach vorzunehmende Schwerpunktbestimmung hat die Rechtsprechung eine Reihe von Kriterien entwickelt, die im Einzelfall den Schluß auf ein anwendbares nationales Recht zulassen. Deuten mehrere Hinweise in sich widersprechender Weise auf verschiedene Rechte hin, so müssen die Einzelhinweise einander gegenübergestellt und nach den Umständen des Einzelfalles gegeneinander abgewogen werden[37]. Zu den zu berücksichtigenden Kriterien gehören Gerichtsstandsklauseln[38], die Vereinbarung eines schiedsgerichtlichen Verfahrens[39], das Verhalten der Parteien im Rechtsstreit[40], der Erfüllungsort[41], die Vertragssprache[42], die Vertragswährung[43], die Bezugnahme auf ein Recht[44], die Verwendung von Formularen[45], der Abschlußort[46], die Staatsangehörigkeit der Parteien[47], die Beteiligung der öffentlichen Hand[48] sowie der Aufenthaltsort bzw. der Ort der Niederlassung der

---

36 BGHZ 7, 231; 17, 89 (92); 19, 110 (112); 57, 72 (75); 61, 221 (223); BGH JZ 1955, 584 m. Anm. Beitzke; BGH IPRspr. 1973 Nr. 11.

37 Soergel-Kegel, Rdn. 239 vor Art. 7 EGBGB; Reithmann, Rdn. 43.

38 BGH IPRspr. 1962/63 Nr. 226 a. E.; 1966/67 Nr. 214; 1968/69 Nr. 3; 1972 Nr. 13; Bay ObLG IPRspr. 1934 Nr. 25; OLG Frankfurt IPRspr. 1960/61 Nr. 33.

39 BGH AWD 1964, 395; IPRspr. 1968/69 Nr. 254; BAG DB 1975, 63; OLG Hamburg AWD 1958, 249; Lüthge, Die Kollisionsrechtliche Funktion der Schiedsgerichtsvereinbarung; Mezger, AWD 1964, 201.

40 BGH AWD 1964, 228; 1966, 60; WM 1965, 102; IPRspr. 1964/65 Nr. 44; BGHZ 50, 32 (33); Stauffer, SchwJZ 1974, S. 181 ff.

41 BGHZ 57, 72; BGH NJW 1960, 1720; 1958, 750; RG HRR 1928, Nr. 104, RGZ 58, 366 (367); Beitzke, JZ 1955, 586.

42 BGH BB 1955, 462; RG JW 1911, 225; OLG Düsseldorf AWD 1961, 295.

43 BGH IPRspr. 1954/55 Nr. 17; Nr. 22; AWD 1958, 33; OLG Hamm RIW 1979, 205; OLG Hamburg IPRspr. 1977 Nr. 40, OLG Düsseldorf WM 1971, 168 (171).

44 BAG NJW 1970, 2180; OLG Hamburg IPRspr. 1962/63 Nr. 28; LG Frankfurt NJW 1963, 450.

45 BGH JZ 1963, 167; AWD 1970, 31; RIW 1976, 447; OLG Hamburg IPRspr. 1962/63 Nr. 28; anders aber OLG Hamburg AWD 1958, 249; BGH AWD 1967, 267.

46 Dies stellt allerdings nur ein äußerst schwaches Indiz dar, vgl. RGZ 61, 343 (345); OLG Düsseldorf, AWD 1961, 295; BGH IPRspr. 1966/67 Nr. 42; OLG Frankfurt NJW 1970, 1010.

47 Diesem Gesichtspunkt hatte das RG noch erhebliche Bedeutung beigemessen, vgl. RGZ 120, 70 (73); 122, 233; 161, 296; heute wird er als weitgehend

Parteien[49]. Von überragender Bedeutung für Schuldverträge sind Gerichtsstand- oder Schiedsklauseln, die Vereinbarung eines Erfüllungsortes sowie das Prozeßverhalten der Parteien; von untergeordneter Bedeutung sind dagegen der Abschlußort, die Vertragssprache und Währung sowie die Staatsangehörigkeit der Parteien[50].

Ausgehend von dieser Rechtsprechung zur Ermittlung des auf ein Vertragsverhältnis nach dem hypothetischen Parteiwillen anwendbaren Rechts, ergibt sich für den Management-Vertrag keine eindeutige Zuordnung. Eine Gerichtsstandsklausel oder die Vereinbarung eines Schiedsgerichts, die beide starke Indizien für eine Anwendbarkeit des am Sitz des zur Entscheidung berufenen (Schieds-) Gerichts geltenden Rechts darstellen, variieren im Einzelfall. Auch das prozessuale Verhalten der Vertragsparteien läßt sich nicht vorherbestimmen.

In den meisten Fällen sprechen die stärkeren Indizien für eine Anwendung des Rechts des Landes, in dem der Management-Nehmer seinen Sitz hat. Dies ist zum einen das Kriterium des Erfüllungsortes. Die Rechtsprechung sieht hierin einen starken Hinweis auf das an diesem Ort geltende Recht[51]. Der Erfüllungsort ist nach ständiger Rechtsprechung sogar subsidiärer Anknüpfungspunkt, wenn sich ein hypothetischer Parteiwille nicht ermitteln läßt, weil ein Überwiegen eines von mehreren sich widersprechenden Hinweisen nicht feststellbar ist[52]. Erfüllungsort der Leistungsverpflichtungen aus dem Management-Vertrag ist regelmäßig der Sitz des Management-Nehmers. Dem Manager obliegen aus dem Vertrag zwei Hauptpflichten. Dies sind die Übernahme der Geschäftsführung eines Betriebes und die Ausbildung lokalen Personals. Beide Leistungspflichten sind am Ort des Management-Nehmers zu erfüllen. Für den ersten Aufgabenbereich (Geschäftsführung) ergibt sich dies bereits notwendig aus der Art der übernommenen Tätigkeit. Auch die Ausbildungsleistungen werden regelmäßig beim Management-Nehmer erfüllt. An dieser Zuordnung ändert sich nichts, wenn einzelne Teilaufgaben am Sitz des Managers erbracht werden; etwa wenn vorbereitende Tätigkeiten in der Zentrale des Managers geleistet werden (back-

---

bedeutungslos angesehen, vgl. OLG Köln AWD 1965, 94; BGH IPRspr. 1952/53 Nr. 20; LG Hamburg IPRspr. 1975, Nr. 14.

[48] OLG Hamburg WM 1969, 709 (711); OLG Koblenz IPRspr. 1974 Nr. 1 a.

[49] BGH AWD 1969, 453 (Anwaltsvertrag); OLG Köln VersR 1975, 221 (Versicherung).

[50] Reithmann, Rdn. 43.

[51] S. o. Fn. 41.

[52] Schröder, S. 76 mwN.

stopping functions) oder einzelne Ausbildungsprogramme oder Teile der Ausbildung nicht im Land des Management-Nehmers durchgeführt werden.

Bei Beteiligung der öffentlichen Hand auf seiten des Management-Nehmers spricht ein weiteres Indiz für die Anwendbarkeit des dort geltenden Rechts. Bei Verträgen mit einem Staat oder einem öffentlichen Verband, die bei Management-Dienstleistungen insbesondere in Entwicklungsländern häufig als Nachfrager auftreten[53] ist ein Hinweis auf die Rechtsordnung von dem der öffentliche Verband seine Rechtsfähigkeit herleitet, anzunehmen[54]. Wenn auch Verträge mit staatlichen Vertragspartnern nicht grundsätzlich dem Recht des jeweiligen Staates unterliegen[55], ist dies doch zumindest ein – obwohl nicht zwingender[56] – so doch starker Hinweis auf das nationale Recht.

Die Vertragssprache und die Vertragswährung werden beim Management-Vertrag als Indiz für eine Rechtswahl aufgrund des hypothetischen Parteiwillens in der Regel nicht zu berücksichtigen sein. Englisch als Vertragssprache und der US-Dollar als Vertragswährung werden häufig nur aus Praktikabilitätsgründen gewählt.

Nach deutscher Rechtsprechung ist damit in den meisten Fällen, in denen die Parteien keine Rechtswahlvereinbarung getroffen haben, nach dem hypothetischen Parteiwillen das Recht am Sitz des Management-Nehmers anwendbar.

Für den Consulting-Vertrag läßt sich eine feste Regel, nach der dieser Vertrag typischerweise einem bestimmten Recht untersteht, nicht aufstellen.

Dies beruht auf der Vielschichtigkeit der Aufgaben, die Gegenstand der Consulting-Tätigkeit[57] sein können, der unterschiedlichen Ausgestaltung der Zusammenarbeit und der von Fall zu Fall unterschiedlichen Regelung der für eine Anknüpfung an eine bestimmte Rechtsordnung maßgeblichen Kriterien (insbesondere Gerichtsstand- und Schiedsverein-

---

53 Dazu oben § 3 III 3.

54 OLG Hamburg WM 1969, 709 (711); OLG Koblenz IPRspr. 1974 Nr. 1 a; Reithmann, Rdn. 68.

55 So aber Soergel-Kegel, Rdn. 357 Art. 7 EGBGB.

56 Gamillscheg, RabelsZ, 1962/63, 591; so auch R v. International Trustee for the Protection of Bondholders (1937) A. C. 500 (577).

57 Zur Aufspaltung der Consulting-Aufgaben in vertikale (Vorbereitungs- und Planungsphase, Errichtungsphase und Project Management) und horizontale (allg. Management, Finanzen, Personal, Produktion, Absatz etc.) s. oben § 12 I u. II.

barungen). Im Gegensatz zum Management-Vertrag läßt sich beim Consulting-Geschäft kein typischer Erfüllungsort feststellen. Je nach Art der übernommenen Aufgabe liegt der Erfüllungsort entweder beim Consultant oder beim Klienten. Wird der Consultant in der Bauüberwachung tätig, ist Erfüllungsort der Ort, an dem sich das zu überwachende Projekt befindet. Schuldet der Consultant die Ausarbeitung bestimmter Pläne oder Entwürfe (EDV-Programme, Marktstudien, Entwurfsplanungen etc.), liegt der Erfüllungsort am Sitz des Consultants[58]. Damit ergibt sich auch aus dem Erfüllungsort keine eindeutige Zuordnung.

b) Engster räumlicher Zusammenhang

Die auf einer Einzelabwägung beruhende Rechtsprechung wird wegen der fehlenden Voraussehbarkeit der Ergebnisse und der damit verbundenen Rechtsunsicherheit kritisiert; es wird versucht, eine Typisierung der objektiven Anknüpfung zu entwickeln.

Ein solcher Versuch ist die Anknüpfung an den engsten räumlichen Zusammenhang[59], d. h. entscheidend für die Rechtsanwendung ist die räumliche Beziehung des Vertrages mit einem Land. Da auch hier eine Reihe von Orten in Betracht gezogen werden können, wie Verhandlungsort, Abschlußort, Erfüllungsort oder der Ort, an dem einer der Vertragsparteien seinen Sitz hat, ist eine für alle Verträge gültige Aussage über das anzuwendende Recht nach dieser Anknüpfungslehre nicht möglich. Da beim Management-Vertrag der eindeutige Schwerpunkt der Vertragsduchführung (Geschäftsführungsaufgaben und Ausbildungsleistungen) im Land des Management-Nehmers liegt, wird allerdings in den weitaus meisten Fällen das Recht am Sitz des Management-Nehmers anzuwenden sein.

c) Prinzip der geringsten Störung

Ein weiterer Lösungsansatz ist die Anknüpfung nach dem Prinzip der geringsten Störung[60]. Es wird das Recht der Vertragspartei angewandt, die von der Anwendung des fremden Rechts härter betroffen wird, d. h. die an der Anwendung des eigenen Rechts stärker interessiert ist. Für

---

58 Zur Anwendbarkeit des Rechts am Ort des Unternehmers beim Werkvertrag s. Reithmann, Rdn. 621 mwN.

59 Gamillscheg, AcP 157 (1958/59), 337; Reithmann, Rdn. 76.

60 Soergel-Kegel, Rdn. 354 vor Art. 7; Kegel, Gedächtnisschrift f. R. Schmidt, S. 220 ff.

diese Anknüpfungslehre kommt es u. a. darauf an, ob einer der beteiligten Partner eine öffentliche Stelle ist, wer die vertragscharakteristische Leistung erbringt, wer die stärkere Verhandlungsposition besitzt, und damit die Vereinbarung des eigenen Rechts hätte durchsetzen können[61]. Auch diese Anknüpfungslehre beruht maßgeblich auf den Umständen des Einzelfalls. Eine generalisierende Einordnung des Management/Consulting-Vertrages ist nicht möglich. Beim Management-Vertrag liegt zwar die Vertragsdurchführung nahezu ausschließlich im Land des Management-Nehmers. Es ist aus Gründen der Praktikabilität am interessegerechtesten, das hier geltende Recht auf den Vertrag anzuwenden. Zwingend ist diese Folgerung jedoch nicht.

d) Vertragstypische Leistung

Im Anschluß an die Rechtsprechung des Schweizerischen Bundesgerichts[62] findet heute die Lehre von der Anknüpfung nach der vertragstypischen Leistung immer mehr Anhänger[63]. Danach ist auf den Vertrag das Recht der Partei anzuwenden, die die für den Vertrag charakteristische Leistung erbringt. So liegt dem Werkvertrag regelmäßig das Recht des Werkunternehmers, dem Kaufvertrag regelmäßig das Recht des Verkäufers zugrunde.

Vertragstypische Leistung für den Management-Vertrag ist die Leistungserbringung durch den Manager. Die Leistungspflicht des Management-Nehmers erschöpft sich neben einigen untergeordneten Mitwirkungs- und Unterstützungsaufgaben im wesentlichen in der Verpflichtung zur Zahlung des vereinbarten Entgeltes. Dies bedeutet, daß auf der Grundlage der Anknüpfung an die vertragscharakteristische Leistung für den Management-Vertrag das Recht des Managers anzuwenden ist. Hierbei bleibt jedoch unberücksichtigt, daß charakteristisch für den Management-Vertrag nicht die Erbringung der Management-Leistung als solche ist, sondern die Erfüllung der Aufgaben speziell im Gastland des Management-Nehmers dem Vertrag das wesentliche Gepräge gibt. Der Manager wird typischerweise beim Management-Nehmer tätig. Dies ist bei Ermittlung des anzuwendenden Rechts zu berücksichtigen.

Die strenge Anknüpfung an das Recht derjenigen Vertragspartei, die die vertragstypische Leistung erbringt, ist nicht zwingend. So kann nach

---

[61] Zeiger, Management-Vertrag, S. 90; Reithmann, Rdn. 83.

[62] Schweizer BG, Schweiz JahrB Int R (1948) 113f; vgl. auch Schnitzer, Rec. des Cours (Den Haag) 1968 I, S. 571 ff; Vischer, S. 108 ff.

[63] Dazu Reithmann, Rdn. 79 mwN; s. a. BGHZ 61, 221.

Art. 4 Abs. 5 des EG-Schuldrechtsübereinkommens, dem die Lehre von der Anknüpfung an die vertragstypische Leistung zugrundeliegt, der Vertrag mit einem anderen Land enger verbunden sein, als durch die charakteristische Leistung. Auch nach Rechtsprechung des schweizerischen Bundesgerichts ist die charakteristische Leistung nur solange entscheidender Gesichtspunkt für die Anknüpfung als nicht konkrete Umstände die räumliche Verknüpfung mit einem anderen Recht nahelegen[64] (Ausweichklausel)[65]. Eine derartige Konstellation liegt beim Management-Vertrag (Leistungsort beim Management-Nehmer) regelmäßig vor, so daß auch nach dieser Lehre auf den Management-Vertrag regelmäßig das Recht am Sitz des Management-Nehmers anzuwenden sein wird.

Vertragstypische Leistung beim Consulting-Geschäft ist die des Consultants. Damit wird nach der Lehre von der Anknüpfung an die vertragscharakteristische Leistung auf diesen Vertrag regelmäßig das Recht des Consultants anzuwenden sein. Dies gilt jedoch nicht uneingeschränkt. Im Einzelfall kann auch hier die charakteristische Leistung dadurch gekennzeichnet sein, daß sie typischerweise in einem bestimmten Land, bzw. an einem bestimmten Ort erbracht werden muß (bei Aufgaben in der Bauüberwachung). In diesen Fällen kann nicht das Recht des Consultants, sondern des Klienten anwendbar sein. Eine eindeutige Zuordnung für den Consulting-Vertrag ist nicht möglich.

2. *Anknüpfung nach ausländischen Rechtsordnungen (Auswahl)*

Da das anwendbare Recht bei Fehlen einer Rechtswahl nicht immer nach deutschem Kollisionsrecht entschieden wird, werden im folgenden kurz Anknüpfungslehren ausländischer Rechtsordnungen dargestellt. Die Darstellung beschränkt sich auf die Rechtsordnungen Großbritanniens, Italiens und Frankreichs.

a) Großbritannien

Auf den ersten beiden Stufen der Anknüpfungsleiter stehen der ausdrückliche bzw. der stillschweigend geäußerte Parteiwille. Dieser ist zunächst für das anwendbare Recht maßgeblich. Insoweit besteht kein Unterschied zum deutschen Recht. Eine Abweichung liegt lediglich darin, daß englische Gerichte eine Rechtswahlklausel, sofern nicht englisches Recht

---

[64] Schweizer BG, BGE 78 II 190/191.

[65] Reithmann, Rdn. 80 mwN.

gewählt wird, nur dann anerkennen, wenn eine „real or substantial connection" des Vertrages mit dem gewählten Recht besteht[66].

Ist ein ausdrücklich bzw. stillschweigend geäußerter Wille nicht erkennbar, so entscheidet die „presumed intention of the parties"[67], teilweise auch die „closest and most real connection"[68] des Vertrages mit einer Rechtsordnung. Hier bestehen Übereinstimmungen mit der im deutschen Recht entwickelten Anknüpfung nach dem hypothetischen Parteiwillen bzw. der engsten Verbindung. Die Kriterien, die für die Anknüpfung von Bedeutung sind, entsprechen denen, die auch im deutschen Recht maßgeblich sind (Schiedsklausel, Erfüllungsort, Währung etc.)[69]. Da diese Kriterien nicht für alle Fälle gleichermaßen feststehen, läßt sich eine eindeutige Zuordnung des Management/Consulting-Vertrages zu einer bestimmten Rechtsordnung nach englischem Recht nicht treffen.

b) Italien

Nach Art. 25 des Einführungsgesetzes zum Codice Civil[70] gilt für einen Vertrag, vorbehaltlich eines abweichenden Willens der Parteien, zunächst das gemeinsame Heimatrecht der Vertragspartner, andernfalls das Recht des Ortes, an dem der Vertrag geschlossen wurde. Die Anknüpfung an das Recht des Abschlußortes ermöglicht zwar in den meisten Fällen eine eindeutige Zuordnung; führt aber zu Schwierigkeiten, wenn der Vertrag unter Abwesenden (in verschiedenen Ländern) geschlossen wird. Darüber hinaus kann die Zuordnung in Fällen, in denen der Vertrag rein zufällig in einem Drittstaat geschlossen wurde, zu dem die Vertragsdurchführung keine Beziehung aufweist, nicht als glücklich angesehen werden.

c) Frankreich

In Frankreich existiert keine Kodifikation für das im Konfliktfall anzuwendende Recht. Nach der Rechtsprechung gilt folgende Anknüpfungs-

---

66 Dicey/Morris, Rule 145; Lorenz, Vertragsabschluß und Parteiwille im internationalen Obligationsrecht Englands, S. 86 ff.

67 Treibel, Rdn. 107; Lorenz, S. 59 ff.

68 Lord Simonds in: Bonython v. Commonwealth of Australia (1951) A. C. 201, 219; Dicey/Morris, Rule 143, Subrule 3. mwN.

69 Vgl. Treibel, Rdn. 197; Compagnie d'Armement Maritime S. A. v. Compagnie Tunisienne de Navigation S. A. (1976) 3. W. L. R. 389.

70 Makarow, Quellen des IPR, Bd. I, Gesetzestexte, Stichwort „Italien", S. 7 f.

leiter: Ausdrücklicher Wille – stillschweigender Wille – gemeinsames Heimatrecht der Vertragspartner – Recht des Abschlußortes ggf. auch Recht des Erfüllungsortes[71]. Gemeinsames Heimatrecht als Anknüpfungspunkt dürfte bei den hier untersuchten Verträgen selten sein. Die Anknüpfung an den Abschlußort weist die gleichen Probleme auf, wie die Anknüpfung nach Art. 25 des Einführungsgesetzes zum italienischen Codice Civil (Vertragsabschluß unter Abwesenden und Zufälligkeit des Abschlußortes). Die französische Rechtsprechung weicht daher in Fällen, in denen die Anknüpfung an das Recht des Abschlußortes zu einem rein zufälligen Ergebnis führen würde, von dieser Reihenfolge ab und legt dem Vertrag das Recht des Erfüllungsortes zugrunde[72]. Für den Management-Vertrag ist dies in der Regel der Sitz des Management-Nehmers; damit ist das hier geltende Recht anzuwenden. Für den Consulting-Vertrag ist eine eindeutige Bestimmung nicht möglich; sie hängt von der Art der übernommenen Aufgaben ab.

V. Zusammenfassung zum anwendbaren Recht

Wie diese Übersicht zeigt, ist eine verallgemeinerungsfähige Beantwortung der Frage, welches Recht auf den Management-, bzw. Consulting-Vertrag im Falle einer Auslandsberührung anzuwenden ist, nicht möglich.

Beim Management-Vertrag führt zwar in den meisten Fällen die Anknüpfung aufgrund objektiver Kriterien bei Fehlen einer Rechtswahl zur Anwendbarkeit des Rechtes am Sitz des Management-Nehmers (Leistungsort!). Zwingend ist dies Ergebnis jedoch nicht. Es steht unter dem Vorbehalt, daß im Einzelfall die für die Anknüpfung maßgeblichen Kriterien auf eine andere Rechtsordnung hinweisen können. Da diese Umstände variieren, läßt sich eine allgemein gültige Anknüpfungsregel für den Management-Vertrag nicht aufstellen.

Noch offener ist die Frage nach dem anwendbaren Recht beim Consulting-Vertrag. Anders als beim Management-Vertrag steht ein einheitlicher Erfüllungsort nicht fest. Je nach Art der übernommenen Aufgabe liegt er entweder beim Klienten oder beim Consultant. Die Ermittlung des

---

[71] Sonnenberger, Französisches Handels- und Wirtschaftsrecht, Rdn. 104; Ferid, Das französische Zivilrecht, Bd. I, unter 1 B 47; Sandrock, Handbuch der internationalen Vertragsgestaltung, Band 1, Rdn. 264.

[72] Sandrock, Zur ergänzenden Vertragsauslegung im materiellen und internationalen Schuldvertragsrecht, S. 179, 182 f.

maßgeblichen Rechts kann auch hier nur aufgrund der konkreten Umstände des Einzelfalls erfolgen.

Die einzige Möglichkeit der Erzielung eindeutiger Ergebnisse für die Bestimmung des anwendbaren Rechts ist die Wahl einer Rechtsordnung durch die Parteien. Diese kann das Recht einer der Parteien, eine fremde Rechtsordnung aber auch eine Kombination mehrerer Rechtsordnungen sein. Wenig sinnvoll ist in diesem Zusammenhang allerdings der Vorschlag von Zeiger[73], transnationales Recht (lex mercatoria)[74] dem Vertrag zugrundezulegen, um so kollisionsrechtliche Unsicherheiten auszuschalten und den Interessen beider Parteien gerecht zu werden. Hier wird verkannt, daß das transnationale Wirtschaftsrecht für komplizierte Fragen des Technologie- und Know-How-Transfers (noch) keine ausreichenden Regelungen bereit hält. Eher geeignet ist die Wahl einer nationalen Rechtsordnung. Spätere Schwierigkeiten für die Ermittlung des maßgeblichen Rechts und dessen Inhalts werden auf diese Weise vermieden.

---

73 Zeiger, Der Management-Vertrag, S. 97.

74 Dazu oben § 1 III.

Textanhang

Vorbemerkung

Der letzte Teil enthält drei Verträge aus dem Bereich des Management/Consulting-Geschäftes sowie die Standesrichtlinien der ACME (Association of Consulting Management Engineers).

Die Wiedergabe erfolgt mit der freundlichen Genehmigung der Kreditanstalt für Wiederaufbau, Frankfurt/M. (Text A) und der FIDIC, International Federation of Consulting Engineers, den Haag (Text B). Bei dem dritten Vertrag handelt es sich um einen Management-Vertrag aus der Hotel-Branche. Da generelle Vertragsmuster für das Management-Geschäft nicht existieren, wurde ein praktischer Vertragstext ausgewählt.

A) Kreditanstalt für Wiederaufbau

Consulting Agreement

dated ....

between

.... ("Client")
represented by Kreditanstalt für Wiederaufbau ("KfW")

and

.... ("Consultant")

regarding

Consulting Services for .... ("Project")

Contents

Whereas

the Client is desirous that consulting services should be rendered for the .... project;

the Consultant has submitted a technical and financial proposal for these services dated ....

Now it is hereby agreed between the parties as follows:

Article I

General Provisions

1. Ruling Language

This Agreement is made in English, which shall be considered to be the "Ruling Language". All correspondence between the parties, reports, studies, technical data, certificates and all documents pertaining to the Project shall be in English.

2. Governing Law

This Agreement is subject to the law of the Federal Republic of Germany.[1]

3. Assignment

The Consultant shall not have the right to assign or transfer the benefits and the obligations of this Agreement or any parts thereof without the prior consent of the Client.

The consent of the Client is not required for the assignment of any monies due or to become due under this Agreement.

4. Assistance

The Consultant may call for the assistance of other Consultants or experts provided that after consultation with KfW the prior written approval of the Client is obtained.

5. Sub-Contracts

Any sub-contract to be made by the Consultant shall be made only to such extent and with such duly qualified specialists and entities as shall be approved in writing in advance by the Client in consultation with KFW. In any case the Consultant assumes the liability for the services rendered by the sub-contractor.

6. Alterations, Amendments

Should circumstances arise which call for modifications or amendments of this Agreement, these shall be made by mutual consent given in writing.

7. Entry into Force

This Agreement enters into force upon the date of its signing by both parties (but not before the day KFW notifies the Client that all conditions to be met prior to the first disbursement under the Financing Agreement mentioned in Article V para. 3 have been fulfilled).[2]

8. Commencement Date

The Consultant shall commence the services within .... weeks after the entry into force of this Agreement.

9. Measuring System and Standards

Drawings, plans and calculations will be based on the .... system and on .... standards or equivalent.

---

[1] This Agreement has been construed in accordance with the law of the Federal Republic of Germany. If the parties choose another governing law, it is recommended to have the Agreement reviewed by a lawyer familiar with such law.

[2] Not applicable in case of prefinancing according to Art. V, 5.

10. Partial Invalidity
The invalidity of one provision of this Agreement shall not effect the validity of the other provisions. Any gap resulting in consequence shall be filled by a provision consistent with the purpose of this Agreement.

Article II

Parts of Agreement

The following documents shall be deemed to form and be read and construed as integral parts of this Agreement:

1. Terms of Reference (Annex A)
2. Time Schedule/Working Programme (Annex B)
3. List of Staff Members (Annex C)
4. Cost Breakdown (Annex D)
5. Advance Payment Guarantee (Annex E)
6. [3]

Article III

Duties of the Consultant

1. Standard of Services
The Consultant shall in all professional matters act as a faithful adviser to the Client. The Consultant shall exercise all reasonable skill, care and diligence in the discharge of his duties under this Agreement. He shall carry out the services in conformity with sound professional practices and standards.

2. Scope of Services

a) Short description of
   - purpose of the services (i. e. extension of the power generation and distribution facilities of the .... project);
   - content of the services (i. e. a first description of the working programme);
   - points to be considered (i. e. .... will comprise the collection and critical review of all reports and statistics).

b) For Terms of Reference see Annex A.

c) (If additional services are required:)
   In addition to the services defined in Article III paras. 2 a) and b) supra, the Consultant shall provide the following services:

3. Time Schedule, Penalties
The total contract period for the Consultant's services will be .... consecutive months after commencement date. (Division into several phases may be required). For time schedule of activities, see Annex B.

---

[3] As the case may be further documents can be enlisted.

Any modification of the above-mentioned time schedule due to a reasonable request by either party shall be mutually agreed upon in writing.

In case the Consultant fails to fulfil any of the services under this Agreement in due time for reasons for which he is responsible, the Client shall be entitled to inflict a penalty of 0.5% of the Contract Sum for every week of delay up to a maximum amount of 8% of the Contract Sum.

The Client is not entitled to charge any other claim resulting out of the delay of services beyond this delay penalty.

4. Reports and Information

The Consultant shall submit to the Client and to KfW monthly/quarterly reports on the progress of the services. These reports will show .... Special consideration shall be given to the fact .... The Consultant will inform KfW without delay about extraordinary circumstances arising during the performance of the services and about all matters requiring the consent of KfW.

Besides, the Consultant shall furnish to the Client such information related to the services as the Client reasonably may from time to time request.

5. Records

The Consultant shall keep accurate and systematic records in respect of the services in such form and detail as is customary in his profession and shall permit the Client and/or KfW to inspect the same and make copies thereof during the duration of the Agreement.

6. Consultant's Staff

The Consultant shall appoint only competent, experienced and reliable staff for the execution of the services. The list of the staff members selected is to be approved by the Client in consultation with KfW. For details see Annex C.

The Client reserves the right to require the Consultant to recall or replace any of the latter's staff members whose services do not meet their requirements.

In case of sickness of any of the Consultant's staff members lasting more than one month, the Consultant shall replace him with another staff member of at least the same qualification.

Replacement of the professional staff shall not be made without the prior approval of the Client in consultation with KfW.

Where special technical advice or assistance is required, the consultant may with the prior written agreement of the Client – given after consultation with KfW – arrange for the provision of such services.

When the Consultant has to withdraw or replace any of his staff during the contract period, the cost shall be borne by the Consultant.

Article IV

Obligations of the Client

1. Information

The Client shall furnish all pertinent data, documentation and information available to him and shall give such assistance as shall reasonably be required by the Consultant for the carrying out of his duties under this Agreement.

2. Transport[4]
The Client shall in due time[5] place at the Consultant's disposal .... vehicles, other equipment ....

3. Office and Technical Equipment
The Client shall place at the Consultant's disposal in due time a furnished office in .... etc.

4. Assistance
(Assistance in the clearance through customs, in providing entry and exit visa, travel documents, licences for telephone and telex connections, in contacting authorities etc.)

5. Tax Exemption
The Consultant and his expatriate staff shall be exempt from all taxes, duties, fees, levies and other charges imposed by law and regulations in the Client's country in respect of:

– any payments made to the Consultant or to his expatriate staff in connection with the execution of services;
– any services rendered by the Consultant or his expatriate staff in connection with the execution of the services;
– any equipment, materials, supplies necessary for the execution of the services including motor vehicles and personal belongings of expatriate staff brought into the Client's territories and which after termination of the services will subsequently be withdrawn therefrom or having been destroyed during the service period.

If the fulfilment of the above obligation should be prevented by operation of law the Client shall reimburse the Consultant all amounts paid in this context.

6. Approval
The Client, in consultation with KfW, shall – if so required – give his decision on all drawings, reports, studies, substitution of Consultant's staff etc. as soon as possible, at the latest before the elapse of .... weeks after submission so as not to delay the work of the Consultant.

The approval of the Client required for the final payment according to Article V, 2 will be given after termination of the Consultant's services duly rendered in accordance with the contract, at the latest however before the elapse of .... weeks after such termination.

Article V

Remuneration, Terms and Method of Payment

1. Remuneration
For the services to be rendered by the Consultant under this Agreement the Client shall pay the sum of .... ("Contract Sum") consisting of:

[4] If suitable, paras 2. and 3. may be combined. In case that counterpart services are numerous, they should be laid down in a special addendum.

[5] To be laid down as detailed as possible.

contract fee .... of which .... local currency
.... foreign currency
reimbursables .... of which .... local currency
.... foreign currency

A detailed cost breakdown is shown in the attached Annex D which constitutes an integral part of this Agreement.

2. Terms of Payment
The Consultant's remuneration shall be paid as follows:

DM .... *advance payment*, due within 30 days after Entry into Force of this Agreement, against advance payment guarantee as per Annex E[6].

DM .... in consecutive *instalments*[7] against invoices which shall be accompanied by reports on the progress of the services. The first invoice will be furnished ... months after commencement of services.

DM .... as *final payment*[8] upon termination of the services and their approval by Client and KfW.

3. Method of Payment
(Text must be elaborated when definite procedure is known; in view of Article I para. 7, the Financing Agreement must be mentioned.)

4. Revision
The rates quoted in Annex .... are applicable until .... 19... After this date, rates shall be subject to adjustment in case the official level of prices and salaries applicable is increased.

In cases where parts of the remuneration become due before KfW's loan or financial contribution is ready to be disbursed and KfW is prepared to pre-finance such parts, the following text shall apply:

Prefinancing
It is provided that the remuneration of the Consultant will be financed out of a loan/financial contribution of KfW. If parts of the remuneration will become due prior to the conclusion of the Loan/Financing Agreement or before the conditions of disbursement of such Agreement have been fulfilled, KfW is prepared to pre-finance such parts of the remuneration by "discounting without recourse". For this purpose the Client will establish a Debt Certificate (Form see Annex F) and remit it to the Consultant.

---

6 The amount of the advance payment guarantee shall be reduced by the amount of mobilization cost incured up to the date of payment of the advances.

7 If possible, instalments should not be fixed on a calendar basis but tied to criteria which furnish a proof that the services have been rendered. The first instalment (s) shall be reduced by the amount of the advance payment.

8 Usually, final payment in case of studies shall be 10%, in case of design and supervision 5% of the contract fee.

Article VI

Liability of the Consultant

1. The Consultant is liable for the consequences of all errors and omissions on his part or on the part of his employees to the extent and with the limitations referred to hereunder.
2. The liability of the Consultant for negligence shall be limited to the amount of the Contract Sum.
3. The liability of the Consultant shall terminate upon the Client's final acceptance of the Consultant's services.
4. The liability for consequential damages is excluded.

Article VII

Insurance[9]

1. Insurance provided by the Consultant

During the performance of the services, the Consultant will take out, carry and maintain the following insurances, insuring himself with the limits shown for the respective items:

a) Workmen's Compensation Insurance or similar insurance to cover his expatriate and – as the case may be – local personnel engaged in the performance of the services, in accordance with applicable laws and regulations;
b) Equipment Insurance – if not agreed to be taken out by the Client – covering loss or physical damage to all equipment, office furniture and equipment owned by the Consultant and insuring under "All Risks" conditions with a limit not to exceed the actual value of the equipment.

The Client will be furnished with satisfactory evidence that the foregoing insurance is in effect and such evidence shall provide that the Client will be given written notice thirty (30) days prior to cancellation of such insurance. The cost of such insurance shall be borne by the Consultant, and is applicable only for work performed in . . . .

2. Insurance provided by the Client

The Client, by himself, will provide and maintain at his own expense during the period of the performance of services

a) All Risk Insurance against loss of or damage to the works or to the equipment arising from any cause whatsoever;
b) Third Party Liability Insurance;

---

[9] To be determined in accordance with the requirements of the specific case. The following wording has to be considered an example.

c) Motor Vehicle Comprehensive Liability Insurance covering motor vehicles used by the Consultant and insurance against liability arising from injuries or death to persons and damage to property of others as required by law.

Article VIII

Settlement of Disputes

Any disputes arising out of or in connection with the Agreement should be settled amicably between both parties.

In default of amicable agreement, the dispute shall be finally sttled under the Rules of Conciliation and Arbitration of the International Chamber of Commerce in Paris, by an arbitration committee of three arbitrators appointed in accordance with the said rules.

Article IX

Force Majeure

1. In the event of Force Majeure – unforeseeable events beyond the control of the parties – preventing either party to meet its obligations under this Agreement, it is agreed that if notice of such situation is given to the other party within 2 weeks after the occurrence of Force Majeure, the contract obligations as far as affected by such event shall be suspended for as long as the inability continues owing to such situation.
   In the event of Force Majeure, the Consultant shall be entitled to an extension adequate to the delay caused by such Force Majeure.
2. The Consultant shall be compensated for losses and damage resulting from Force Majeure. The extent of compensation shall be negotiated between the parties. Failure to agree on a compensation shall be treated as a dispute.
3. If Force Majeure continues longer than 90 days, either party may terminate this agreement by a written notice given within 30 days.

Article X

Termination of the Agreement

1. Termination by Client

The Client, in consultation with KfW, may terminate this Agreement at any time upon written notice of not less than thirty (30) days whenever for any reason the Client shall determine that such termination is in the best interests of the Client.

Upon receipt of such notice, the Consultant shall take immediate steps to bring the services to a close in a prompt and orderly manner and shall deliver to the Client all reports, designs and other documents elaborated up to that date.

2. Termination by Consultant

If any amounts due and payable to the Consultant under this Agreement have not been paid within 60 days after receipt of the invoice, the Consultant may at his option terminate this Agreement upon thirty (30) days' notice in writing to the Client.

3. Consequence of Termination

a) If termination is not due to a default of the Consultant, the Consultant shall be entitled to receive the remuneration due up to the date of termination and reimbursement for such cost incurred prior to the date of termination and reimbursement for any loss and damage incidental to the termination.

b) If termination is due to a default of the Consultant, the client is entitled to ask for payment for damage resulting from such default.

Article XI

Special Provisions

1. Behaviour

During the validity of this Agreement, the Consultant and his expatriate staff and employees shall not interfere in affairs of a political or religious nature within or concerning . . . . (country).

2. Confidential Treatment

All documents, reports, estimates, technical data and information shall be treated as confidential and shall not, without the written approval of the other party, be made available to any third party.

Notwithstanding this obligation, the Consultant or the Client will supply any information and documentation requested by KfW.

3. Communications

The Client's, the Consultant's and KfW's addresses shall be as follows and all communications shall be directed to these addresses:

Client:	Name: Address: Telex:
Consultant:	Name: Address: Telex:
KfW:	Kreditanstalt für Wiederaufbau Palmengartenstr. 5–9 Postfach 111141 D-6000 Frankfurt/Main Federal Republic of Germany Telex 41 1352 a kfw d

4. Copyright

The copyright of studies, reports, plans and supporting documents provided by the Consultant shall be with the Consultant.

The Client may dispose of such material for any purpose related to the project.

5. Property in Data and Equipment
All studies, reports and relevant data, such as maps, diagrams, plans, statistics and supporting material submitted to the Client shall be the property of the Client.

Equipment purchased in connection with the services by the Consultant and fully paid by the Client shall be handed over to the Client on termination of the services.

6. Repayment Clause
Reimbursements, insurance, guarantee or similar claimable payments resulting from contracts for goods and services paid under this Agreement shall be made for the account of the Client to KfW into its account No. 504 091 00 with Deutsche Bundesbank, Frankfurt am Main, with KfW crediting him with the amounts. If such payments are made in local currency they shall be transferred to a special account of the Client in ....; such account may be operated only with the consent of KfW. Such funds may be re-utilized in accord with KfW for the execution of the Project.

Done in .... originals at Frankfurt am Main

Kreditanstalt für Wiederaufbau for and on behalf of .... (Client)	For and on behalf of .... (Consultant)
....	....

Annex A

Terms of Reference

Annex B

Time Schedule of Activities

Annex C

List of Staff Members

Annex D

Cost Breakdown

Annex E

FORM

Advance Payment Gurantee

In consideration of the contract dated ....
between .... ("Client")
and .... ("Consultant")
for .... (i. e. study, supervision)
at a contract sum of ....
and as it is a condition of this contract that ....
of the contract sum being an amount of ....
has to be paid as advance payment against an advance payment guarantee,

we the undersigned Bank, waiving all objections and defenses hereby irrevocably and independently guarantee to pay to the Client without delay on his first written demand any amount up to the extent of

....
(amount of advance payment)
(in words: ....)

against his written declaration that the Consultant has refused or failed to perform his contractual obligations.

This guarantee comes into force on receipt of the advance payment by the Consultant.

This guarantee shall be reduced automatically according the mobilization costs paid and the value of services rendered by the Consultant.

In case of any claim under this guarantee, payment will be effected to Kreditanstalt für Wiederaufbau, Frankfurt/Main (account number 50409100 with Deutsche Bundesbank, Frankfurt/Main) in favour of the Client.

This guarantee shall expire on .... (date) by which date we must have received any claim by registered letter or by cable.

It is understood that the Client will return this guarantee to us on expiry or settlement of a claim or claims hereunder.

....
Date Bank

B) FIDIC

International General Rules of Agreement Between Client & Consulting Engineer

For

Project Management

IGRA 1980 PM

Index Clause

International Model Form of
Agreement
for
Project Management

THIS AGREEMENT (hereinafter, together with the International General Rules of Agreement (Parts I and II) and the Appendices and all the documents annexed hereto and forming an integral part hereof, called 'the Agreement')

made in duplicate the .... day of

.... in the year Nineteen Hundred and ....

between ....

....

of ....

hereinafter called 'the Client' of the one part

and ....

....

of ....

hereinafter called 'the Project Manager' of the other part.

WHEREAS the Client is desirous that Project Management services be rendered for the following project:

(brief Description)

Now these presents witness and it is hereby agreed and declared by and between the parties hereto as follows:

The Client hereby appoints the Project Manager and the Project Manager accepts the appointment on the conditions as laid down in the International General Rules of Agreement (Parts I and II) and Appendices annexed hereto and made a part herof.

Appendix A: Scope of Services

Appendix B: Assigned Specialists, Personnel, Equipment and Facilities to be provided by the Client

Appendix C: Remuneration and Payment.

In witness whereof the parties sign:

the Client	*the Project Manager*
....	....
place of signature	place of signature

International General Rules
of Agreement
Project Management
Part I
Standard Conditions

2.1 General Provisions

2.1.1 Scope of Services
The services to the performed by the Project Manager under this Agreement (hereinafter called 'the Services') relating to the works to be constructed (hereinafter called 'the Works') are described in the Scope of Services set forth in Appendix A.

2.1.2 Relationship between the Parties
Nothing contained herein shall be construed as establishing or creating a relationship of master and servant, it being agreed that the Services are performed for and on behalf of the Client.

2.1.3 Language/s and Law
There shall be stated in Part II of these International General Gules:
(a) the language or languges in which the Agreement documents shall be drawn up;
(b) the language according to which the Agreement is to be construed and interpreted, designated the 'Ruling Language';
(c) the country or state, the law of which is to apply to the Agreement and according to which the Agreement is to be construed.

2.1.4 Changes in Legislation
If in the country and/or countries in which the project is being carried out there should occur, subsequent to the date of this Agreement, changes to any National or State Statute, Ordinance, Decree or other Law or any regulation or by-law of any local or other duly constituted authority, or the introduction of any such State Statue, Ordinance, Decree, Law, regulation or by-law which cause additional or decreased cost to the Project Manager in the performance of his services, such additional or reduced cost shall be paid by or credited to the Client and the agreed remuneration adjusted accordingly.

2.1.5 Definitions
Words importing the singular only also include the plural and the masculine includes the feminine and vice-versa where the context requires. The word 'days' denotes calendar days.

2.1.6 Headings
The headings in these International General Rules of Agreement (Parts I and II) shall not be deemed to be part thereof or be taken into consideration in the interpretation or construction thereof or of the Agreement.

2.1.7 Notices

All notices under this Agreement will be given in writing and will be deemed to have been given if delivered by one of the following means:

- personal delivery to the designated representative of each of the Parties;
- by telex;
- by telegram;
- by registered post;

at the specific designation of the Parties as set forth in Part II of this Agreement.

2.2 Commencement, Completion, Alteration and Termination of the Agreement

2.2.1 Agreement in Force and Authorized Signatories

The Agreement is considered to have come into force immediately all the necessary signatures as stipulated in Part II of this Agreement have been appended.

2.2.2 Commencement Date

The Project Manager shall commence the Services within the period stated in Part II of this Agreement.

2.2.3 Completion Date

The Services shall be completed within the period stated in Part II of this Agreement or as alternatively agreed in writing between the Parties.

2.2.4 Alterations

Should circumstances arise which call for modifications on the Agreement these may be made by mutual consent given in writing. Proposals in this respect from one party shall be given due consideration by the other party.

2.2.5 Assignment

The Project Manager shall not, without the written consent of the Client, assign the benefits, other than the assignment of any monies due or to become due under this Agreement. The Project Manager shall not, without the written consent of the Client, in any way assign or transfer the obligations of this Agreement or any part thereof.

2.2.6 Death of the Client

The Agreement shall not be dissolved by the death or demise of the Client. His rights and obligations shall pass to his successors.

2.2.7 Partnerships

(i) Addition of Partner(s)

Should the Project Manager be a partnership and at any time take an additional partner or partners, he or they shall thence be deemed to be included in the expression 'the Project Manager'.

(ii) Withdrawal of Partner(s)

Should the Project Manager be a partnership the Agreement shall not be dissolved by the death or withdrawal of one or more members of the Partnership.

2.2.8 Sub-Contracts
Any sub-contract or modification or termination thereof relating to the performance of the Services by the Project Manager shall be made only with the advance written agreement of the Client.

2.2.9 Postponement and Termination

2.2.9.1 By Notice of the Client
The Client may by written notice to the Project Manager at any time give prior notice of his intention to abandon the Services, in whole or in part, or terminate this Agreement.

The effective date of termination of this Agreement shall not be less than sixty (60) days after receipt of such notice, or such other shorter or longer period as may be agreed between the Parties.

Upon receipt of such notice the Project Manager shall take immediate steps to bring the Services to a close and to reduce expenditures to a minimum.

2.2.9.2 Force Majeure
The Project Manager shall promply notify the Client, in writing, of any situation or event arising from circumstances beyond his control and which he could not reasonably foresee which makes it impossible for the Project Manager to carry out in whole or in part his obligations under this Agreement. Upon the occurrence of such a situation or event the Services shall be deemed to be postponed for a period of time equal to that caused by the Force Majeure and a reasonable period not exceeding one (1) month to remobilize for the continuation of the Services.

2.2.9.3 Default by the Client
The Project Manager may by written notice to the Client terminate this Agreement:

(i) if he has not received payment of that part of any invoice which is not contested within sixty (60) days of submission thereof;
(ii) if the Services have been postponed as provided for in Clause 2.2.9.2. and the period of postponement has exceeded six (6) months.

2.2.9.4 Entitlement of Project Manager upon postponement or termination
Upon postponement of the Services or termination of this Agreement under Clause 2.2.9.1, 2.2.9.2 or 2.2.9.3 and subject to the obligation of the Project Manager to reduce expenditure to a minimum as stated in Clause 2.2.9.1, the Project Manager shall be entitled to receive the remuneration due up to the effective date of postponement or termination and reimbursement in full for such of the costs specified in Appendix C as shall have been incurred prior to the effective of such postponement or termination and for all costs incidental to the orderly termination of the Services, including return travel of the Project Manager's personnel, their dependents and effects.

Compensation to the Project Manager in respect of postponement or termination shall be agreed between the Client and the Project Manager or, failing agreement, shall be referred to arbitration in accordance with Clause 2.6 of this Agreement.

2.2.9.5 Default by the Project Manager
The Client shall notify the Project Manager, in writing, if he considers that the Project Manager is not discharging his obligations under this Agreement, stating the reasons therefor. In the event that the Project Manager does not respond to such notice within fifteen (15) days the Client may deem the Agreement terminated.

In this event the Project Manager shall be entitled to receive the remuneration due for services rendered up to date of notification of default and reimbursement in full for such of the costs specified in Appendix C as shall have been properly incurred prior of the date of notification of default.

2.2.9.6 Claims for Default
Any claim for damages arising out of default and termination shall be agreed between the Client and the Project Manager or, failing agreement, shall be referred to arbitration in accordance with Clause 2.6 of this Agreement.

2.2.9.7 Rights and Liabilities of Parties
Termination of this Agreement, for whatever reason, shall not prejudice or affect the accrued rights or claims and liabilities of either party to this Agreement.

2.3 The rights and Duties of the Project Manager

2.3.1 Skill, care and diligence
The Project Manager shall exercise all reasonable skill, care and diligence in the performance of the Services under the Agreement and shall carry out all his responsibilities in accordance with recognized professionnal standards.

2.3.1.1 Faithful adviser
The Project Manager shall in all professional matters act as a faithful adviser to the Client and, in so far as any of his duties are discretionary, act fairly as between the Client and third parties.

2.3.1.2 Observance of laws and customs
The Project Manager, his employees and sub-contractors, whilst in the country in which the Works are to be carried out, shall respect the laws and customs of that country.

2.3.2 Indirect payments
The remuneration of the Project Manager charged to the Client according to Appendix C shall constitute his only remuneration in connection with the Agreement and neither he nor his personnel shall accept any trade commission, discount, allowance or indirect payment or other consideration in connection with or in relation to the Agreement or to the discharge of his obligations thereunder.

2.3.3 Royalties
The Project Manager shall not have the benefit, whether directly or indirectly, of any royalty on or of any gratuity or commission in respect of any patented or protected article or process used on or for the purposes of the Agreement unless it is mutually agreed in writing that he may.

2.3.4 Provision of expert technical advice and skill
The Project Manager will provide all the expert technical advice and skills which are normally required for the class of services for which he is engaged. Where specialist technical advice or assistance is required, beyond that committed under the Scope of Services in Appendix A, the Project Manager may with the prior written agreement of the Client arrange for the provision of such services. The Client shall pay for all such services.

However, the Project Manager shall retain full and unseverable responsibility for all the Services which he is committed to render under this Agreement.

2.3.5 Authority to award Contracts
The Project Manager, when performing procurement services for and on behalf of (and at the expense of) the Client, shall have authority to enter into such Contracts for equipment, materials, services and labour as requested by the Client, but he shall obtain prior written approval of such Contracts from the Client.

2.3.6 Alterations to Contracts
The Project Manager shall have authority[1] to make minor alterations to Contracts as may be necessary or expedient, but he shall obtain prior written approval of the Client to any substantial alterations and costs of the said Contracts and any instruction to a Contractor or Supplier which constitutes a major variation, omission or addition to the respective Contracts.

In the event of any emergency, however, which in the opinion of the Project Manager requires immediate action in the Client's interest, the Project Manager shall have authority to issue such orders as required on behalf of and at the expense of the Client.

The Project Manager must inform the Client immediately of any orders issued without prior consent which will result in additional cost to the Client and follow up such advice as soon as possible with an estimate of the probable cost.

The Project Manager shall maintain and keep proper documentation of all such Contracts and shall make these available at all reasonable times to the Client.

2.3.7 Issue of Certificates and Payments to Contractors and Suppliers
The Project Manager shall not be the medium of payments made on behalf of the Client to Contractors and/or Suppliers unless specifically so requested by the Client. He will, however, issue certificates for such payment.

2.3.8 Copyright
The Copyright of all design and control documents prepared by the Project Manager in connection with the Agreement rests with the Project Manager. The Client shall not be entitled either directly or indirectly to make use of these documents for the carrying out of the Services other than under the supervision of the Project Manager and/or of any additional or similar Services without prior approval of the Project Manager which shall not be unreasonably withheld.

---

[1] This Clause should be reflected in the contract between the Client and Contractor.

2.3.9 Ownership of equipment, materials, supplies ad facilities
Equipment, materials, supplies and facilities furnished to the Project Manager by the Client or purchased by the Project Manager with funds wholly supplied or reimbursed by the Client shall be property of the Client and shall be so marked.

Upon completion or termination of the Services the Project Manager shall furnish to the Client inventories of the equipment and materials referred to above as it then remains and dispose of same as directed by the Client.

2.3.10 Publication of articles
The Project Manager shall have the right, subject to the Client's approval, which shall not be unreasonably withheld, to publish descriptive articles, with or without illustrations, with respect to the Services either on his own account or in conjunction with other parties concerned.

2.4 Liability of the Project Manager

2.4.1 Financial Liability of the Project Manager
Notwithstanding anything herein contained to the contrary, the Client shall indemnify and hold harmless the Project Manager for and against any and all claims, damages, expenses or costs (including those asserted by third parties) directly or indirectly related to the Services to the extent that such claims, damages, expenses and costs exceed in total the Project Manager's liability as stated in Part II of this Agreement.

This indemnification and hold harmless by the Client shall not apply in cases where such claims, damages and expenses arise from gross negligence or criminal action from the Project Manager.

2.4.2 Expiry of the liability of the Project Manager
The liability of the Project Manager expires as specified in Part II of this Agreement.

2.4.3 Liability for patents and copyrights
The Project Manager shall be liable for any violation of legal provisions or rights of third parties in respect of patents and/or copyrights introduced into documents by him.

2.4.4 Third Party and Client's equipment insurances
Unless notice to the contrary is given in writing by the Client, the Project Manager shall, at the Client's expense, take out and maintain, on terms and conditions approved by the Client, insurance against third party liability and against loss of or damage to equipment purchased, with funds provided by the Client, for the sole use of the Project Manager in the execution of the Services, provided that the Project Manager shall use his best efforts to maintain at his own cost, reasonable professional liability coverage.

2.4.5 Restriction of liability
The Project Manager has no liability whatsoever for any part of the Works not designed by him or under his responsibility unless due to decisions taken and directives given by the Project Manager in the course of carrying out the Services.

2.4.6 Damage resulting from acts by Client, Contractor or Supplier
The Project Manager has no liability whatsoever for any damage resulting from any act of the Client, the Contractors or the Suppliers which is not covered by the Scope of Services or the Project Manager's instructions or written advice.

2.5 Obligations of the Client

2.5.1 Furnish data and information
The Client shall furnish without charge and within a reasonable period of time, consistent with Clauses 2.2.2 and 2.2.3 as stated in Part II of this Agreement, all pertinent data and information available to him and shall give such assistance as shall reasonably be required by the Project Manager for the carrying out of his duties under this Agreement. The Client shall give his decision on all sketches, drawings, reports and matters properly referred to him for decision by the Project Manager within an agreed stipulated period of time.

2.5.2 Aid to the Project Manager, his personnel and their dependents
The Client shall facilitate the timely granting to the Project Manager, and any of his personnel and, where applicable, their dependents, in respect of the country where the Works are to be carried out, of:

(i) a) necessary permits and licenses for performing the Services in the Client's country;
b) necessary visas, licenses, permits and customs clearance for entry and exit;
(ii) unobstructed access to all sites and locations involved in carrying out the Services;
(iii) the privilege of bringing into the country reasonable amounts of foreign currency for the purposes of the Services or for the personal use of such personnel and of withdrawing any such amounts as may be earned therein by such personnel in the execution of the Services;
(iv) a firm authorization from the country's Central Bank or other appropriate authority that the foreign exchange component of the remuneration under this Agreement shall be allowed to be transferred to the Project Manager's home country;
(v) repatriation in the event of emergencies.

2.5.3 Customs clearance
The Client will facilitate the clearance through customs of any equipment, materials and supplies required for the Services and of the personal effects of the Project Manager's personnel.

2.5.4 Compensation for taxes, duties and levies
Except when exemption has been arranged the Client shall compensate the Project Manager for the unrecovered cost of any taxes, special charges, duties, levies and other impositions under the laws and regulations in the country where the Workds are carried out in respect of:

(i) any payments made to the Project Manager or the personnel he brings from other countries for the purpose of carrying out the Services;

(ii) any equipment, materials and supplies brought into the country for the purpose of carrying out the Services and which, after having been brought into the country, will be subsequently withdrawn therefrom;
(iii) any property brought into the country by the Project Manager or his personnel for their personal use or consumption which, after having been brought into the country, will, if not consumed, be subsequently withdrawn thereform upon the departure of the Project Manager and his personnel;
(iv) any stamp and other duties payable on documents.

2.5.5 Equipment, materials, supplies and facilities furnished by the Client
The Client shall make available, free of charge, to the Project Manager and his personnel, for the purpose of the Services, the equipment, materials, supplies and facilities described in Appendix B.

2.5.6 Delay in obtaining equipment, materials, supplies and facilities from the Client
In the event that the Project Manager is delayed in obtaining the equipment, materials, supplies and/or facilities set forth in Appendix B, he shall notify the client of such delay and shall be entitled to appropriate time extension and proportional remuneration for completion of the Services.

2.5.7 Non-supply of equipment, materials, supplies and facilities by the Client
If the anticipated equipment, materials, supplies and/or facilities are not forthcoming the Client and the Project Manager shall agree on how the affected part of the Services shall be carried out and upon a revised remuneration therefor.

2.5.8 Counterpart personnel
The Client will in conjunction with the Project Manager arrange for the selection and provision of counterpart personnel where required, as indicated in Appendix B hereto. Counterpart personnel will be trained by and work under the exclusive direction of the Project Manager. In the event that any member of the counterpart personnel fails to perform adequately the work assigned to him by the Project Manager, provided such work assignment is consistent with the position occupied by the staff member, the Project Manager may request that he be replaced and such request shall not be unreasonably refused.

If counterpart personnel are not provided in accordance with Appendix B, the Client and the Project Manager shall agree on how the affected part of the Services will be carried out and upon a revised compensation therefor.

2.5.9 Services of others
The Client undertakes to arrange the provision of services from others in accordance with Appendix B hereto. The Project Manager shall co-operate with the firms and/or individuals listed in the Appendix.

In the event that the Project Manager is delayed in obtaining the services from others set forth in Appendix B he shall notify the Client of such delay and shall be entitled to appropriate time extension and proportional remuneration for completion of the Services.

If the anticipated services are not forthcoming, the Client and the Project Manager shall agree on how the affected part of the Services will be carried out and upon a revised remuneration therefor.

The Client shall hold the Project Manager harmless against any losses or claims resulting from the failure of others to provide the services to be arranged by the Client in accordance with Appendix B.

2.5.10 Monetary obligations of the Client
The Client shall pay the entire cost of the Works, including but not limited to, all services and any other services pursuant to this Agreement and pursuant to any and all contracts for the procurement of equipment, materials, services and labour, entered into by the Project Manager, on behalf of the Client.

2.6 Settlement of Disputes

2.6.1 Any dispute or difference arising out of the Agreement, including those considered as such by only one of the Parties, shall be finally settled under the Arbitration Rules and Procedures stipulated in this Agreement.

The Arbitrator's decision shall be final and binding on both Parties. The resulting award shall be in lieu of any other remedy.

The Arbitrator(s) will not be of the nationality of either the Client or the Project Manager.

2.7 Personnel

2.7.1 Site-staff
The Project Manager shall provide all necessary site-staff. Their qualifications and terms of service shall be subject to the approval of the Client, which approval shall not be unreasonably withheld.

The Services shall be carried out by personnel specified in Appendix B hereof for the respective periods of time indicated therein, provided that the Project Manager may make such reasonable adjustments in such periods as may be appropriate to ensure the efficient performance of the Services.

2.7.2 Project Manager's representative
The Project Manager shall designate an individual who shall be responsible on Site on behalf of the Project Manager.

2.7.3 Replacement of individual site-staff
Should it become necessary to replace any member of the site-staff during his contracted term, the Project Manager shall forthwith arrange for such replacement with a person of comparable experience.

The party requesting the replacement shall be responsible for the financial consequences thereof; except in the cases when the Project Manager's personnel are replaced for reasons of proved misconduct, inability to perform or violation of laws.

All such requests, for whatever reason, must be presented in writing with the particular reasons stated.

2.7.4 Client's individual experts
The Client's individual experts, if any, assigned to participate in the Services and specified in Appendix B hereof, shall only be appointed with the agreement of

the Project Manager and shall be remunerated by the Client. These experts may not be removed or replaced except by the Client acting in consultation with the Project Manager. In all other respects such persons shall be subject to the administrative direction and supervision of the Project Manager.

Notwithstanding the appointment of such persons by the Client, the Project Manager shall at all times retain full and unseverable responsibility for the due performance of his obligations hereunder and for the satisfactory completion of the Services. The Client shall be liable for these experts' errors and/or omissions unless otherwise stated in Part II of this Agreement.

2.8 Remuneration of the Project Manager

2.8.1 Specification of remuneration
The Client shall remunerate the Project Manager is respect of the Services in accordance with the conditions set forth in Appendix C.

2.8.2 Remuneration for supplementary services
In the event of any services being required supplementary to those detailed in Appendix A due to circumstances arising beyond the control of the Project Manager and which could not reasonably have been foreseen or for any additional services, alterations or modifications as agreed between the Parties and resulting from the Client's specific requests which cause amendments to the Services or termination of this Agreement, the Project Manager shall receive additional remuneration which shall be computed on a time basis together with all reimbursable costs incurred.

2.8.3 Additional remuneration for delays
In the case of delay on the part of the Client or of any Contractor or Supplier or the taking by the Client of the Works or any part thereof out of the hands of any Contractor or Supplier due to his failure to properly perform the relevant Contract, the Project Manager, to the extent that such delay results in extra costs, shall be entitled to additional remuneration. Such additional remuneration shall be computed on a time basis together with all reimbursable costs incurred.

2.8.4 Remuneration for additional services resulting from causes beyond the control of the Project Manager
If at any time before the completion of the Works under the Agreement any part of the Works or the equipment shall be damaged or destroyed as a consequence of operations of war, political disturbance or other cause beyond the control of the Project Manager, in the country in which the project is being carried out, the Client shall pay to the Project Manager the appropriate remuneration for any additional services which may be required to be designed and/or supervised by him as a result of such damage or destruction and a compensation for the damage resulting from such operations or cause.

2.8.5 Lump sum escalation provision
If the remuneration is stipulated as a lump sum plus reimbursable costs an agreed index for escalation of the sum shall be specified in Appendix C.

2.9 Payments to the Project Manager

2.9.1 Provision for payments
The Client shall effect payments to the Project Manager in accordance with the payment schedules and in the manner set forth in Appendix C.

2.9.2 Time within which payments to be made
Amounts due to the Project Manager shall be paid promptly. If the Client fails to pay the Project Manager within forty-five (45) days the Client shall pay interest as from the date of receipt of the invoice at the rate specified in Appendix C.

2.9.3 Items in dispute
If any item or part of an item of an invoice rendered by the Project Manager is disputed or subject to question by the Client, the payment by the Client of that part of the invoice which is not contested shall not be withheld on those grounds and the provisions of Clause 2.9.2 shall apply to such remainder and also to the disputed or questioned item to the extent that it shall subsequently be agreed or determined to have been due to the Project Manager and interest at the rate specified in Appendix C shall be paid on all disputed amounts finally determined payable to the Project Manager.

2.9.4 Repatriation of monies
All payments made by the Client on account of foreign exchange costs shall be available for repatriation by the Project Manager unless specific provision to the contrary is included in Appendix C.

2.9.5 Exchange rates
Whenever it shall be necessary to evaluate one currency in terms of another for the purpose of the payment of an amount specified in Appendix C the rate of exchange applicable shall be the selling rate published by an official source, in the country in which the Works are being constructed, on the date the payment was due.

2.9.6 Audit of accounts
Except in the case of lump sum agreements the Client may nominate a reputable firm of accountants to audit all amounts claimed by the Project Manager.

Advance written notice of not less than three (3) working days must be given to the Project Manager by the Client, or the firm of accountants, of such audit which shall be carried out during normal working hours at the place where the records are maintained.

International General Rules of Agreement Project Management Part II Conditions of Particular Application

The following notes are intended as an aide-memoire in the preparation of clauses (some of which are dealt with, but not exhaustively, in Part I) which will vary as necessary to take account of the circumstances and the locality where the Works are carried out. These variable clauses which must be specially prepared to suit each particular agreement should cover such of the undermentioned matters and any others as are applicable.

CLAUSE *2.1.3*

Language/s and Law

(a) Language/s in which the Agreement is/are drawn: ....

....

(b) Ruling Language: ....

(c) The Law to which the Agreement is to be subject: ....

CLAUSE *2.1.7*

Notices

Client's address and responsible official: ....

....

Client's alternative address for cables and telex: ....

....

Project Manager's address: ....

....

Project Manager's alternative address for cables and telex: ....

....

CLAUSE *2.2.1*

Authorized Signatories

Signatures required for this Agreement to be effective:

Client	Project Manager
....	....
....	....

CLAUSE *2.2.2*

Commencement Date

The Services shall be commenced within .... days/weeks after the Agreement has come into force.

CLAUSE *2.2.3*

Completion Date

The Services shall be completed within .... weeks/months of commencement of the Services.

CLAUSE *2.4.1*

Financial Liability of the Project Manager

The total liability of the Project Manager under this Agreement shall be limited to

CLAUSE *2.4.2*

Expiry of the Liability of the Project Manager
The liability of the Project Manager expires ....

CLAUSE *2.6.1*

Settlement of Disputes
The Arbitration Rules and Procedures under which any dispute or difference arising out of this Agreement shall be settled shall be ....
....

CLAUSE *2.7.4*

Client's Individual Experts
The Project Manager accepts liability for the services of the following individual experts appointed by the Client: ....
....

Appendix A

AGREEMENT dated ....

Scope of Services

The following is intended as an aide-memoire when completing this section and should be closely examined on an individual project basis, taking account of that project's specific needs and responsibilities.

Scope of Services

This section will be an expansion of Clause 2.1.1 Falling within this area are the following specific services:

Engineering
- Studies
- Prepare concept
- Cost benefit study (alterations)
- Establish design criteria
- Preliminary Engineering for cost evaluation
- Detailed Engineering
- Establish equipment lists
- Prepare Technical Specifications
- Prepare Technical Drawings
- Technical analysis and comparison of Vendor Data
- Approval of Vendor Data
- Inspection
- Progress reporting
- Controls performed:
  - manpower
  - schedule

	– budgets – engineering documents
	– Continuous Quality Assurance
	– Operating and Maintenance Manuals
Procurement	– Construction contracts – Purchasing – Expediting – Material control – Logistics – Inspection
Technical Surveillance	– Assess field work for conformance to design, materials and workmanship
Technical Supervision	– Continuous examination of the fieldwork (quality and quantity) and certification thereof
Construction Management	– Managing the work of others (contractors) – Quantity measurement – Verification of progress claims and payments – Status reporting – Time and cost measurement – Forecasting of time and cost – Inspection of work methods – Manpower planning and utilization – Logistics and materials control – Industrial relations – Safety and security – Recommendation for corrective action
Commissioning	– Training of operating personnel – Start-Up assistance

Authority, Responsibility and Reporting

This section should expanded upon the services listed above and should provide the following basics for each:

- level of authority
- specific areas of responsibility
- procedures to be employed
  - reports
  - type of reports
  - frequency of reports
  - methods

Appendix B

Agreement dated ....

Assigned Specialists, Personnel, Equipment and Facilities to be Provided by the Client

Appendix C

Agreement dated ....

Remuneration and Payment

In this section the method of remuneration to the Project Manager will be described.

Six principal methods of payment or some combination of several of these methods could be utilized for remuneration of the Project Manager.

a) Basic salaries, plus fringe benefits, plus overhead, plus variable fees.
b) Basic salaries, plus fringe benefits, plus overhead, plus fixed fee.
c) Percentage of Construction Cost.
d) Basic salaries, plus fringe benefits, plus overhead, plus fixed fees, plus bonus and/or penalty tied to performance.
e) Percentage of Construction Cost, plus bonus and/or penalty tied to performance.
f) Lump sum.

For out-of-pocket expenses, equipment, materials and all other construction expenses, the method of payment could be:

a) Reimbursable.
b) Reimbursable plus fee.

Definitions of terms such as basic salaries, fringe benefits, overhead, fee, construction cost, should be clearly defined in this section to avoid misinterpretation.

Statement of responsibility for taxes, social charges and duties should be made in this section and stating the method of reimbursement to the Project Manager.

The manner in which payments are to be made should be clearly stated.

The rate of interest to be paid on late payments should be specified.

(Excerpts from)

C) Hotel Management Contract

Table of Contents

Management Agreement

This Agreement made and entered into this .... day of ____________, by and between .... (hereinafter ____________), a corporation organized and existing pursuant to the laws of ____________, having its principal ____________ office and place of business at ____________, and .... (hereinafter "____________"), a corporation organzized and existing persuant to the laws of .... having its principal office and place of business at ____________.

Preamble

A. .... shall undertake the development, ownership, operation and maintenance of tourist and other facilities located in ..., pursuant to long-term lease arrangements between .... and the Government of ____________.

B. Pursuant to its purposes, ... is prepared to finance, build, furnish and equip modern and outstanding hotels located in the defined area to stimulate, encourage and attract tourism and travel to ____________.

C. Financing, construction, ownership, operation and maintenance of said hotels shall require the assistance of a hotel management firm of international repute in the planning, building, furnishing, equipping, decorating and operation of such hotels.

D. ____________ acknowledges it has the requisite experience and resources to render such assistance and .... and ____________ desire to enter into an Agreement for such assistance and for the management and operation of such hotels, as hereinhafter defined.

E. In consideration of the mutual covenants hereinafter described in this Agreement, the parties hereto agree: ____________.

General Provisions

Article 1: Definitions

As used in this Agreement:

1.4. "Development Period" means that period of time commencing with the receipt by ____________ of written notification from .... that the Project shall be implemented.

...

1.6. "Operational Period" means that period of time commencing with the formal opening of the Hotel and expiring upon termination of the operating term, as defined in Article 17.

...

1.8. "Predevelopment Period" means that period of time commencing with the effective date of this Agreement and terminating upon the commencement of the Development Period, as defined herein.

1.9. "Preoperational Period" means that period of time commencing with the Predevelopment Period and ending with the Development Period, as defined herein.

Article 2: General Scope of Management Servises

.... hereby engages and appoints ____________ as its exclusive hotel management firm for technical assistance, management and operation of the Hotel, and ____________ hereby accepts such appointment, in accordance with the provisions set forth in this Agreement.

During the term of this Agreement .... will undertake the financing, construction, furnishing and equipping of the Hotel and ____________ shall provide to .... advisory and administrative technical servises and operational management services for said Hotel, culminating in support of .... during the Preoperational Period, and to operate said Hotel during the Operational Period in accordance with the system-wide standards of ____________.

Article 6: Preoperational Period

Pursuant to financing obtained by X-Bank, and in conformance with the plans, specifications and designs provided for herein, ... shall, with all reasonable diligence.

Build on the site defined within exhibit A to this Agreement a hotel complex having (a)—(j) and such other facilities and appurtanances necessary or desirable for the operations of the Hotel under standards comparable to those prevailing in ______________________________ hotels throughout the world, together with all installations necessary for the operation of the building for hotel purposes.

Article 7: Equipping the Hotel

7.1. Pursuant to financing obtained by X-Bank, and in conformance with the plans, specifications and designs provided for herein, ... shall, with all reasonable diligence provide and install in the building: (a) hotel equipment which shall include ... (b) all furniture and furnishings, which shall include ... (c) tools, utensils, and uniforms, which shall include ... (d) glassware, linens, silverware, china, food stuffs, beverages, and the like.

7.2. .... shall engage and retain at its own expense architects, contractors, and such other specialists and consultants as shall be necessary and appropriate for constructing and equipping the Hotel ____________ shall cause such firms and persons to prepare full and adequate plans, layouts, specifications, drawings and designs, both interior and exterior, with respect to the Hotel. All such plans, layouts, specifications, drawings and designs and any changes in or departures therefrom subsequently made or authorized, shall remain the property of .... and may be utilized in the independent business activities by ____________ subject to the written approval of ....

Article 9: Preoperational Technical Assistance

9.1.: Architecture

____________ shall provide architectural assistance to ____________ and any of its duly appointed architects, contractors and engineers, during the Preoperational Period pursuant to the written request of ...., in accordance with the following terms and conditions:

____________ shall submit to .... its construction standards for the Hotel, as defined herein, and any preliminary designs, working drawings and schematic plans, in it possession or which may be reasonably obtained by ____________, for a hotel comparable to the Hotel planned;

____________ shall make available qualified personnel to assist .... in developing firm preliminary design, working drawings and plans for the Hotel, including the preparation and submission of graphic program illustration sketches, the preparation and review of detailed preliminary plans and schematic lay-out plans and review of final architectural plans and final specifications; and

____________ shall make available qualified personnel for on-site inspection, if required by ...., prior to the Development Period.

9.2.: Engineering

____________ shall provide engineering technical assistance to .... and any of its duly appointed architects, contractors and engineers, during the Preoperational Period, pursuant to the written request of .... in accordance with the following terms and conditions:

____________ shall submit to .... its engineering standards for the Hotel, as defined herein, including but not limited to ..., and such other miscellaneous engineering standards deemed required for the Hotel and comparable to the system-wide standards of ____________.

____________ shall make available qualified personnel to assist .... in developing engineering standards for the Hotel, including the preoparation, review and implementation of engineering plans and mechanical schematic layout suggestions; and

____________ shall make available qualified personnel for on-site inspection, if required by ...., prior to the Development Period.

9.3.: Interior Design

____________ shall provide interior design technical assistance to ____________ and any of its duly appointed designers and architects, during the Preoperational Period pursuant to the written request of ...., in accordance with the following terms and conditions:

____________ shall submit to .... recommendations on the Theme treatment, functional layout of guest rooms, public areas, restaurants, bars and ballrooms, including the submission of illustrative schematic plans, if requested;

____________ shall make available qualified personnel to assist .... in reviewing suggested interior designs of .... for the Hotel, including advice on specifications for carpeting, furniture, draperies, fabrics, and other items; and

____________ shall make available qualified personnel for on-site inspection, if required by ...., prior to the Development Period.

Article 11: Assistance in Purchase of Inventory and Support Facilities

11.1. During the Preoperational Period pursuant to specific written requests of ...., which shall be definitive for purposes of reasonable market quotes, ____________ shall prepare and submit to .... its recommended cost estimates for purchase of inventory for the Hotel and such centralized support facilities financed, constructed and equipped by .... pursuant to Art. 10 hereof which .... may identify, including ... and such other sundry items which comprise the furnishing of comparable ____________ hotels.

11.2. ____________ shall additionally provide to ...., pursuant to the procedure of paragraph 11.1., recommendations on quantity and quality of purchased items, submission of the best known prices available, names and addresses of the most reasonable manufacturers, and recommended arrangements for direct purchasing from said manufacturers; and

11.3. ____________ shall additionally provide to ...., pursuant to the procedures of paragraph 11.1., recommend shipping firms and proposed schedules and costs for deliveries of inventory items.

Article 12: Assistance in Analyzing Market Data

12.1. During the Preoperational Period, ... shall submit to ____________ a comprehensive analysis of its market data for the Hotel. ____________ shall review, critique and analyze said data pursuant to its independent marketing information, available from established tour operators of international repute and maintaining business arrangements with ____________.

12.2. The final analysis of ____________ for the market data shall be made available to .... within ____________ days following the receipt by ____________ of ....'s comprehensive market data.

Article 13: Compensation

For performance by ____________ of the foregoing assistance services described in Articles 9 through 12 inclusive, during the Preoperational Period, ... shall pay ____________ an assistance fee, estimated to be the out-of-pocket costs, including compensation of personnel utilized by ____________ and their associated travel expenses, incurred by ____________ pursuant to the following provisions:

13.1. For performance of any technical assistance service by ____________, as defined by this Agreement, ____________ shall prepare invoices, on at least a monthly basis, containing specific description of manpower utilized during the invoice period, costs incurred during said invoice period, and expenditures made during such invoice period. ____________ shall invoice monthly for such service, said invoice to contain the following certification:

> "____________ certifies the invoiced amount is correct and conforms to work performed, and that payment therefore has not been received. ____________, By ... Contracting Officer (Signature)".

13.2. .... shall acknowledge receipt of such invoices and shall accumulate said invoices as accounts payable on its books of account and records.

13.3. Within ... days following the receipt of ____________'s first invoice, ... shall pay to ____________ the accumulated and invoiced amounts maintained on its books of account and records for the preceeding period of time, due to ____________ for performance of said technical assistance services. Thereafter .... shall pay to ____________ invoiced amounts as received by .... from ____________, payment to be made within (   ) days from receipt by .... of said invoices.

13.4. .... reserves the right to require reasonable specificity in invoice descriptions by ____________, and ____________ shall maintain adequate books of account and records reflecting its invoiced amounts, which shall be made available to ...., upon the written request of ...., by air mail or such other means available.

13.5. The parties hereto agree that the total invoiced amount for performance by ____________ of technical services shall not exceed ...

Article 14: Recruitment of Hotel Staff

14.1. Within ... months following the commencement of the Development Period, ____________ shall submit to .... a management and employee staffing plan for the Hotel. Said plan shall define the categories, functions and numbers of employment positions required for the proper maintenance and operation of the Hotel. In addition, said plan shall contain a specific estimate by ____________ of those positions it deems critical and proposed staffing recommendations by ____________ for these critical positions (hereinafter "Key Personnel"). Additionally, staff requirements for the Hotel shall be estimated including the actual number of staff required for varying operating modes of the Hotel (such as hotel occupancy and use of the facilities by guests and non-guests of the hotel).

14.2. .... and ____________ recognize the value and necessity of utilizing citizens and firms of ____________ during the Development and Operational Periods, and each shall strive to give priority in utilizing qualified citizens and firms of ____________.

Article 15: Employee Training

15.1. Within ... months following the commencement of the Development Period, ____________ shall submit to .... a recommended training program for Hotel employees to be utilized by the Hotel. Said recommended training program shall include definition of specific phases for training of employees, training of key personnel positions, recommended recruitment program within ____________, training formalities for department heads, on-the-job training for departmental personnel, and continuing employee training during the operation of the Hotel. Said recommended plan shall also include specific reference to educational material and supplies to be utilized during the training process at specific stages of such process.

Upon submittal of the above-mentioned plans, ... shall review and analyze said plans, subject to the concurrence of ____________, and ____________ shall implement said staffing and training programs during the Development Period.

15.2. With the advice and monitoring of ...., ____________ shall implement a .... approved Hotel employee training plan during the Development Phase, within a sufficient time frame to optimize actual operation of the Hotel, as a training site, prior to formal opening.

Inplementation of the employee training program shall be accomplished through the designated representatives of ____________. The employee training representatives of ____________ shall be responsible for implementation of the approved Hotel employee training plan which shall include a distinct budget for such plan.

Article 16: Compensation

16.1. Within .... days from the commencement of the Development Period, ... shall provide a reserve fund on its books of account and record for the costs and expenses of pre-operational staffing, training and organization, pre-opening operations, advertising, promotion, literature, travel and business entertainment, including opening celebrations and ceremonies, incurred prior to or concurrently with the beginning of the full operation of the Hotel, and including trasportation, subsistance, telephone and pro rata costs of ____________ or its affiliate organizations and facililities used for such purposes or in connection with recruitment, training of staff or personnel pre-operational staffing, organization, opening operations and any other cost or expense in connection therewith.

16.2. Upon implementation of the employee training plan .... shall make available to ____________'s training representatives the reserve fund dedicated in part for such training expenditures. Methods for drawing against such fund for training costs shall be determined by .... prior to implementation of said program. Other pre-operational costs and expenses shall be made available to ____________, upon the mutual agreement of .... and ____________ pursuant to payment procedures agreed upon during the Development Period.

Article 17: Opening and Operating Term

17.1. Within ... from the commencement of the Development Period, ... and ____________ shall agree upon the date for the full formal opening of the Hotel to the public. Acceptance by ____________ of such date and the formal opening of the Hotel as aforesaid shall not relieve of its obligation to cure any deficiencies as to which notice shall be given by ____________ to .... as soon as practical after said formal opening. ____________ may prior to said formal opening conduct partial operation of the Hotel for the purposes of staff training and pre-operational and promotional development, conducted in accordance with the provisions of this Agreement.

17.2. The initial operating term under this Agreement shall commence at the formal opening of the Hotel and shall expire at midnight on December 31 of the year ... full calendar year following commencement of said term. "Operating Term" shall mean and include the initial operating term as aforesaid and any extention thereof in accordance with the provisions of this Agreement.

Article 18: Operational Management Services

18.1. ____________ shall use the Hotel solely for the operation of a hotel under standards comparable to those prevailing in ____________ hotels and for all activities in connection therewith which are customary and usual to such an operation, and, insofar as feasible and in its own opinion advisable, shall conduct such operations in accordance with the local character and traditions of ....

Subject ot the terms of this Agreement ____________ shall have absolute control and discretion in the operation of the Hotel. Nothing herein shall constitute or be construed to be or to create a partnership or joint venture between .... and ____________. The control and discretion by ____________ for the Hotel shall include the use of the Hotel for all customary purposes, entertainment and amusement, food and beverages, the maintenance of the bank accounts and holding of funds in its own name, and all phases of promotion and publicity related to the Hotel.

18.2. ____________ shall supervise, direct and control the management and operation of the Hotel and shall render, supervise and control all services required for the efficient and proper operation of the Hotel. ____________'s management services shall include, but not be limited to, the following specific obligations:

(a) The negotiation and execution of contracts reasonably necessary or desirable in the usual course of operation of the Hotel shall be the responsibility of ....;

(b) The selection, employment and termination of employment, supervision, direction, training and assignment of an Innkeeper for the Hotel, all other Key Personnel of ____________, and the employee staff of the hotel engaged in the operation of the Hotel. The Innkeeper and Key Personnel shall at all times be employees of ____________ which shall have the sole right to direct and supervise the Hotel working staff, but such employees shall be directly employed by ....
The salaries and emoluments payable to the Innkeeper and Key Personnel and Hotel employees shall be disbursed by ____________, for which .... shall reimburse ____________ pursuant to procedures contained in Article 20 hereof. The selection, terms of employment and termination thereof, including rates of compensation and emoluments, and the supervision, training and assignment of the duties of all Hotel employees shall be the duty and responsibility of ____________;

(c) The negotiation and execution of leases, licenses and concessions for store, office, lobby or other commercial space at the Hotel and its related facilities shall be the responsibility of ____________;

(d) The establishment of all prices, price schedules, rates and rate schedules shall be the responsibility of ____________, subject to the conditions of paragraph 18.3. hereof. The collection, receipt and giving of receipts for all services or income of any nature from the Hotel operations shall be the sole responsibility of ____________.

(e) The planning, preparation of contracting for advertising and promotional programs for the Hotel, shall be the responsibility of ____________;

(f) The arrangement, negotiation and granting of such leases, licenses, concessions, privileges (including, but not limited to, cigar stands, newsstands, beauty and barber shops, stationary shops, chemists, souvenir shops and other such items) as the parties hereto deem to be reasonably necessary or desirable shall be the responsibility of ____________;

(g) The supervision and control of the activities of guests, towards concessionaires and other holders of privileges and their employees including the dispossessing of guests and tenants for nonpayment of rent or other proper cause, or the termination of the rights of concessionaires, licensees and other holders of privileges for similar proper cause shall be the responsibility of ____________; and

(h) Generally, the performance of all acts reasonably necessary in connection with the operation of the Hotel in an efficient and proper manner, including but not limited to, the making of all payments and disbursements, on behalf of . . . ., pursuant to the provisions of this Agreement, shall be the responsibility of ____________.

18.3. ____________ shall prepare, on a yearly basis, an operating forecast for the Hotel, said forecast to include recommended prices, price schedules, and forecasted revenues and costs for operating the Hotel for the forthcoming calendar year. Such forecast shall be delivered to . . . . within ... days of the end of the year proceeding the forecasted year. Thereafter, ____________ shall expressly accept such forecast, and, in the event such forecast is not expressly accepted by . . . ., ____________ shall proceed to operate the Hotel pursuant to said forecast.

Article 19: Compensation

19.1. Basic Management Fee

During the Operating Term ____________ shall be entitled to charge as an expense of the operation of the hotel, and retained as its basic management fee an amount equal to ...% of the Total Revenue of the Hotel, as defined in Article 20 hereof.

19.2. Incentive Fee

In addition to the basic management fee provided in paragraph 19.1. of this Article, ____________ shall be entitled to retain during the Operating Term, as an incentive fee, ...% of the Gross Operating Profit, as defined in Article 20 hereof.

19.3. Payment to ____________

Subject to the provisions hereinafter set forth, ____________ shall during the Operating Term, pay to . . . . at its principal business office, the Gross Operating Profit to said Hotel after deduction of the incentive fee as provided for in paragraph 19.2 of this Article (hereinafter referred to as "Payment to . . . ."), pursuant to the following provisions:

1. ... days after the end of the first calendar year of the Operating Term the Payment to . . . . due in respect thereof;
2. After the first year of the Operating Term, Payment to . . . . shall be made according to the following schedule, for any calendar year of the Operating Term:
   a) Payment on April 30 for such year as calculated up to the proceeding March 31;
   b) Payment on July 31 for such year as calculated up to the proceeding June 30;

c) Payment on October 31 for such year as calculated up to the proceeding September 30; and
d) A final yearly payment made within thirty days following December 31 of such year as calculated up to December 31.

Article 20: Gross Operating Profit

20.1. "Gross Operating Profit" as used in this Agreement shall mean the amount computed as follows:

(a) ____________ shall compute, receive and hold all revenues and income of any kind derived directly or indirectly from the operation of the Hotel by ____________, including rental or other payments from lessees and concessionaires (hereinafter referred to as "Total Revenue");

(b) From the Total Revenue shall be deducted the entire costs and expenses of maintaining, conducting and supervising the operation of the Hotel, as computed in the following manner:

1. The cost of replacements of or additions to Operating. Supplies and Equipment, sold, consumed or otherwise utilized at the Hotel should be deducted from Total Revenue, where required. However, initial costs shall be provided by .... pursuant to Paragraph 21 hereof, and shall thereafter be deducted from the Total Revenue of the Hotel by ____________.
During the first full year of the Operating Term and for each year thereafter, for each month of the Operating Term, a deduction from Total Revenue of ... of the total amount of the estimated costs for replacement of or additions to such Operating Supplies and Equipment shall be made by ____________.
Said estimate shall be made by ____________ on a year ____________ to year basis, based upon its accumulated experience in operating the Hotel. Deductions from Total Revenue shall be credited to an account known as "Reserve for Operating Supplies and Equipment", and utilized by ____________ in replacement of or additions to Operating Supplies and Equipment.
At the end of each year of the Operating Term said account shall be closed and an adjustment made by crediting or charging Total Revenue with the excess or deficit as the case may be;

2. The payroll costs for all employees, as disbursed by ____________, employed in the operation and maintenance of the Hotel shall be deducted from Total Revenue of the Hotel;

3. Such other reasonable and necessary expenses incurred for the account of or in connection with the Hotel operation shall be deducted from the Total Revenue of the Hotel, including the following sums with respect to the services so provided by ____________:

– If said equipment is requested by ...., a lease payment of ... per room per night for the Hotel;

– ... per room for each night rented during the Operating Term or ... percent of Total Revenue derived from the rental of rooms, whichever is greater, for ___________'s system-wide advertising service;
– ... per room for each night rented during the Operating Term or ... percent of Total Revenue derived from the rental of rooms, whichever is greater, for ___________'s reservation sales office service; and
– ... per room for each night rented during the Operating Term for ___________'s employee training and education.

The above-mentioned costs for services provided by ___________ may be modified pursuant to the written agreement of the parties hereto and thereafter treated as an amendment to this Agreement.

4. All taxes and public dues, other than income and value added taxes, payable by or assessed against ___________ with respect to the operation of the Hotel shall be deducted from the Total Revenue of the Hotel; and

5. ___________'s basic management fee, as provided in Article 19 hereof, shall be deducted from the Total Revenue of the Hotel.

The balance remaining shall be called "Gross Operating Profit".

Article 21: Initial Costs

.... shall provide sufficient funds, or shall make provisions for the initial inventories of Operating Supplies and Equipment and shall provide, throughout the Operating Term, sufficient working capital to assure the uninterrupted and efficient operation of the Hotel by ___________. Provisions for such funds shall occur with the advice and agreement of ___________.

Article 22: Accounting

22.1. Books of Account

___________ shall keep full and adequate books of account and other records reflecting the results of the operation of the Hotel. To the extent allowed by the applicable laws and Regulations, such books of account and records shall be kept in all material respects in accordance with the then latest edition of the "Uniform Accounting Rules for Hotels", as adopted by the Swiss-German Hotel Association, except as otherwise specified in this Agreement and except as otherwise required by the accounting system adopted by ....

22.2. Reports

___________ shall deliver to .... on or prior to the end of each month a Profit and Loss Statement showing the comulative results of the operation of the Hotel for the preceeding months and the year to date, and containing a computation of the Total Revenue, Gross Operating Profit and the Payment to .... The figures contained in such statement shall be taken from the Books of Account and Records maintained by ___________.

On or before the payment dates for the Payment to ...., ___________ shall deliver to .... a Profit and Loss Statement certified by the Hotel General Manager or chief accounting officer, showing the results of the operation of the Hotel during the respective payment periods, and containing a computation of the Total Revenue, Gross Operating Profit and of the Payment to .... for such respective periods.

Within ... days after the end of each calendar year during the Operating Term, ___________ shall deliver to .... a Profit and Loss Statement, certified by an independent public accountant retained by ...., showing the results of operation of the Hotel during the preceeding year, containing a computation of the Total Revenue, Gross Operating Profit and the Payment to .... for such period.

If .... shall not present objections to any of the certified Statements of Profit and Loss, as above described, within ... days after receipt of any such certified Statement, such certified Statement shall be deemed correct and conclusive for all purposes. The parties hereto will endeavor to resolve any objections which may be presented prior to the time affixed herein for payment of any next succeeding installment of the Payment to ....

22.3. Right of Inspection and Review

___________ shall accord to the duly authorized officers, accountants, employees, agents and attorneys of .... the right to enter upon any part of the Hotel at all reasonable times during the Operating Term for the purpose of examining or inspecting the Hotel or examining or making extracts from the books of account and records of the Hotel operation, or for any other purpose which ...., in its discretion, shall deem necessary or advisable, but the same shall be done with as little disturbance to the operation of the Hotel as possible.

Article 24: Events of Default

The following shall constitute events of default:

1) The failure of ___________ to pay the payment to .... provided for herein for a period of ... days after such payment is due and payable;
2) The filling of a voluntary petition in bankruptcy or insolvency or a petition for reorganization under any bankruptcy law by either party to this agreement;
3) The consent to an involuntary petition in bankruptcy or the failure to vacate within ... days from the date of entry thereof of any order approving an involuntary petition by either party to this agreement;
4) The appointment of a receiver for all or any substantial portion of the assets of either party to this agreement;
5) The entering of an order, judgement or decree by any court of competent jurisdiction on the application of a creditor, adjudicating either party bankrupt or insolvency or approving a petition seeking reorganization or appointing a reciever, trustee or liquidator of all or a substantial part of either party's assets,

or if such order, judgment or decree shall continue unstayed and in effect for any period of ... consecutive days;

6) The failure by either party to perform, keep or fulfill any of the other covenants, undertakings, obligations or condicions set forth in this agreement, and the continuance of any such default for a period of ... days after notice of said failure.

In any of such events of default, the non-defaulting party may give to the defaulting party notice of intention to terminate the operating term after the expiration of a period of ... days from the date of receipt of such notice, and upon the expiration of such period the Operating Term shall expire. If, however, upon receipt of such notice, the defaulting party shall promptly and with all due dilligence cure the default, or take action to cure such default with all due dilligence, if such default is not susceptible of being cured within said ... day period, then such notice shall be of no force and effect.

The rights granted hereunder shall not be in substitution for, but shall be in addition to any and all rights and remedies for breach of contract granted by applicable provisions of law.

Notwithstanding the foregoing, neither party shall be deemed to be in default under this agreement if a bonafide dispute with respect to any of the foregoing events of default has arisen between the parties and such dispute has been submitted to arbitration.

Article 27: Insurance

. . . . shall, at its expence, at all times during the period of construction, furnishing, equipping and operation of the hotel, procure and maintain the following appropriate insurance:

a) Public liability and indemnity and property insurance fully protecting both . . . . and ____________ against loss or damage arising in connection with the preparation, construction, furnishing and equipping the hotel;

b) Fire, boiler explosion, and such other risks and casualties for which insurance is customarily provided for in hotels of similar character;

c) Public liability insurance, elevator liability insurance, and insurance against theft or damage to guest's property, in such amounts as . . . . shall deem necessary;

d) Employer's liability or other insurance as may be required under applicable laws of . . . .; and

e) Use and occupancy insurance and such other insurances as deemed necessary for protection against claims, liabilities and losses, wherever asserted, determined or incured, arising from operations of the hotel. . . . . shall furnish ____________ satisfactory evidence of all insurance maintained by . . . . pursuant to this agreement.

Article 30: Extension

____________ shall have the right to extend the Operating Term for .... successive periods of .... each upon the following terms and conditions:

1) ____________ is not in default pursuant to Art. 24 of this agreement;
2) The Operating Term shall have been extended for all prior periods;
3) ____________ shall have given notice to .... of its election to extend the Operating Term on or before April 1 of the full calendar year of the original term, and on or before April 1 of the last year of any extensive term.

Article 31: Applicable Law

The applicable law is the law of ....

Article 32: Arbitration

Any controversy, dispute or claim arising out of or relating to this agreement, or the breach thereof, shall be settled by arbitration in accordance with the Rules of Arbitration of the International Chamber of Commerce. The arbitration shall be by a single arbitrator mutually agreed upon by the parties. In the event the parties failed to agree within thirty days of a notice calling for arbitration, such arbitrator shall be appointed in accordance with the rules. Each party hereto agrees to abide by and perform any resulting arbitration award. The arbitration award, when issued, shall be final and shall be enforceable in any court of competent jurisdiction. The location of the arbitrator shall be ....

Article 33: Severability

In the event that any one or more of the Phrases, sentences, clauses or paragraphs contained in this agreement shall be declared invalid by the final and unappealable order, decree or judgment of any court, this agreement shall be construed as if such phrases, sentences, clauses or paragraphs had not been inserted.

Article 34: Language

This agreement shall be executed in both English and .... counterparts, provided that in the event of conflict the English counterpart shall control.

In witness whereof, the parties hereto have executed this agreement the day and year first above written.

Attest: ________________________

Attest: ....

D) Standards of Professional Conduct and Practice of the ACME (Association of Consulting Management Engineers), USA

Preamble

Purposes of Standards of Professional Conduct

These Standards of Professional Conduct and Practice signify voluntary assumption by members of the obligation of self-discipline above and beyond the requirements of the law. Their purpose is to let the public know that members intend to maintain a high level of ethics and public service, and to declare that – in return for the faith that the public places in them – the members accept the obligation to conduct their practice in a way that will be beneficial to the public. They give clients a basis for confidence that members will serve them in accordance with professional standards of competence, objectivity, and integrity.

They express in general terms the standards of professional conduct expected of management consulting firms in their relationships with prospective clients, clients, colleagues, members of allied professions, and the public. The Code of Professional Responsibility, unlike the Professional Practices, is mandatory in character. It serves as a basis for disciplinary action when the conduct of a member firm falls below the required standards as stated in the Code of Professional Responsibility. The Professional Practices are largely aspirational in character and represent objectives and standards of good practice to which members of the Association subscribe.

The Association enforces the Code of Professional Responsibility by receiving and investigating all complaints of violations and by taking disciplinary action against any member who is found to be guilty of code violation.

The Professional Attitude

The reliance of managers of private and public institutions on the advice of management consultants imposes on the profession an obligation to maintain high standards of integrity and competence. To this end, members of the Association have basic responsibilities to place the interests of clients and prospective clients ahead of their own, maintain independence of thought and action, hold the affairs of their clients in strict confidence, strive continually to improve their professional skills, observe and advance professional standards of management consulting, uphold the honor and dignity of the profession, and maintain high standards of personal conduct. These Standards have evolved out of the experience of members since the Association was incorporated in 1933. In recognition of the public interest and their obligation to the profession, members and the consultants on their staffs have agreed to comply with the following articles of professional responsibility.

I. Code of Professional Responsibility

1. Basic Client Responsibilities

1.1 We will at all times place the interests of clients ahead of our own and serve them with integrity, competence, and independence.

We will assume an independent position with the client, making certain that our advice to clients is based on impartial consideration of all pertinent facts and responsible opinions.

1.2 We will guard as confidential all information concerning the affairs of clients that we gather during the course of professional engagements; and we will not take personal, financial, or other advantage of material or inside information coming to our attention as a result of our professional relationship with clients; nor will we provide the basis on which others might take such advantage. Observance of the ethical obligation of the management consulting firm to hold inviolate the confidence of its clients not only facilitates the full development of facts essential to effective solution of the problem but also encourages clients to seek needed help on sensitive problems.

1.3 We will serve two or more competing clients on sensitive problems only with their knowledge.

1.4 We will inform clients of any relationships, circumstances, or interests that might influence our judgment or the objectivity of our services.

2. Client Arrangements

2.1 We will present our qualifications for serving a client solely in terms of our competence, experience, and standing and we will not guarantee any specific result, such as amount of cost reduction or profit increase.

2.2 We will accept only those engagements we are qualified to undertake and which we believe will provide real benefits to clients. We will assign personnel qualified by knowledge, experience, and character to give effective service in analysing and solving the particular problem or problems involved. We will carry out each engagement under the direction of a principal of the firm who is responsible for its successful completion.

2.3 We will not accept an engagement of such limited scope that we cannot serve the client effectively.

2.4 We will, before accepting an engagement, confer with the client or prospective client in sufficient detail and gather sufficient facts to gain an adequate understanding of the problem, the scope of study needed to solve it, and the possible benefits that may accrue to the client. The preliminary exploration will be conducted confidentially on terms and conditions agreed upon by the member and the prospective client. Extended preliminary or problem-defining surveys for prospective clients will be made only on a fully compensated fee basis.

2.5 We will, except for those cases where special client relationships make it unnecessary, make certain that the client receives a written proposal that outlines the objectives, scope, and, where possible, the estimated fee or fee basis for the proposed service or engagement. We will discuss with the client any important changes in the nature, scope, timing, or other aspects of the engagement and obtain the client's agreement to such changes before taking action on them — and unless the circumstances make it unnecessary, we will confirm these changes in writing.

2.6 We will perform each engagement on an individualized basis and develop recommendations designed specifically to meet the particular requirements of the client situation. Our objective in each client engagement is to develop solutions that are realistic and practical and that can be implemented promptly and economically. Our professional staffs are prepared to assist, to whatever extent desired, with the implementation of approved recommendations.

2.7 We will not serve a client under terms or conditions that might impair our objectivity, independence, or integrity; and we will reserve the right to withdraw if conditions beyond our control develop to interfere with the successful conduct of the engagement.

2.8 We will acquaint client personnel with the principles, methods, and techniques applied, so that the improvements suggested or installed may be properly managed and continued after completion of the engagement.

2.9 We will maintain continuity of understanding and knowledge of clients' problems and the work that has been done to solve them by maintaining appropriate files of reports submitted to clients. These are protected against unauthorized access and supported by files of working papers, consultants' logbooks, and similar recorded data.

2.10 We will not accept an engagement for a client while another management consulting firm is serving that client unless we are assured, and can satisfy ourselves, that there will be not conflict between the two engagements. We will not endeavor to displace another management condulting firm or individual consultant once we have knowledge that the client has made a commitment to the other consultant.

2.11 We will review the work of another management consulting firm or individual consultant for the same client, only with the knowledge of such consultant, unless such consultant's work which is subject to review has been finished or terminated. However, even though the other consultant's work has been finished or terminated, it is a matter of common courtesy to let the consulting firm or individual know that his work is being reviewed.

3. Client Fees

3.1 We will charge reasonable fees which are commensurate with the nature of services performed and the responsibility assumed. An excessive charge abuses the professional relationship and discourages the public from utilising the services of management consultants. On the other hand, adequate compensation is necessary in order to enable the management consulting firm to serve clients effectively and to preserve the integrity and independence of the profession. Determination of the reasonableness of a fee requires consideration of many factors, including the nature of the services performed; the time required; the consulting firm's experience, ability, and reputation; the degree of responsibility assumed; and the benefits that accrue to the client. Wherever feasible, we will agree with the client in advance on the fee or fee basis.

3.2 We will not render or offer professional services for which the fees are contingent on reduction in costs, increases in profits, or any other specific result.

3.3 We will neither accept nor pay fees or commissions to others for client referrals, or enter into any arrangement for franchising our practice to others. Nor will we accept fees, commissions, or other valuable considerations from individuals or organisations whose equipment, supplies, or services we might recommend in the course of our service to clients.

II. Professional Practices

In order to promote highest quality of performance in the practice of management consulting, ACME has developed the following standards of good practice for the guidance of the profession. Member firms subscribe to these practices because they make for equitable and satisfactory client relationships and contribute to success in management consulting.

1. We will strive continually to advance and protect the standards of the management consulting profession. We will strive continually to improve our knowledge, skills, and techniques, and will make available to our clients the benefits of our professional attainments.

2. We recognize our responsibilities to the public interest and to our profession to contribute to the development and understanding of better ways to manage the various formal institutions in our society. By reason of education, experience, and broad contact with management problems in a variety of institutions, management consultants are especially qualified to recognise opportunities for improving managerial and operating processes; and they have an obligation to share their knowledge with managers and their colleagues in the profession.

3. We recognise our responsibility to the profession to share with our colleagues the methods and techniques we utilise in serving clients. But we will not knowingly, without their permission, use proprietary data, procedures, materials, or techniques that other management consultants have developed but not released for public use.

4. We will not make offers of employment to consultants on the staffs of other consulting firms without first informing them. We will not engage in wholesale or mass recruiting of consultants from other consulting firms. If we are approached by consultants of other consulting firms regarding employment in our firm or in that of a client, we will handle each situation in a way that will be fair to the consultant and his firm.

5. We will not make offers of employment to employees of clients. If we are approached by employees of clients regarding employment in our firm or in that of another client, we will make certain that we have our clients' consent before entering into any negotiations with employees.

6. We will continually evaluate the quality of the work done by our staff to insure, insofar as is possible, that all of our engagements are conducted in a competent manner.

7. We will endeavor to provide opportunity for the professional development of those men who enter the profession, by assisting them to acquire a full understanding of the functions, duties, and responsibilities of management consultants, and to keep up with significant advances in their areas of practice.

8. We will administer the internal and external affairs of our firm in the best interests of the profession at all times.

9. We will not advertise our services in self-laudatory language or in any other manner derogatory to the dignity of the profession.

10. We will respect the professional reputation and practice of other management consultants. This does not remove the moral obligation to expose unethical conduct of fellow members of the profession to the proper authorities.

11. We will strive to broaden public understanding and enhance public regard and confidence in the management consulting profession, so that management consultants can perform their proper function in society effectively. We will conduct ourselves so as to reflect credit on the profession and to inspire the confidence, respect, and trust of clients and the public. In the course of our practice, we will strive to maintain a wholly professional attitude toward those we serve, toward those who assist us in our practice, toward our fellow consultants, toward the members of other professions, and the practitioners of allied arts and sciences.

Adopted February 1, 1972

Sachregister

W
G

Walter de Gruyter Berlin · New York

Recht des internationalen Wirtschaftsverkehrs (RiWV)

Herausgegeben von
Professor Dr. **Norbert Horn**, Bielefeld,
in Verbindung mit
Professor Dr. **Ulrich Drobnig**, Hamburg,
Professor Dr. **Rolf Herber**, Hamburg,
Rechtsanwalt Professor Dr. **Rolf A. Schütze**, Stuttgart,
und der Forschungsstelle für Vertragsrecht der internationalen Wirtschaft an der Universität Bielefeld.

Das Recht des internationalen Wirtschaftsverkehrs nimmt entsprechend der starken außenwirtschaftlichen Orientierung der Bundesrepublik Deutschland einen immer wichtigeren Platz in der Arbeit des Wirtschaftsjuristen ein und erfordert eine größere Aufmerksamkeit der Rechtswissenschaft. Die Schriftenreihe will ein Forum für die praxisnahe wissenschaftliche Behandlung der Probleme des internationalen Wirtschaftsrechts sein. Im Mittelpunkt des Interesses stehen die im internationalen Handel und Kapitalverkehr sowie die in der wirtschaftlichen Kooperation verwendeten Verträge, ihre Gestaltung, Abwicklung und Konfliktbeilegung; ferner ihre durch nationales Privatrecht und Außenwirtschaftsrecht gesetzten Rahmenbedingungen. Die Schriftenreihe will zur wissenschaftlichen Diskussion beitragen, ihren Nutzen aber vor allem in der sachgerechten Information für die Praktiker des internationalen Wirtschaftsrechts bewähren.

Band 3:

Wirtschaftsrecht und Außenwirtschaftsverkehr der Volksrepublik China

Hrsg. von Norbert Horn/Rolf A. Schütze

Oktav. XVI, 668 Seiten. 1987. Gebuhren. DM 298,–

Inhalt: (1) **Grundzüge des Wirtschaftsrechts und Außenwirtschaftsrechts:** *Norbert Horn*, Chinas Wirtschaftsrecht und Außenwirtschaftsrecht. – *Zeng Junwei*, Zur chinesischen Wirtschafts- und Rechtspolitik. – *Jiang Ping*, Das chinesische Gesellschaftsrecht. – *Rudolf Dolzer*, Das deutsch-chinesische Investitionsschutzabkommen. (2) **Das Vertragsrecht des Außenwirtschaftsverkehrs:** *Norbert Horn*, Die Gesetzgebung zum materiellen und internationalen Vertragsrecht. – *Jiang Ping*, Grundzüge des chinesischen Vertragsrechts. – *Norbert Horn*, Die Vertragspraxis des chinesischen Außenwirtschaftsverkehrs. – *Paul Fresle*, Darlehensverträge mit der Volksrepublik China. (3) **Gewerblicher Rechtsschutz:** *Wilfried Kügel*, Patentrecht und Warenzeichenrecht Chinas. (4) **Das Recht der ausländischen Investitionen:** *Sabine Stricker*, Rechtliche Grundlagen von Investitionsverträgen in der Volksrepublik China. – *Sabine Stricker/Wolfgang Tischbirek*, Das Steuerrecht der ausländischen Investition und Geschäftstätigkeit. – *Xiu Jie*, Das Recht der Besonderen Wirtschaftszonen. (5) **Verfahrensrecht und Verfahrenspraxis:** *Rolf A. Schütze*, Rechtsverfolgung und Streitbeilegung in China. **Textanhang:** Gesetzestexte und Vertragsformulare.

Preisänderungen vorbehalten

Band 2:

L. Christian Hinsch/Norbert Horn

Das Vertragsrecht der internationalen Konsortialkredite und Projektfinanzierungen

Oktav. XXXVI, 336 Seiten. 1985. Kartoniert. DM 148,–

Inhalt: (1) **Das Vertragsrecht der Eurokonsortialkredite:** Der Eurokonsortialkredit im System des internationalen Kreditgeschäfts. – Der Manager. – Das Kreditverhältnis. – Einfluß rechtlicher und wirtschaftlicher Veränderungen auf das Kreditverhältnis. – Rechtswahl und Gerichtsstand. – Das Konsortialverhältnis. – Der Agent. – Schlußbetrachtung. (2) **Das Vertragsrecht internationaler Projektfinanzierungen:** Begriff und Funktion der Projektfinanzierung im internationalen Kapitalverkehr. – Die Beteiligten der Projektfinanzierung. – Die vertragliche Gestaltung der Projektdurchführung. – Beispiel eines Erdölprojektes. (3) **Anhang.**

Band 1:

Inge Dünnweber

Vertrag zur Erstellung einer schlüsselfertigen Industrieanlage im internationalen Wirtschaftsverkehr

Oktav. XXVI, 318 Seiten. 1984. Kartoniert. DM 128,–

Inhalt: (1) Überblick über den internationalen Industrieanlagenbauvertrag. (2) Rechtliche Einordnung. (3) Pflichten der Vertragsparteien. (4) Vertragliche Absicherungsformen. (5) Leistungsstörungen. (6) Rechtswahl. (7) Konfliktregelung. **Anhang:** Text des UNIDO-Modellvertrages.